감각의
설계자들

감각의
설계자들

미식부터 도시개발까지,
유럽에서 발견한
미래 소비 비즈니스

| 프롤로그 |

감각 자본의 시대에서 발견한
미래 소비

무섭도록 변화가 빠른 세상이다. 20년 넘게 마케터로 일하며 세계 각지를 누볐지만, 여전히 해결되지 않는 질문이 있다. 사람들이 진짜 원하는 건 무엇일까? 누군가는 최신 AI 기술이라 답할 것이고, 누군가는 혁신적인 아이디어나 압도적인 효율을 꼽을 것이다. 하지만 실제 시장에서 벌어지는 일들은 조금 다른 이야기를 들려준다.

챗 지피티ChatGPT를 배우기 위해 학원에 등록한 직장인이 퇴근 후에는 마르쿠스 아우렐리우스Marcus Aurelius의 《명상록》을 펼친다. 최저가 쇼핑 앱을 뒤지던 사람이 12만 원짜리 크루아상을 사기 위해 새벽부터 줄을 선다. 메타버스로 파리 루브르를 구경할 수 있는 시대에도 우리는 여전히 유럽행 비행기 표를 끊는다.

답은 단순하다. 우리는 몸을 매개로 삶을 읽는다. 보고 듣고 만지고 맛보고 향을 맡으며 세상을 이해한다. 기술의 진보도 이 근원을 흔들 수 없다. 결국 우리는 감각의 동물이다.

그래서 나는 유럽에 주목한다. 실리콘밸리도 아니고 상하이나 싱가폴도 아닌 유럽이 왜 미래의 답인지 의아할 수도 있다. 유럽 하면 대부분 오래된 성당과 미술관, 느릿한 일상이 먼저 생각나는 '전통의 대륙'으로 이해할 테니까.

그런데 2017년부터 독일에서 일하며 내 눈으로 직접 확인한 유럽은 전혀 달랐다. 2022년부터 글로벌 비즈니스 디렉터로서 파리와 런던 등 주요 도시를 오가며 현장에서 프로젝트를 수행할수록 그 확신은 더욱 단단해졌다. 유럽은 과거에 머물지 않는다. 오히려 감각을 무기로 삼아 미래의 소비 시장을 조용히 그러나 확실하게 선점하고 있다. 이 책은 내가 유럽 현장에서 직접 목격한 미래 시장의 설계도다. 감각이 곧 경쟁력이 되는 시대, 그 게임의 룰을 최전선에서 먼저 읽어낸 마케터의 기록이다.

한국 기업들이 보기에 유럽은 이해하기 쉬운 시장이 아니다. 오히려 '이질적이고 복잡한 시장'으로 여겨지곤 한다. 언어와 문화적 배경이 다양하고, 오랜 역사와 예술이 중첩된 토대 위에 세워진 시장 구조는 결코 단순하지 않다. 하지만 바로 그 이유로 유럽은 뛰어난 통찰을 얻을 수 있는 거대한 연구실이 되기도 한다. 호텔부터 레스토랑, 갤러리, 리테일 매장, 소규모 부티크 멤버십 클럽에 이르기까지 크고 작은 모든 공간이 사람들의 감각을 세심하게 어루만지며, 그에 걸맞은 스토리와 취향을 제안한다. 그들이 축적한 감각 설계의 노하우는 다른 어디에서도 경험하기 어려울 만큼 다양하고도 정교하다. 유럽의 브랜드들과 함께할수록 그들이 '전통'이라는 명성에 기대 사는 '고인물'이 아니라는 사실을 실감했다.

파리와 밀라노, 베를린, 암스테르담, 런던 등 도시마다 각양각색의 배경과 문화를 품고 있지만, 그 아래에는 공통적으로 '감각'이란 키워드가 흐른다. 이 감각은 시각적인 아름다움이나 감성적 장치가 훌륭하다는 수준에 머물지 않는다. 사람들이 어디서 머무르고 무엇을 먹으며 어떤 소리에 반응하고 어떤 이야기를 공유할지, 사전에 의도한 대로 세밀하게 '설계'되어 있다는 점이야말로 유럽이 지닌 진짜 힘이다.

나는 이 점에 주목했다. 인간의 오감이 만족하는 지점에서 미래 소비의 핵심이 빛난다면, 유럽이야말로 미래 소비의 최전선이 아닐까. 그들이 만드는 미래는 흔히 생각하는 첨단 기술만으로는 설명되지 않는다. 유럽의 미래는 감각, 공간, 취향 그리고 삶의 방식을 중심으로 움직인다. 첨단보다 디테일이 먼저이고, 속도보다 맥락을 중시하며, 트렌드보다 철학을 중요하게 생각한다. 브랜드는 상품을 넘어 경험이 되고, 공간은 감정을 설계하는 무대가 되며, 소비자는 고객에 머물지 않고 감각을 주도하는 주체가 된다. 나는 이것을 '감각 자본sensory capital'•이라 부른다. 유럽은 이 감각 자본의 최전선이다.

실제로 유럽의 브랜드나 기업들은 '감각 자본'을 구축하기 위해 오랜 시간 투자해왔다. 그리고 그 감각 자본은 단순히 "예쁘고 고급스럽다"라는 감탄이나 평가로 끝나지 않는다. 사람들은 감각을 통해 특정 공간이나 브랜드에 대한 기억을 만든다. 그 기억이 쌓여 브랜드 충성도가 생기고 재방문과

• 소비자가 브랜드와 접촉하며 오감을 통해 습득하는 정서적 기억과 몰입 경험의 총합. 단순히 '예쁜 인테리어'나 '기분 좋은 향기' 등을 넘어 고객의 기억과 취향, 정체성에 장기적으로 영향을 미치는 감각 기반의 정서 자산을 의미한다. 특히 럭셔리 레지던스와 같이 일상을 점유하는 비즈니스 모델에서는 브랜드의 핵심 경쟁력이 된다.

감각의 설계자들

6

재구매, 나아가 주변 사람들에게 알리는 '입소문'으로 이어진다. 이것이 이 책에서 말하는 미래 소비의 수익 창출 구조다. 새로운 무언가를 창조하는 것이 아니라, 소비 활동의 근원이 되는 '감각'을 기반으로 지금의 소비 방식을 한 단계 정교하게 진화시키는 것이다.

그렇다면 유럽은 어떤 방식으로 감각을 설계할까?

첫 번째 전략은 공간과 서사의 융합이다. 오래된 건물의 아치형 천장과 갓 구운 빵의 향이 어우러지는 작은 카페에서도, 미슐랭 레스토랑이나 최첨단 호텔에서도 핵심 차별화 요소는 '감각 설계'다. 세심하게 큐레이팅된 조명, 음악, 인테리어 색감, 향이 하나의 브랜드 서사로 통합된다. 이들은 제품이 아닌 '경험의 맥락'을 판매하고, 그 맥락 안에서 소비자를 감각의 주체로 전환시킨다. 결과적으로 고객은 브랜드가 설계한 감각 경험을 오감으로 체화하며, 이는 곧 프리미엄 가치로 전환된다.

두 번째 전략은 산업 간 경계를 허무는 융합이다. 패션, 예술, 디자인, 테크놀로지가 유럽의 문화 자산과 결합해 전례 없는 비즈니스 모델을 창출한다. 가장 상징적인 예시가 이 책에서 '감각의 제국'이라 일컫는 LVMH다. LVMH는 럭셔리를 단순한 제품 카테고리가 아닌 '라이프스타일 생태계'로 재정의했다. 예술, 문화, 경험을 유기적으로 통합해 '오감 만족'이라는 새로운 소비 기준을 시장에 각인시켰다. 이런 거대 그룹

외에도 유럽 전역의 니치 브랜드들이 독자적인 감각 자본을 축적하며 작지만 대체 불가능한 시장 지위를 구축하고 있다.

세 번째는 시간이 만든 진입 장벽이다. 유럽의 감각 자본은 하루아침에 모방할 수 없는 경쟁 우위다. 화려한 건축물과 세련된 인테리어 뒤에는 수백 년간 축적된 문화적 코드와 미학적 기준이 작동한다. 유럽의 기업들은 이런 오래된 문화 자산을 현대적 욕망과 정교하게 접목시키는 능력, 즉 '헤리티지의 현재화' 역량이 탁월하다. 바로 이 지점이 미래 소비의 핵심이자, 감각 경제의 본질이다.

이처럼 유럽 기업들은 일상의 욕망과 삶의 철학을 정교하게 연결하는 데 탁월하다. 사람들이 원하는 것과 브랜드가 추구하는 가치를 자연스럽게 일치시켜 그 자체로 하나의 라이프스타일을 만들어낸다. 바로 이 지점에서 미래 소비의 핵심이 드러나고, 감각이 어떻게 비즈니스가 되는지 명확해진다. 유럽 시장이 어렵게 느껴지는 이유도 여기에 있다. 눈에 보이는 결과물 너머에 작동하는 문화적 코드와 비즈니스 전략을 동시에 읽어야 하기 때문이다. 하지만 일단 그 방식을 이해하고 나면, 한국 시장에서도 충분히 응용할 수 있는 새로운 기회를 발견하게 된다.

이 책은 내가 직접 보고, 체험하고, 분석한 유럽의 감각 실험실과 같다. 오랜 기간 유럽과 한국을 잇는 프로젝트를 진행하며 축적한 인사이트를 총망라했다. 이 책에서 다루는 호텔과 리테일, 도시 개발, 예술, 미식, 뉴 럭셔리에 이르는 5개 산업은 서로 다른 분야처럼 보이지만 모두 '감각 자본'이라는 이름 아래 긴밀하게 연결되어 있다. 마지막 장에서는 이 흐름을 가장 적극적으로 체화한 LVMH를 통해 유럽이 어떻게 우리의 라이프스타일과 소비 패턴을 바꾸고 있는지 살펴본다.

이 책의 핵심 메시지는 명확하다. 감각이 곧 미래 소비의 핵심 자산이라는 것. 그래서 화려한 성공 스토리보다는 감각이 어떻게 구체적인 '경험'이 되고 '지불 의사'를 만들어내는지에 집중했다. 이 과정을 가장 잘 보여주는 유럽 현장의 사례들을 직접 발굴해 담았다.

이 책을 통해 당신은 유럽이 단순한 관광지가 아닌, 미래 비즈니스의 최전선임을 알게 될 것이다. 먼 나라의 특별한 사례가 아니라, 이미 우리 앞에 도착한 미래를 제대로 보지 못했을 뿐이다. 인류가 공감하고 기꺼이 지갑을 여는 핵심은 언제나 감각에 있었고, 유럽은 그 감각을 자본으로 전환하는 공식을 이미 완성했다. 저자로서의 작은 바람을 더하자면, 아무쪼록 이 책을 덮고 난 뒤 당신의 일과 삶을 돌아보며 '감각을 설계하는 힘'에 잠시라도 주목해보았으면 한다. 그 작은 변화만으로도 우리의 도시와 일상은 훨씬 풍요롭고 특별한 모습으로 진화할 수 있을 테니 말이다.

김양아

차례

프롤로그. 감각 자본의 시대에서 발견한 미래 소비 4

1장. 호텔과 리테일
감각의 공간과 미래

휴지통에서 호텔까지, 빕은 어떻게 공간 전략의 모델이 되었나 14
더 소셜 허브, 숙박과 거주의 경계를 지우다 28
에르곤 하우스, 아테네에서 꽃피운 미식 생태계 40
아우도 하우스, 하이브리드를 넘어 경험을 설계하다 56
위아오나, 리테일의 개념을 재정의하는 한 끼 식사 69
아크네 페이퍼 갤러리, 리테일의 구조를 다시 쓰다 84
디슘 퍼밋룸 로지, 기억을 설계하는 공간 97
베이스캠프 암스테르담, 도시 외곽에서 시작된 체류 실험 111
컬페퍼와 벅스톤, 런던에서 시작된 작은 혁명 123

2장. 미식
맛, 몸, 마음의 경계를 허물다

오가타, 감각으로 재정의된 미식과 브랜드 138
라 메종 뒤 캐비아, 전통과 현대가 교차하는
파리의 캐비아 무대 149
아티카, 미래형 레스토랑을 설계하다 161
빅마마, 파리 외식업계의 이탈리아 요리 스타트업 170

3장. 예술과 브랜드
새로운 감각의 소비를 주도하다

하우저앤워스, 예술 유통 구조를 새롭게 설계하다   180
폰다지오네 프라다, 브랜드가 문화 설계자로 거듭나는 과정   193
피노 컬렉션, 도시와 문화, 예술을 아우르는
럭셔리의 미래 모델   206
데포 보이만스 판 뵈닝언, 비하인드가 무대가 되는 순간   218
빅토리아 앤 알버트 스토어하우스,
보고 싶은 작품을 '호출'하는 새로운 지식의 플랫폼   234

4장. 도시재생
도시의 변화, 소비의 확장

런던 배터시 프로젝트, 도시 안의 도시로 진화하다   246
하펜시티와 엘프필하모니, 도시를 브랜드로 설계하는 법   260
덴마크 BIG, 도시 설계의 논리를 바꾸다   269
루마 아를, 랜드마크가 소도시의 미래를 바꾸는 방식   283

5장. 뉴 럭셔리와 웰니스
제품에서 정서와 경험으로

소호하우스, 파티가 아닌 커뮤니티를 파는 뉴 럭셔리 플랫폼   292
쿼르크, 일하는 공간의 럭셔리를 충족하는 방식   304
생로랑 스시파크, 생로랑이 다시 쓴 럭셔리의 새로운 문법   318
서드 스페이스, 도시인의 삶을 재설계하는 웰니스 모델   328
라티시엔, 정보가 아닌 감도를 설계하는 플랫폼   339

6장. LVMH, 미래를 설계하는 감각의 제국

LVMH의 하이엔드 호텔 '슈발 블랑'의 전략적 환대   350
사마리텐, 도시와 브랜드의 경계를 허문 랜드마크   365
럭셔리 레지던스, 고객의 삶을 브랜드화하는 실험   377
랑고스테리아, 감각의 제국의 문법을 바꾸는 작은 구심점   388

에필로그.   감각이 비즈니스로 이어지는 순간 – 왜 뉴욕인가   403

1장. 호텔과 리테일
감각의 공간과 미래

호텔은 잠만 자는 공간이었고, 리테일은 물건을 파는 곳이었다. 하지만 이제 공간은 감각을 설계하고, 브랜드는 경험을 판다. 유럽 전역에서 감각적 공간 실험은 호텔과 리테일을 감정과 서사의 장소로 바꾸고 있다. 이 장에서는 '머무는 공간'과 '사는 공간'의 경계가 허물어지는 순간들을 통해 미래 소비의 감각적 진화를 제안한다.

| VIPP |

휴지통에서 호텔까지,
빕은 어떻게 공간 전략의 모델이 되었나

덴마크의 디자인 브랜드 '빕VIPP'의 시작은 철제 페달 휴지통이었다. 1939년, 어느 용접공이 약사 아내를 위해 만든 이 단순한 휴지통에는 사용자 동선과 재료의 무게감, 공간의 분위기를 바꾸는 섬세하고도 실용적인 미감이 고스란히 담겨 있었다.

그로부터 수십 년간 빕은 놀라울 만큼 극단적인 일관성을 유지했다. 시장이 빠른 변화와 확장을 요구해도 신제품 출시를 최소화하고, 하나의 제품을 정교하게 다듬는 데 집중했다. 하지만 이 브랜드가 오랜 시간 시장에서 생존하고 주목받을 수 있었던 이유는 단순히 제품의 조형미나 디자인 완성도 때문만은 아니었다. 빕은 처음부터 '제품'이 아닌 '공간의 질감을 바꾸는 도구'를 만든다는 확고한 믿음을 지켜왔다.

그러던 빕이 2014년, 갑작스럽게 호텔을 만들겠다고 선언했다. 그것도 객실이 단 하나뿐인 호텔을. 덴마크 호숫가의 철제 쉘터를 시작으로 굴뚝 형태의 마이크로 호텔, 목가적인 풍경 속에 자리한 팜하우스까지 유럽 각지에 흩어져 있는 이 독립형 호텔들은 하나같이 전통적인 호스피탈리티 hospitality

문법에서 완전히 벗어나 있다. 리셉션도, 룸서비스도, 운영 인력도 없다. '잠을 잘 수는 있지만 운영하지 않는 호텔'이라는 이 파격적인 구조는 제품을 판매하기보다 브랜드의 철학을 체험하게 하겠다는 선언에 가깝다.

이것은 단순한 공간 비즈니스가 아니다. 브랜드 경험을 어떻게 설계할 것인가에 대한 전략적 실험이며, 동시에 기존 리테일 구조에 대한 근본적인 질문이기도 하다. 리테일 브랜드의 글로벌 확장과 소비자 경험 설계 프로젝트를 오랜 시간 진행해오면서 나는 한 가지 사실을 반복적으로 확인할 수 있었다. 브랜드는 체험되어야 한다는 것. 빕은 이 원칙을 단독형 호텔이라는 극단적으로 응축된 형식을 통해 가장 명료하고 설득력 있게 구현해냈다.

그들이 쇼룸도, 체험형 매장도 아닌 '호텔'을 선택한 이유는 분명하다. 빕 호텔은 제품을 나열하거나 브랜드를 설명하지 않는다. 대신 투숙객이 빕의 철학 안에서 실제로 '살아보는 경험'을 하도록 정교하게 설계한다. 특히 모든 호텔에서 이들의 상징적 제품인 철제 페달 휴지통은 가장 자연스럽고 일상적인 순간 속에서 브랜드의 미학을 조용히 드러낸다. 주방 서랍을 열면 빕의 커트러리가 놓여 있고, 욕실의 수건과 조명, 가구 등 모든 요소가 일상의 흐름 속에 유기적으로 통합되어 있다. 이곳에서 사람들은 브랜드를 '소비'하는 것이 아니라, 브랜드 안에서 머물고, 사용하며, 체득한다.

이처럼 빕은 브랜드가 소비자를 설득하는 방식을 '설명'

덴마크 디자인 브랜드 빕의 페달 빈. 병원용으로 시작된 기능적 제품이
이제는 '실용의 미학'을 보여주는 아이콘으로 기능한다.
디테일까지 브랜드 경험의 일부로 만드는 전략이 그대로 드러난다.

©VIPP

에서 '거주'로 완전히 전환했다. 이때의 설득은 말이나 이미지 같은 직접적인 커뮤니케이션이 아니라, 체류를 통한 감각적 내면화에 가깝다. 사용자는 이 공간 안에서 손의 높이, 시선의 각도, 의자에 앉는 방식처럼 사소하지만 반복되는 신체적 경험을 통해 브랜드의 철학이 '어떻게 느껴져야 하는지'를 스스로 체득하게 된다.

이 작업을 위해 빕이 손잡은 파트너는 덴마크 건축가 데이비드 툴스트럽David Thulstrup이다. 그는 노마Noma 2.0의 인테리어를 통해 세계적인 명성을 얻은 디자이너로, 산업적 재료의 물성과 섬세한 감각을 융합하는 특유의 미학을 지니고 있다. 빕은 그의 건축적 언어가 브랜드 철학을 공간으로 가장 정확히 구현할 수 있을 거라 판단했다. 이 협업의 결과물인 '빕 로프트Vipp Loft'는 코펜하겐의 빕 본사 사무실 최상층에 마련된 공간으로, 브랜드의 전략을 가장 선명히 드러낸다. 1910년대 인쇄 공장을 리노베이션한 공간 안에서 노출된 콘크리트 벽, 철제 구조물, 오크 바닥이 만들어내는 조화는 브랜드의 산업적 기원을 상기시키며 세련된 긴장감을 연출한다. 실내에 놓인 가구와 제품은 빕의 제품으로만 이루어져 있는데, 별도의 전시 없이도 일상적이고 자연스러운 방식으로 공간 속에 녹아 있다.

스웨덴의 숲속에 위치한 '빕 쉘터'는 더욱 근본적인 방식으로 브랜드 철학을 압축한다. 철제 구조물 하나로 이루어진 이 작은 공간은 호텔이라기보다 설치물에 가깝다. 창문의

코펜하겐에 있는 빕 로프트는 1910년대 인쇄 공장을 개조해 만든, 브랜드 철학을 '살아보는 체험'으로 전환한 전략적 쇼룸이다. 가구, 조명, 주방 시스템 등 빕의 제품이 생활 동선 속에 자연스럽게 배치되어 투숙객은 '고객'에서 브랜드 세계관의 '사용자'로 전환된다. 이는 리테일을 넘어 체류 자체가 곧 브랜딩이 되는 새로운 소비 접점의 모델을 보여준다.

©VIPP

크기와 각도, 가구의 위치, 이동 동선까지 모든 요소가 철저히 의도된 설계 안에 배치되어 있다. 방문자는 이곳에서 브랜드를 의식하며 사용하는 것이 아니라, 빕이 제안하는 삶의 방식 속으로 자연스럽게 스며든다.

    굴뚝 형태의 마이크로 호텔인 코펜하겐의 '빕 침니하우스'는 100년 된 벽돌 건물을 현대적으로 재해석한 공간이다. 기존 건물의 고유한 구조를 보존하면서, 현대적인 검정 철제 프레임과 절제된 조명을 더했다. 오래된 것과 새것, 거친 질감과 세련된 미감이 충돌하면서 생겨난 공간의 결은 그들이 축적해온 디자인 철학의 존재감을 분명하게 드러낸다.

    한편, 덴마크 롤란섬에 자리한 '빕 팜하우스'는 브랜드가 공간을 얼마나 섬세하고 내밀하게 구성할 수 있는지를 보여주는 대표적 사례다. 소박한 농가를 감각적이면서도 현대적인 휴식의 장으로 재해석한 이곳은 조명의 높낮이와 가구 간의 간격, 시선이 머무는 여백까지 세심하게 조율되어 있다. 사람들은 최소한으로 정제된 이 공간 안에서 브랜드가 말하는 '정돈된 밀도'와 '본질적인 삶의 방식'을 직관적으로 마주하게 된다.

    이들 공간은 각기 다른 건축가와 디자이너가 설계했지만, 빕의 브랜드 언어는 놀라울 만큼 일관되게 구현되었다. 그들은 빕의 제품이 지닌 재료의 질감, 물성의 무게, 사용자와 공간이 교감하는 방식을 통해 스타일적 통일성을 유지하면서, 사용자의 동선과 체류 시간이 만드는 감정의 밀도를 세

▶
스웨덴의 숲속 호수에 자리한 빕 쉘터는 브랜드의 미니멀리즘을 자연 속에서 실험하는 모듈형 리트릿이다.
검은 강철 구조와 통유리 파사드 안에 빕의 주방, 욕실, 가구가 완비되어 있어 투숙객은 브랜드의 풀 라인업을 실제로 경험해볼 수 있다. 이곳은 단순한 숙박 공간을 넘어 자연과 일상의 교차점에서 '빕의 세계관을 살아보는 쇼룸'으로 기능한다.

▶
덴마크 롤란섬에 자리한 빕 팜하우스. 초가 지붕과 전통적 농가의 외관을 그대로 두고, 내부에는 빕의 모듈 키친과 디자인 오브제를 심어 과거의 삶의 방식과 현대적 생활 감각을 교차시켰다. 단순한 휴식 공간을 넘어 브랜드가 제안하는 '라이프스타일 실험실'로 기능하는 장소다.

◀
코펜하겐의 오래된 발전소를 개조한 빕 침니 하우스. 산업적 벽돌 굴뚝의 외관을 유지하면서 내부는 유리와 미니멀한 가구로 채워 과거의 건축과 현재의 디자인 언어가 충돌 없이 공존한다. 전통적 재료와 현대적 감각이 교차하는 이 공간은 빕이 제안하는 '살아보는 쇼룸' 전략의 상징적 무대다.

심히 조율했다. 결과적으로 각 호텔은 개성이 드러나면서도, 브랜드의 철학을 오차 없이 구현하는 고밀도의 해석으로 완성되었다.

진열하지 않고 설득한다: 비가시적 리테일 전략

전통적인 리테일은 소비자의 눈앞에 제품을 진열하는 데서 출발한다. 시선을 끌고, 설명과 가격표로 정보를 제공한 뒤 구매로 이어지게 만든다. 반면 빕 호텔은 이 익숙한 소비 동선을 근본부터 재설계한다. 제품 디스플레이도, 판매 스태프도, 구매 유도 메시지도 없다. 대신 '살아보는 공간'을 통해 브랜드를 체감하게 만든다. 이 안에서는 직접적인 설득 없이도 강력한 몰입과 신뢰가 형성된다.

이처럼 빕 호텔은 리테일 전략의 정교한 구현체지만, 그 설계의 의도는 전면에 드러나지 않는다. 모든 요소는 감각과 일상의 흐름 속에 자연스럽게 스며든다. 소비자들은 제품을 바라보는 대신 그 안에 머물고, 만지고, 사용한다. 주방 기구의 매끈한 금속감, 욕실 타월의 도톰한 밀도, 조명의 따뜻한 색감이 감각을 자극하고, 신체적 기억을 형성하며, 브랜드 인식을 형성하는 매개체가 된다.

이때 설득은 시각적 정보가 아닌, 감각의 흐름으로 이루어진다. 제품의 특징이나 기능은 설명되지 않는다. 빕은 말을 아끼고, 사용자가 직접 경험하는 동안 스스로 브랜드 철학을 '발견'하도록 설계한다. 사용자는 설득당하고 있다는 사실조

● 소비자가 상품을 직접적으로 인식하거나 구매 유도 메시지를 접하지 않고도 브랜드가 설계한 공간, 감각적 체험, 정서적 접촉을 통해 '브랜드 인지→신뢰→선호→구매'로 자연스럽게 이어지는 비직접적 설득 구조. 전통적인 리테일 퍼널과 달리 체류와 감정이 중심이 되며, 브랜드의 세계관에 자발적으로 머무는 경험 자체가 설득의 기제가 된다.

차 인지하지 못한 채 브랜드 감도 속으로 스며든다. 바로 이 무의식적 수용의 경로를 '비가시적 리테일 퍼널invisible retail funnel'●이라 정의할 수 있다. 이는 '주의→관심→욕구→구매'로 이어지는 전통적 리테일 퍼널과 다르다. '체류→감각적 경험→정서적 기억→브랜드 신뢰→자발적 구매'라는 완전히 다른 설득 여정이다. 이 리테일 방식은 단기적인 구매 유도보다 장기적인 브랜드 충성도를 지향한다. 고객은 빕의 제품을 단지 좋은 디자인으로 기억하지 않는다. 그 제품을 사용하며 머문 시간, 손에 닿은 질감, 그 순간의 공기 그리고 그 안에 녹아든 정서가 복합적으로 저장된다. 이는 브랜드에 대한 강력한 정서적 잔재로 남아 시간이 흐른 후 자발적인 구매, 추천, 반복 사용으로 이어진다.

물건을 파는 대신 철학을 경험하는 리테일

빕의 시도가 의미 있는 이유는 이들이 브랜드를 단순한 상품 판매나 숙박 서비스의 틀에서 해방시켰기 때문이다. 빕은 브랜드의 철학과 일상의 구조가 만나며 브랜드 경험의 밀도를 극대화하는 전혀 새로운 방식의 리테일 모델을 제안했다. 대부분의 제품 브랜드는 공간 확장을 시도할 때 '제품 전시'와 '스타일 구현'에 매몰되는 함정에 빠진다. 빕은 그 전형적인 문법을 정면으로 거부했다. 단순히 브랜드의 미감을 공간으로 확장한 것이 아니라, 제품에 담긴 삶의 태도 자체를 공간 구조로 번역한 것이다.

빕 호텔에서 사람들은 더 이상 '소비자'로 머물지 않는다. 이들은 브랜드의 철학을 직접 체득하는 '거주자'로 살아간다. 브랜드와의 접점은 진열대 앞이 아니라 욕실 문을 여는 순간, 주방 서랍을 여는 순간, 창가에 앉아 시간을 보내는 일상의 순간들 속에서 자연스럽게 생겨난다. 그렇게 의도되지 않은 모든 경험이 오히려 브랜드의 철학과 태도를 사용자에게 가장 깊이 각인시킨다. 이는 기존 리테일이 고수해온 진열과 정보 전달 중심의 구조를 근본부터 다시 쓰는 시도다. 빕은 제품의 특장점을 설명하는 대신, 감각을 설계한다. 사용자와의 '감각적 접촉면'을 정교하게 구축함으로써 체류와 일상, 감정의 흐름 그 자체를 자연스럽게 브랜드의 메시지로 전환한다.

이제 리테일은 물건을 파는 공간이 아니라 철학을 체험하게 하는 구조로 재설계되어야 한다. 빕은 사용자가 브랜드와 처음 마주한 순간의 정서적 경험이 구매를 결정짓는 가장 강력한 전환점이 될 수 있다는 사실을 입증했다. 빕 호텔은 아무것도 팔지 않음으로써 더 오래 기억되는 리테일을 만들어냈다. 방문자는 구매에 대한 어떤 권유도 받지 않지만, 객실의 동선과 소재, 조명의 온도, 섬유의 촉감 같은 요소를 통해 브랜드를 자신의 생활에 대입해보고, 스스로 결론에 닿는다. 그래서 강요 없이도 브랜드에 대해 더 깊이 이해하고 내면화하게 된다.

빕이 만든 구조는 단지 브랜드의 진화를 보여주는 사례

가 아니다. 그것은 '리테일'과 '호스피탈리티'라는 산업적 문법을 근본부터 재구성한 새로운 전략 언어이며, 앞으로 브랜드들이 경험 설계를 고민할 때 반드시 참조해야 할 기준점이다. 결정적 차이는 판매를 전면에 내세우지 않고, '머무는 과정 전체'를 설득의 무대로 전환했다는 데 있다. 이 전환으로 리테일은 매장, 온라인, 숙박, 커뮤니티가 이어지는 하나의 고객 여정으로 통합되고, 호스피탈리티는 숙박을 넘어 제품과 서비스를 '생활 맥락에서 사용해보게 하는 환경'으로 확장된다.

　　브랜드가 체류 경험을 어떻게 설계하느냐에 따라 고객은 방문자에서 사용자로 그리고 구매자로 전환된다. 결국 핵심은 소비자에게 '무엇을 사게 할 것인가'가 아니라, '어디에 머물게 하고 어떻게 살아보게 할 것인가'를 고민하는 것이다. 이것이 바로 리테일과 호스피탈리티가 융합된 새로운 시대의 법칙이다.

더 소셜 허브,
숙박과 거주의 경계를 지우다

2006년, 네덜란드 암스테르담에 들어선 '더 스튜던트 호텔 The Student Hotel, TSH'은 유럽 전역에 만연했던 유학생 주거 부족 문제에 대한 민간 솔루션으로 등장했다. 전통적인 대학 기숙사보다는 자유롭고, 호텔보다는 장기 체류에 적합한 이 모델은 곧 유럽 부동산 시장의 새로운 자산 운용 기준으로 떠올랐다.

이 브랜드는 처음부터 '호텔도, 기숙사도 아닌 중간 지대'에서 새로운 가능성을 실험했다. 이들이 진출한 암스테르담, 피렌체, 파리, 바르셀로나 등에는 공통점이 있다. 유학생이 많아 중장기 체류 수요가 크고, 이들의 수요를 공공 시스템이 감당하지 못해 민간 부동산 개발이 활발하게 이루어지고 있다는 점이다. TSH는 바로 이 지점을 파고들었다. 호텔처럼 편리하고 세련된 환경이면서, 기숙사처럼 장기적인 체류가 가능한, '머무름'과 '거주'가 섬세하게 결합된 독립적 공간 구조를 제시한 것이다.

그런데 시간이 흐르면서 TSH는 자신들의 사업 모델이 학생에게만 국한되지 않는다는 사실을 발견했다. 2010년대

중반부터 로비와 라운지의 풍경이 바뀌기 시작한 것이다. 도시를 옮겨 다니며 일하는 디지털 노마드, 글로벌 프로젝트를 수행하는 프리랜서, 도시와 도시를 연결하며 교육과 창업을 병행하는 에듀테크 기반 젊은 창업자들이 눈에 띄게 늘어났다. 이들은 전통적인 호텔이나 레지던스 형태에서는 보기 어려운 새로운 유형의 체류자였다. 이들은 호텔의 편의성보다는 '집'에 가까운 정서적 안정감을 원했고, 그와 동시에 집보다는 훨씬 개방적이고 활력 있는 커뮤니티를 바랐다.

2022년, TSH는 결단을 내렸다. 브랜드명에서 '학생Student'이라는 단어를 과감히 지운 것이다. 그렇게 새롭게 탄생한 브랜드가 바로 '더 소셜 허브The Social Hub'다. 이는 이름만 바꾼 리브랜딩이 아니었다. 그들이 제공하는 가치를 특정한 고객군으로 한정 짓지 않는 호텔, 기숙사, 레지던스, 셰어하우스 중 어느 것에도 온전히 속하지 않고 이 모든 속성을 포괄하는 혁신적 '체류 자산 플랫폼'으로의 진화였다.

이것이 가능했던 이유는 더 소셜 허브가 '체류' 자체를 부동산 자산 전략의 핵심 단위로 접근했기 때문이다. 그에 따라 짧게 머무르는 관광객과 수개월씩 거주하는 학생, 몇 달씩 장기 프로젝트를 수행하는 원격 근무자 등 각기 다른 체류자가 하나의 공간에서 자연스럽게 겹쳐지고 연결되는 독특한 모델을 설계했다. 서로 다른 목적과 생활 방식이 교차하는 공간 구조는 투숙객들이 서로의 영역을 침범하지 않고 유연하게 공존하며, 그 교차의 밀도가 자산 가치를 지속적으로 증대

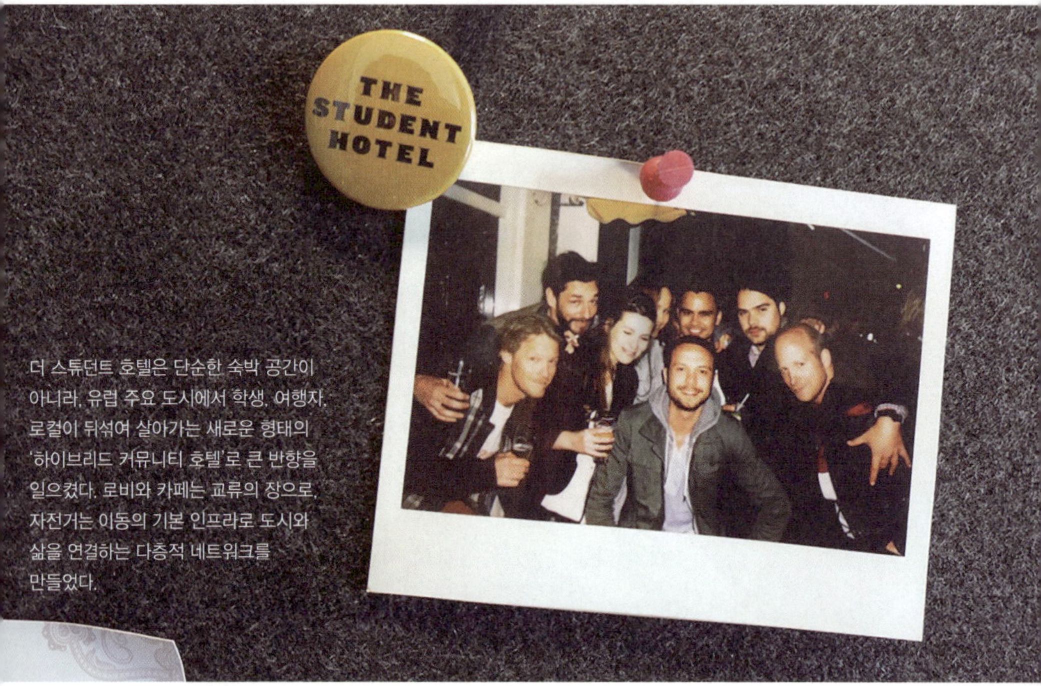

THE STUDENT HOTEL

더 스튜던트 호텔은 단순한 숙박 공간이 아니라, 유럽 주요 도시에서 학생, 여행자, 로컬이 뒤섞여 살아가는 새로운 형태의 '하이브리드 커뮤니티 호텔'로 큰 반향을 일으켰다. 로비와 카페는 교류의 장으로, 자전거는 이동의 기본 인프라로 도시와 삶을 연결하는 다층적 네트워크를 만들었다.

ⓒ김양아

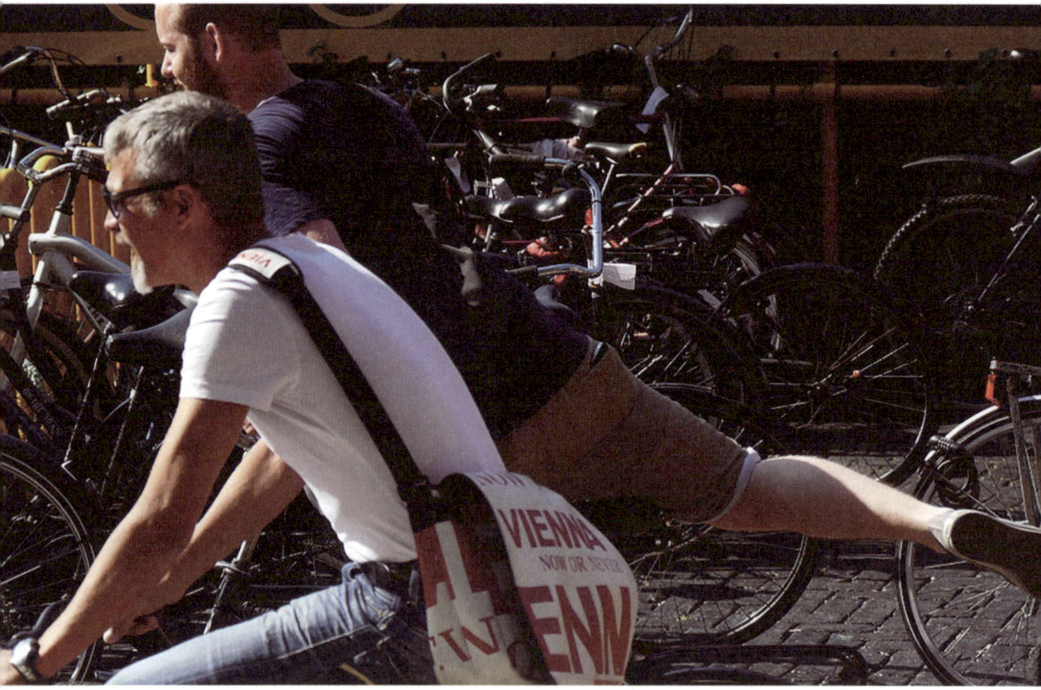

ⓒ김양아

시키는 핵심 전략이 되었다.

이러한 혁신적 접근은 '우리가 호텔이 아니라면, 이 도시에서 어떤 역할을 해야 하는가'라는 본질적인 질문에서 비롯되었다. 이는 단순히 숙박 시설이나 환대 서비스를 제공한다는 좁은 범주를 넘어 도시적 맥락 안에서 체류라는 수요를 어떻게 부동산 자산으로 전환시킬 수 있는가에 대한 근본적 고민으로 이어진다.

더 소셜 허브는 스스로를 객실을 빌려주는 서비스 제공자로 여기지 않았다. 기존 호텔의 객실 임대나 판매 방식에서 벗어나 숙박과 거주, 일상과 여행 등 도시의 다양한 체류 수요가 구조적으로 교차하고 자연스럽게 연결되는 플랫폼으로 전환되는 것. 이것이 바로 더 소셜 허브가 제시하는 호스피탈리티의 미래다.

부동산 개발로 진화한 호스피탈리티, 공간 운영이 아닌 자산화 전략으로 접근하다

더 소셜 허브는 출발부터 일반적인 호텔과는 전혀 다른 전략적 경로를 택했다. 일반적인 호텔 비즈니스는 '공간을 얼마나 잘 운영해서 수익을 내느냐'에 집중하지만, 더 소셜 허브는 호텔이 운영 공간을 넘어 장기적으로 그 도시의 부동산 자산 가치를 높이는 구조라는 관점에서 접근했다.

이는 더 소셜 허브가 호스피탈리티를 '서비스'가 아닌 '자산'으로 이해한 결과다. 전통적인 호텔은 매달 또는 매년 창출하는 운영 수익을 중심으로 비즈니스 가치를 평가받는다. 하지만 더 소셜 허브는 운영 수익보다는 부동산 자산 가치, 즉 자산 자체가 얼마나 더 가치 있게 평가받을 수 있는지를 핵심 지표로 삼았다. 이를 부동산 분야에서는 '잔존 가치 residual value'*라 한다.

일반적인 호텔은 관광객이나 출장자라는 한정된 고객군을 대상으로 하므로, 특정 시즌이나 경기 상황에 따라 객실 점유율이 널을 뛰곤 한다. 반면 더 소셜 허브는 짧게 머무르는 관광객부터 장기 거주자, 원격 근무자, 유학생까지 다양한 사용자층을 동시에 수용한다. 그들이 서로 다른 시점과 기간에 걸쳐 공간을 사용하기 때문에 기존 호텔보다 훨씬 높은 공간 활용성을 확보할 수 있다. 결과적으로, 부동산 자산의 안정적 가치 상승과 장기적 수익 창출에 유리한 구조가 만들어지는 것이다.

나는 오랜 시간 공간과 부동산 전략을 통해 자산 가치를 높이는 방식을 고민해왔다. 많은 호텔 브랜드가 차별화된 서비스와 고객 만족도를 중심으로 경쟁력을 확보하기 위해 노력해왔지만, 장기적으로 안정적인 수익성을 만들어내는 부동산 자산의 핵심은 고객의 만족보다는 공간의 활용성과 사용자 유입의 지속성에 있었다.

이러한 관점에서 더 소셜 허브의 비즈니스 모델은 일반적인 호텔이 고민하는 '호텔은 도시에서 어떤 서비스를 제공할 것인가'라는 질문이 아니라, '호텔이 도시 속에서 하나의 자산 구조로 기능하려면 어떤 형태여야 하는가'라는 보다 근

● 부동산 자산이 창출하는 단기적 운영 수익 외에 자산 자체의 장기적 가치 상승분을 의미한다. 공간의 활용도가 높고 사용자층이 안정적으로 유지될수록, 부동산 시장에서 해당 자산의 가치가 더욱 높게 평가된다.

본적이고 전략적인 물음에서 출발한다.

쉽게 말해, 이 모델에서는 호텔이 단순히 객실을 빌려주는 공간이 아니라, 다양한 사용자층을 효과적으로 수용하고 서로의 체류가 겹쳐지는 구조를 만들어 '지속적으로 활용되는 공간'을 설계한다. 공간이 늘 다양한 사용자로 가득 차 있을 때, 그 부동산 자산은 시장에서 더 높은 가치로 평가받는다. 이것이 바로 더 소셜 허브가 가진 핵심 전략이자, 일반적인 호텔 비즈니스와 명확하게 차별화되는 지점이다.

결국 더 소셜 허브의 혁신성은 '사용자가 얼마나 다양한지'와 '그 다양성이 얼마나 지속 가능한 형태로 공간에 겹쳐지는지'에 있다. 단기 숙박객만으로 채워진 호텔은 성수기와 비수기의 수익 구조가 불안정하지만, 더 소셜 허브처럼 관광객과 학생, 디지털 노마드 등 서로 다른 목적과 주기로 방문하는 사용자가 동시에 머무는 곳은 안정적인 수익과 공간 활용성을 유지할 수 있다. 부동산 자산의 입장에서 볼 때, 이러한 사용자 구성은 안정적인 현금 흐름을 의미하고, 그 안정성은 자연스럽게 자산의 가치 상승으로 연결된다.

다양한 체류자가 만드는 공간의 밀도와 전략적 가치

더 소셜 허브의 가장 흥미로운 특징은 '이곳에 누가 머무르는지' 명쾌하게 설명할 수 없다는 것이다. 이곳에는 짧게 스쳐 지나가는 관광객과 비즈니스 출장자는 물론이고, 한두 달씩 머무르는 리모트 워커remote worker, 반년에서 1년을 생활

▲
더 소셜 허브 암스테르담의 외부 전경.
도시와 일상에 자연스럽게 녹아든
하이브리드형 복합 공간으로 기능한다.

▶
더 소셜 허브 1층에 자리한
'스타치(Stach)'는 암스테르담을
대표하는 도심형 델리. 투숙객에게는
간편하고 신선한 식사를 제공하는 편의
시설로, 지역 주민과 방문객에게는 열린
소셜 공간으로 기능한다. 호텔 내부의
다양한 이용객과 외부 로컬 커뮤니티가
자연스럽게 교차하는 지점이자,
더 소셜 허브가 지향하는 '경계
없는 커뮤니티 허브'의 성격을 가장
일상적으로 드러내는 장소다.

라운지와 워킹 스페이스의 중심부에 위치한 더 소셜 허브 암스테르담의 체크인 데스크. 머무는 동안 여러 활동이 자연스럽게 교차하는 공간에 배치되어 체크인과 체크아웃이 이동 동선 속에 유기적으로 녹아든다. 이는 단순한 프런트 기능을 넘어 공간의 활기와 개방성을 체감하게 하는 브랜드 경험의 일부로 작동한다.

하는 유학생도 있다. 이들의 체류 목적은 각각 다르지만, 모두가 하나의 공간에서 자연스럽게 교차하고 겹쳐진다.

    이 브랜드가 자산 가치를 극대화하는 방식이 바로 여기에 있다. 이들은 사용자의 유형과 목적이 다양할수록 공간의 활용 가치가 더 높아진다고 판단했다. 공간의 크기나 객실의 수가 아니라, 얼마나 다양한 유형의 사용자가 빈번하고 꾸준히 이곳을 활용하는지가 관건이라고 생각한 것이다. 단기 투숙객이 머물고 간 빈 공간은 장기 거주자가 채우고, 유학생들이 외출하는 낮 시간대의 라운지는 현지 원격 근무자들의 코워킹 공간으로 자연스럽게 탈바꿈한다. 더 소셜 허브는 이러한 사용자 간의 '시간과 공간의 미묘한 겹침'을 적극적으로 활용해 공간이 늘 활성화된 상태를 유지할 수 있는 운영 구조를 설계했다. 체류 기간과 지출 규모가 다양한 사용자들이 겹칠 때, 공간의 밀도는 자연스럽게 극대화되고 자산의 활용성은 지속적으로 상승한다.

    더 소셜 허브는 다양성을 운영 전략이자 자산 가치를 높이는 핵심 구조로 전환하는 접근법을 통해 호텔의 고정된 수익 구조를 다층적이고 유연한 형태로 전환하는 데 성공했다. 일주일 이하의 단기 숙박자부터 한 달 이상의 중기 체류자, 1년 이상 머무는 장기 거주/유학생, 시간 단위로 공간을 임대하는 코워킹 이용자까지, 다양한 형태의 사용자가 서로의 공백을 채워가며 빈틈없는 운영 구조를 만들어낸다. 더 소셜 허브는 숙박 중심의 전통적 관점에서 벗어나 '체류'를 공간의

숙박동과 별도 건물에 위치한 더 소셜 허브의 코워킹 스페이스. 짐(Gym)과 함께 하이브리드 체류형 플랫폼으로서의 브랜드 정체성을 공간 구조로 구현하며, 단기 숙박에서 중장기 워케이션까지 다양한 사용자의 목적을 수용하는 기반이 된다.

▶
워크스테이션과 포켓볼 테이블이 한 공간에 있는 이 장면은 더 소셜 허브가 일과 휴식, 집중과 교류, 생산성과 여유를 하나의 흐름으로 설계하고 있다는 것을 상징적으로 보여준다. 공간은 기능적으로 분리되지 않고, 목적이 다른 활동들이 자연스럽게 교차하는 플랫폼으로 작동한다.

활용 밀도와 주기로 재정의함으로써, 일반 호텔의 약점이던 공실률을 효과적으로 줄이는 데 성공할 수 있었다.

더 소셜 허브가 암스테르담에서 탄생한 것은 우연이 아니다. 유럽의 다수 대도시와 달리 암스테르담은 비교적 이른 시기부터 민간 개발자가 공공적 성격의 도시 과제를 해결하는 데 참여할 수 있도록 부동산 시장을 개방해왔다. 2000년대 중반 이후 유학생과 단기 체류자 수요는 급증했지만 공공 기숙사 공급은 크게 뒤처졌고, 도시는 이 격차를 메우기 위해 '호텔도, 기숙사도 아닌' 복합형 체류 시설을 제도적으로 인정하는 방향을 택했다. 이 정책적 선택은 민간 자본이 공공 수요를 흡수하는 새로운 유형의 자산 개발, 즉 운영과 부동산이 결합된 체류 플랫폼을 가능하게 만들었다.

왜 암스테르담인가: 도시의 구조가 만든 전략적 맥락

암스테르담의 도시 구조 또한 이 모델의 성공을 뒷받침했다. 높은 인구 밀집도와 도보, 자전거, 대중교통 중심의 촘촘한 생활권, 중심부의 짧은 이동 거리 등은 서로 다른 체류 목적과 체류 기간을 가진 사용자가 한 건물, 한 블록 안에 자연스럽게 중첩될 수 있는 조건을 제공한다. 결과적으로 한 장소 안에서 수요의 시간대·기간대가 겹치며, 운영자는 공간을 고정 기능이 아닌 가변 프로그램으로 설계해 공용부의 활용도를 극대화할 수 있다.

더 소셜 허브는 이 제도와 공간적인 조건 위에서 '체류'

를 도시 부동산 전략의 핵심축으로 끌어올렸다. 일과 학업, 여가가 교차하는 오늘의 도시에서 체류는 단순 수면 공간을 넘어 교육, 업무, 커뮤니티, 이벤트가 얽힌 생활 인프라다. 더 소셜 허브는 하루, 한 달, 한 학기 등 서로 다른 기간을 하나의 자산 안에서 포트폴리오처럼 병치해 수요의 계절성과 요일 변동을 완화했고, 객실, 학습, 라운지, 이벤트 등 공용부를 수익화해 현금 흐름의 안정성을 높였다. 이는 '서비스 만족' 중심의 전통적 호스피탈리티를 넘어 도시 차원의 수요 불균형을 흡수하고 자산의 활용도를 극대화하는 운영, 즉 부동산 통합 모델로의 전환을 의미한다.

따라서 더 소셜 허브의 비즈니스 모델은 개별 호텔의 실험담을 넘어선다. 이는 호텔이라는 호스피탈리티 산업의 프레임을 넘어 도시의 자산 전략과 직접 연결되며, '체류'가 자산 가치 상승의 메커니즘으로 확장될 수 있음을 실제 운영 데이터와 공간 설계를 통해 증명한 사례다. 더 소셜 허브는 유휴 공간의 재배치, 다변화하는 체류 수요의 흡수, 공용부의 프로그램 기반 수익화라는 세 가지 축을 한 시스템 안에 결합함으로써 체류형 도시 자산 모델의 기준선을 제시했다. 그리고 이 기준선은 암스테르담에서 출발했지만, 앞으로의 유럽 도시들이 직면할 숙박, 교육, 업무 수요의 교차와 공급 격차를 해소하는 데 적용 가능한 설계 원리로서, 가장 명확한 이정표로 남는다.

| Ergon House |

에르곤 하우스,
아테네에서 꽃피운 미식 생태계

아테네의 구시가지를 걸으면 고대 그리스 문명의 유산과 현대적 풍경이 교차하는 장면을 곳곳에서 마주하게 된다. 오랫동안 아테네의 관광은 파르테논 신전이나 아크로폴리스 박물관 등 고대 유적지 관람에 머물러 있었다. 관광객들은 유적을 본 뒤 곧장 다른 섬으로 이동하거나 주변 국가로 발길을 돌리곤 했다. 경기침체에 이은 2010년 경제위기를 겪으면서 그리스 정부와 관광업계는 '어떻게 하면 관광객이 도시에 더 머무르며, 다양한 분야에서 소비를 이어가게 할지' 고민하기 시작했다. 이러한 흐름 가운데 중요한 키워드로 떠오른 것이 바로 '미식'이며, 그 변화의 중심에 에르곤 하우스Ergon House가 있다.

    2019년 6월 개관한 에르곤 하우스는 외관상으로는 아테네 도심에 흔히 있는 부티크 호텔처럼 보인다. 하지만 문을 여는 순간, 이곳은 기존 호텔과는 확연히 다른 감각을 선사한다. 로비에 들어서면 전통적 호텔 로비 대신 신선한 현지 식재료들이 펼쳐진 '아고라Agora' 스타일의 마켓을 마주하게 된다. 그 바로 옆에서는 셰프들이 신선한 재료를 손질하고 즉석에서 요리를 준비한다. 이는 단순한 숙박 공간이 아니라 머무는 행위 자체가 '식문화 경험'으로 확장되는 구조임을 직관적으로 드러낸다.

에르곤 하우스가 단지 '레스토랑이 훌륭한 숙소'로만 평가될 수 없는 이유는 공간 전체가 고객이 직접 참여하고 경험하는 구조로 설계되었기 때문이다. '에르곤Ergon'이라는 단어는 그리스어로 '일하다', '작업'을 의미한다. 그 이름처럼 에르곤 하우스는 고객이 호텔에서 머물기만 하는 것이 아니라 머무는 동안 호텔과 함께 '작업하는', 즉 함께 살아가는 구조다. 투숙객은 그리스 전역에서 공수한 올리브유, 치즈, 허브 등 식재료를 직접 고르고 셰프와 함께 아침 메뉴를 구성한다. 이 과정에서 단순한 식사 경험을 넘어 지역 생산자와 셰프, 방문객이 서로의 이야기를 나누고 문화를 교환하는 적극적인 체험의 장이 펼쳐진다. 고급 호텔이라기보다 '미식이 중심이 되는 거대한 체험 플랫폼'에 가까운 느낌이다.

세계 최초 '푸디 호텔'이라는 발상의 전환

호텔의 본질적인 가치는 무엇일까? 대부분의 호텔은 '숙박'을 핵심 서비스로 삼고, 레스토랑이나 다이닝 서비스는 부가적인 요소로 취급한다. 그러나 에르곤 하우스의 전략은 완전히 다르다. 이곳은 처음부터 '미식'을 중심에 두고 호텔 운영의 전체 구조를 재편하고, 고객의 동선과 경험을 식문화 체험에 맞추어 설계했다. 투숙객들은 상층부에 위치한 객실에 오에르곤 하우스는 그리스 아테네의 중심에서 '세계 최초의 푸디 호텔(Foodi Hotel)'이라는 컨셉을 구현한 공간이다. 호텔 외관과 로비 그리고 내부의 모든 공간은 숙박과 미식 경험이 완전히 결합되도록 설계되어 있다. 올리브나무와 대형 벽화, 오픈 키친, 활기찬 다이닝 공간이 어우러진 로비는 단순한 환영 공간을 넘어 현지 식문화를 체험하는 중심 무대가 된다. 투숙객은 체크인 순간부터 에르곤의 셀렉션과 요리를 접할 수 있다. 현지인과 여행자가 한데 어울려 식사를 하며 대화를 나누는 장면은 이곳이 '머무는 곳'이자 '맛보는 곳'이라는 정체성을 그대로 보여준다.

©김양아

르기 전에 1층에서 그리스 전역에서 공수한 신선한 식재료를 직접 보고 만지며 셰프와 자연스럽게 대화를 나눈다. 자신만의 취향을 반영해 메뉴를 제안하거나, 셰프와 함께 새로운 레시피를 즉흥적으로 시도해보는 경험도 가능하다. 일정이 허락한다면 쿠킹 클래스나 와인·치즈 테이스팅 등의 체험 프로그램에 참여해 지중해 식문화를 몸소 익히는 것도 가능하다.

이러한 상시적이고 열린 구조는 에르곤 하우스를 단순한 호텔이 아닌 '소셜 허브'로 만든다. 해외 방문객, 인근 직장인, 지역 주민 그리고 에르곤의 셰프와 스태프까지 모두가 음식을 매개로 에르곤 하우스라는 하나의 공간 안에서 자연스럽게 연결된다. 호텔 로비는 더 이상 정적이고 분절된 공간이 아니라, 하루 종일 다양한 대화와 경험이 교차하는 다층적 공간이 된다. 이곳에서 투숙객은 객실 안에 머무는 수동적 고객이 아니라, 호텔 전반에서 펼쳐지는 미식 여정의 능동적 참여자가 된다. 이것이 바로 에르곤 하우스가 스스로를 '세계 최초의 푸디 호텔'이라 부르는 이유다.

이 모든 것이 가능한 이유는 그리스 미식 브랜드로 이름을 알린 에르곤 그룹Ergon Group이 오랜 시간 쌓은 경험과 노하우를 호텔 공간에 녹여낸 덕분이다. 에르곤은 그리스 전역의 소규모 생산자 및 장인과 협력해 전통 재료와 음식 문화를 현대적으로 브랜딩하며 이름을 알렸다. 올리브유만 해도 대를 이어 생산하는 농장을 일일이 찾아가고, 각 지역의 특산물과 레시피를 현지 셰프들과 함께 연구하기도 했다. 가정식

에르곤하우스에서는 자체 농장과 직거래하는 지역 농가에서 재배한 신선한 농산물을 직접 맛보고 구매할 수 있다. 체크인 시 제공되는 웰컴 푸드 또한 이 농장에서 수확한 과일로, '푸디 호텔'로서의 정체성을 가장 일상적인 방식으로 체감하게 한다.

특유의 정겨운 맛과 세련된 프레젠테이션을 융합해 해외 시장에서도 경쟁력을 확보했고, 공정거래와 지역 생산자 지원에 대한 윤리적 가치를 지켜감으로써 그리스 안팎에서 높은 신뢰를 쌓았다.

에르곤 하우스는 이처럼 탄탄하게 구축된 미식 생태계를 한 장소에 집약한 체험형 브랜드 플랫폼으로, 일종의 '라이브 쇼케이스' 전략을 구현한다. 이곳에서 투숙객은 오일과 치즈, 올리브, 허브 등은 물론이고, 그리스식 전통 디저트나 현대적인 퓨전 소스, 직접 재배한 곡물로 만든 빵에 이르기까지 에르곤 푸드Ergon Foods의 전체 포트폴리오를 실제 사용 맥락에서 경험한다. 맛을 본 뒤 마음에 드는 제품은 곧바로 구입할 수 있고, 추후 온라인으로도 주문할 수 있다. 손님은 에르곤 하우스에서 경험한 맛을 통해 브랜드와 지속적 관계를 형성하고, 에르곤 그룹은 단기 투숙객을 장기 고객으로 전환시키는 강력한 고객 획득 채널을 확보한다. 호텔이 곧 마케팅이자 유통이 되는 새로운 비즈니스 모델인 셈이다.

'팜 투 호텔'로 실현한 경험경제

미식에 관심이 있다면 '팜 투 테이블Farm to Table'이라는 개념이 익숙할 것이다. 말 그대로, 농장에서 수확한 식재료를 식탁까지 직송해 신선하게 먹는 방식이다. 에르곤 하우스가 추구하는 '팜 투 호텔Farm to Hotel'은 그보다 훨씬 더 대담하고 구조적인 도전이다. 단순한 직송을 넘어 호텔의 전반적 운영 구조를 지역 생산자와의 직거래 네트워크를 기반으로 재설계한 순환형 생태계다. 유통과 보관, 레스토랑 운영, 마켓 판매, 테이스팅 이벤트에 이르기까지 호텔의 모든 접점이 '팜'과 '호텔'을 연결하는 경험의 통로로 작동한다. 여기에는 물류, 조리, 커뮤니케이션, 체험 콘텐츠가 유기적으로 통합되어야 하며, 에르곤 하우스는 이 복합 구조를 통해 기존 호스피탈리티의 경계를 과감하게 확장하고 있다.

예를 들어 전통 방식으로 숙성한 치즈를 만드는 소규모 농가가 에르곤 하우스와 협업하게 되면, 단순한 납품처를 넘어 호텔의 주역으로 등장한다. 생산자는 에르곤 하우스가 주최하는 팝업 마켓과 시음회에 직접 참여해 자신만의 레시피와 철학을 공유하고, 투숙객은 그 재료를 셰프와 함께 조합해 새로운 메뉴를 구성한다.

이런 '현장 참여형' 체험은 단순한 품질 보증 이상의 설득력을 지닌다. 투숙객은 자신이 먹는 음식이 어디서 왔고, 누가 만들었는지를 직접 보고 체감하며, 그 안에서 브랜드와의 감정적 신뢰를 구축한다. 동시에 생산자는 호텔이라는 문화적 플랫폼을 통해 글로벌 고객과 연결되고, 에르곤 하우스는 '지역 순환'과 '지속 가능성'을 실현하는 브랜드로 자리매김한다. '팜 투 호텔'은 단순한 식재료 공급 체계를 넘어 미식과 지역, 소비자를 하나의 경험 회로로 연결하는 전략적 리테일 모델이다.

비즈니스 측면에서 에르곤 하우스가 거둔 성과는 숙박

에르곤 하우스의 1층은 마켓, 델리, 바 그리고 레스토랑이 한 공간에 결합된 독특한 구성으로, 호텔이자 미식 플랫폼이라는 정체성을 직관적으로 보여준다. 진열된 치즈와 샤퀴트리, 제철 채소, 허브 등은 단순한 장식이 아니라, 바로 주문해 조리되는 '라이브 키친'의 원재료다. 투숙객과 방문객은 매대에서 재료를 직접 고르고, 셰프가 이를 즉석에서 조리해 제공하는 과정을 즐길 수 있다. 이 구조는 '머무는 곳에서 직접 먹어보고 구입해 가져가는' 에르곤만의 푸디 호텔 경험을 완성하며, 식사와 쇼핑, 숙박이 경계 없이 이어지는 새로운 호스피탈리티 모델을 제시한다.

료와 레스토랑 매출 그 이상이다. 호텔이 운영하는 다양한 프로그램, 이벤트, 클래스, 마켓 판매는 각각이 독립적인 수익원인 동시에 상호 시너지를 창출하는 수익 다각화 전략의 핵심이다. 예를 들어 쿠킹 클래스와 팝업 행사, 시음 이벤트에 참가하기 위해 호텔을 찾는 사람이 많아질수록 브랜드 몰입도가 강화되고, 방문객의 객단가는 지속적으로 상승한다. 한 공간에서 다양한 활동이 끊임없이 이뤄지면, 투숙객이 호텔 밖으로 나가지 않고도 '모든 여행을 이 안에서' 해결할 수 있다는 이점이 생긴다. 체류 시간이 길어질수록 구매 전환율이 높아지고, SNS나 리뷰 사이트 등에서 긍정적인 평가로 이어진다. 호텔과 투숙객 간의 관계 자산이 축적되면 재방문율이 증가하고, 에르곤 그룹의 전체 제품 포트폴리오에 대한 교차 구매로 확장된다.

 이러한 구조는 '고객의 체류 시간과 몰입도를 극대화해 부가가치를 높인다'라는 경험경제 전략과 정확히 일치한다. 숙박 산업에 한정되지 않고 여행, 지역 경제, 이벤트 산업 등이 복합적으로 얽힌 플랫폼 비즈니스 모델인 것이다. 더욱이 에르곤 하우스가 위치한 아테네는 전 세계 관광객이 많이 찾는 대표적인 관광지다. 과거와 달라진 점이 있다면, 유적 관광에 치중하던 여행자들이 이제는 미식 체험을 위해 도시 곳곳의 레스토랑, 마켓, 바 등을 찾고 있다는 것이다. 아테네 전역이 역사와 미식이 결합된 고부가가치 여행지로 포지셔닝되면서 도시재생과 지역 경제 활성화의 선순환 구조를 만들어내고 있다.

　이러한 현상은 그리스 정부와 관광업계가 추구해온 관광 산업 고도화 전략과도 일맥상통한다. 경제위기 이후 안이하게 고대 문명에만 기대어서는 안 된다는 인식이 퍼지면서 지중해 식단이라는 차별화된 자산을 현대적 라이프스타일 상품으로 전환해야 한다는 전략적 필요성이 대두됐다. 에르곤 하우스는 이 기대를 충족시키며 아테네가 문화 유산 의존형 관광지에서 체험 중심의 창조 경제 도시로 전환하는 상징적 모델이 되고 있다.

　에르곤의 시도는 여기서 끝이 아니다. 에르곤 하우스의 성공 이후, 브랜드는 미식 경험을 더욱 다채롭게 펼치고자 에르곤 베이크 하우스Ergon Bake House와 에르곤 비치 하우스Ergon Beach House라는 자매 호텔을 잇달아 공개했다. 도심의 '베이커리 중심 호텔'부터 '해변에서 누리는 해산물 미식 경험'까지 전혀 다른 환경과 문화적 맥락을 반영한 이 두 공간은 '미식'을 매개로 여행, 커뮤니티, 자연 그리고 지역 문화를 하나로 묶어내는 에르곤의 확장 가능성을 극적으로 보여주는 사례다. 그리고 이 새로운 프로젝트들을 통해 우리는 '호텔'이라는 틀을 뛰어넘어 '미식'이라는 키워드로 연결된 거대한 플랫폼을 목격하게 된다.

그리스의 풍경은 더 이상 유적과 에게해의 휴양지로만 소비되지 않는다.
오늘날의 여행자는 도시의 일상, 테이블 위의 음식, 시장의 소리, 사람들의 표정을 통해
그리스의 오늘을 체감한다.

**에르곤의 핵심 철학:
지역성,
지속 가능성,
커뮤니티**

에르곤 하우스에서 시작해 에르곤 베이크 하우스와 에르곤 비치 하우스로 이어지는 브랜드 세계관에서 가장 주목할 키워드는 '지역성', '지속 가능성' 그리고 '커뮤니티'다. 단순히 '지역에서 재료를 구해 온다'라는 수준이 아니라, 지역 생산자와 협업하고 로컬 식문화를 보존·발전시킴으로써 공간 전체를 살아 있는 미식 생태계로 전환시켰다.

    에르곤의 가장 큰 강점은 누구나 강조하는 '지역성'과 '지속 가능성'을 실제 수익 창출 메커니즘으로 구현했다는 데 있다. 그리스 토양에서 자란 밀가루를 직접 제분해 빵을 만드는 과정이나, 바다에서 갓 잡아 올린 해산물을 곧바로 메뉴화하는 시스템은 프리미엄 가격 정당성을 확보하는 핵심 전략이다. 재료를 둘러싼 다양한 생산자들과의 협업 체계와 스토리텔링을 통해 손님은 한 끼 식사에서도 그리스라는 지역의 역사와 문화를 깊이 느끼게 된다. 에르곤의 호텔에 투숙하는 순간, 고객은 단순 소비자가 아닌 그리스의 지역 경제와 전통문화 보존에 참여하는 가치 소비자로 포지셔닝된다. 이처럼 깊이 있는 체험은 '프리미엄 소비'로 이어져 자연스레 높은 객단가와 브랜드 충성도로 전환된다.

    에르곤 베이크 하우스에서 빵 반죽을 하고, 에르곤 비치 하우스에서 갓 잡은 해산물을 맛보는 순간, 여행자는 더 이상 손님이 아니다. 체험은 그 자체로 여행자가 지역의 삶 속에 발을 내디디며, 짧지만 분명하게 이곳의 공동체와 하나가 되는 과정이다.

에르곤은 이러한 전략적 브랜드 경험을 확장할 가능성이 크다. 도시와 해변뿐 아니라, 산과 숲 등 각기 다른 지역적 맥락과 환경 조건을 반영한 '에르곤 포레스트 하우스Ergon Forest House'와 같은 모델도 충분히 고려할 수 있다. 혹은 미식 경험에 첨단 기술을 결합한 미래형 공간으로의 발전 가능성도 존재한다. 중요한 것은 '미식을 매개로 일상의 경험을 설계한다'라는 에르곤의 원칙이 장소와 환경의 한계를 넘어 무한한 확장성을 갖고 있다는 점이다. 에르곤 베이크하우스와 에르곤 비치 하우스가 각각의 장소성과 결합해 독창적인 모델을 구축하는 과정은 이미 글로벌 미식 여행자와 업계 전문가의 주목을 받고 있다. 식당과 숙박을 단순히 연결하는 수준을 넘어 미식, 라이프스타일, 지역 공동체를 융합한 '통합적 경험 플랫폼'을 구축한다는 이들의 접근은 기존 호스피탈리티의 수익 모델을 근본적으로 재정의하고 있다.

리테일 브랜드의 글로벌 확장과 소비자 경험 설계 프로젝트를 오랫동안 수행하면서 깨달은 사실이 있다. 이제 미식은 호텔의 부가 서비스가 아니라, 브랜드가 고객의 라이프스타일 전반을 전략적으로 장악할 수 있는 가장 효과적인 성장 동력이라는 점이다.

에르곤은 '맛있는 음식'을 넘어 음식으로 연결되는 '맛있는 삶의 방식'을 디자인해나간다. 그리스의 로컬 푸드 브랜드가 글로벌 미식 여행자들을 위한 복합적 문화 플랫폼으로 진화한 이 사례는 호스피탈리티 비즈니스의 확장 가능성을 입증한다. 에르곤이 미식과 공간, 사람 사이의 경계를 허물며 구축한 모델은 '체류'를 '체험'으로, '체험'을 '구매'로, '구매'를 '관계'로 전환시키는 완벽한 가치 사슬을 보여준다. 이들이 증명한 것은 명확하다. 미식이야말로 고객의 일상을 장악하고 브랜드 생태계를 무한히 확장시키며, 라이프스타일 전반을 이끌어가는 강력한 전략적 동력이다.

| Audo House |

아우도 하우스, 하이브리드를 넘어 경험을 설계하다

코펜하겐 북동부, 과거 항만지였던 노드하븐Nordhavn의 중심에 오래된 창고 건물이 하나 있다. 콘크리트와 붉은 벽돌, 철제 프레임이 얽힌 이 건물은 과거의 물성을 그대로 간직한 채 호텔이자 쇼룸, 카페이자 협업 오피스, 브랜드의 실험실로 재탄생했다. 외관의 정제된 감도만으로도 그 안에 담긴 세계관을 오롯이 드러내는 이곳의 이름은 '아우도 하우스Audo House'다. 북유럽 미니멀리즘의 대표 주자인 덴마크 디자인 브랜드 무토Muuto의 공동 창립자이자, 건축 스튜디오 놈 아키텍츠Norm Architects를 이끄는 요나스 비에르 폴센Jonas Bjerre-Poulsen의 작품이다.

　그에게 디자인은 형태가 아니라 태도이며, 브랜드는 제품이 아니라 경험의 방식이다. 아우도 하우스는 이러한 그의 철학이 하나의 물리적 공간 안에서 형태, 사용 방식, 감각적 경험으로 구체화된 결과물이다. 이곳에서는 체류, 구매, 업무, 관람, 대화까지 서로 다른 목적의 행위들이 끊김 없이 이어진다. 컨셉스토어, 오피스, 호텔, 카페, 갤러리 등 다양한 공간 기능이 유기적으로 결합된 하이브리드형 호스피탈리티의

▶
붉은 벽돌의 파사드 위에 검은 배너로 존재감을 드러낸 아우도 하우스의 외관. 오래된 건축의 골조에 현대적 감각을 덧입혀 단순한 호텔이 아닌, 디자인 브랜드의 거점으로 자리 잡았음을 보여준다.

집약체다.

쇼룸과 호텔, 오피스와 카페의 경계를 허문 하이브리드 모델은 이제 유럽 시장에서 새로운 표준이 되고 있다. 그렇다면 아우도 하우스만의 차별점은 무엇일까?

기능을 나열하지 않고 감도를 설계한다

아우도 하우스의 본질은 단순한 기능의 조합이 아니라 공간의 목적과 감도, 브랜드의 철학이 충돌 없이 긴밀하게 맞물리는 '통합 플랫폼 전략'의 구현에 있다. 이곳의 공간은 어느 하나도 독립적으로 존재하지 않는다. 호텔이자 쇼룸이고, 카페이자 코워킹 오피스이며, 브랜드의 스튜디오지만, 각각의 기능은 아우도 하우스라는 하나의 생태계 안에서 겹치고 스며들며, 사용자의 동선을 따라 수익을 창출하는 다중 접점으로 작동한다. 예컨대 이곳에는 전통적인 호텔 로비가 없다. 그 자리에 커피를 내리는 바가 있고, 리셉션 데스크는 편집 매장에 존재한다. 머무는 사람과 일하는 사람, 둘러보는 사람과 대화하는 사람 모두가 잠재 고객이 되는 구조다. 그 누구도 특정 역할로 규정되지 않고, 모두가 자신만의 방식으로 공간과 연결되며 각자의 접점에서 브랜드 가치를 흡수한다.

가장 눈에 띄는 것은 '무의식적 구매 유도 전략'이다. 호텔의 객실과 카페에 놓인 가구는 아우도 하우스가 놈 아키텍츠와 함께 디자인한 브랜드 '메뉴MENU'의 제품들로 채워져 있다. 이곳에서 제품은 구매를 유도하는 전시물이 아니라, 일상의 맥락 속에서 자연스럽게 체험되는 '라이브 카탈로그'로 기능한다. 방문객은 앉고, 만지고, 의자에 기대어 커피를 마시며 무의식적으로 브랜드와 제품을 체험한다. 구매 압박이 사라진 자리에 일상적 사용 경험이 쌓이고, 이것이 곧 가장 강력한 구매 동기가 된다.

아우도 하우스의 디자이너, 에디터, 브랜드 기획자들이 실제로 일하고 회의하는 2층 메자닌mezzanine에 자리한 오피스도 유리벽 하나 없이 개방된 구조 덕분에 카페 손님과 객실 투숙객들의 시선 안에 자연스럽게 놓인다. 의도한 컨셉이나 연출된 장면이 아니라, 브랜드의 운영 방식과 사람을 대하는 태도가 물리적 공간 안에 그대로 투영된 결과다.

아우도 하우스의 가장 혁신적인 전략은 '백오피스의 전면화'다. 대부분의 브랜드는 백오피스를 감추고 고객과 스태프의 동선을 철저히 분리하는데, 이곳은 '일하는 방식'까지도 브랜드의 일부로 설계한다. 사람들이 어떻게 협업하는지, 어떤 환경에서 관계를 맺는지, 사람들을 대하는 태도와 방식 모두가 고객이 목격하고 경험하는 브랜드 스토리텔링의 핵심 콘텐츠가 된다. 즉 단순한 공간 운영이 아니라, '일하는 과정의 가시화'를 통해 브랜드의 진정성과 전문성을 실시간으로 증명하는 전략이다.

이처럼 아우도 하우스의 하이브리드 구조에서는 리테일, 오피스, 호텔, 커뮤니티라는 상이한 목적의 공간들이 서로 충돌 없이 하나의 흐름 안에 자연스럽게 통합된다. 공간이

◀ 호텔, 레스토랑, 갤러리, 쇼룸이 하나의 플로우로 이어지는 내부는 '머물며 경험하는 리테일'을 구현한다. 가구와 오브제는 단순한 전시품이 아니라, 투숙과 식사, 휴식을 통해 실사용 경험이 축적되는 브랜드 자산이다. 공간의 모든 동선은 체류 시간을 연장시키고, 구매 전환 가능성을 높이는 방식으로 설계됐다. 이 복합적인 구조가 아우도 하우스를 단순한 숙박 시설이 아닌, 브랜드 전략의 전시장으로 기능하게 만든다.

브랜드를 설명하려 들지 않고, 억지로 연출하지도 않는다. 모든 기능이 자연스럽게 뒤섞여 사용자의 감각 위에 조용히 놓인다.

일반적으로 하이브리드 공간은 산만하고 단절되기 쉽다. 기능이 많아질수록 동선은 복잡해지고, 감각은 흩어진다. 그러나 아우도 하우스의 설계적 완성도는 그런 우려를 깨끗이 지워낸다. 대부분의 하이브리드 호텔이 공간의 효율성과 브랜딩 효과에 초점을 맞춘다면, 아우도 하우스는 공간이 사람의 감각과 정서에 어떤 영향을 미치는지를 중심에 두고, 그에 따라 모든 기능을 설계한다.

이곳에서는 브랜드가 공간을 채우는 대신 공간 자체가 브랜드의 철학과 감수성을 드러낸다. 체류는 단순히 잠을 자는 일회성 소비가 아니라, 브랜드가 제안하는 삶의 방식을 직접 살아보는 일상의 감각적인 단편이 된다. 객실의 가구는 눈에 띄는 인상을 남기기보다 공간 속에 자연스럽게 녹아들고, 조명과 재료, 가구와 냄새, 커피와 음악 그리고 어딘가에 스며 있는 침묵까지, 이곳을 구성하는 모든 요소가 아우도 하우스라는 감각적인 세계를 설계하는 조형 언어로 작동한다. 디자인, 브랜딩, 체류, 커뮤니티 전략 또한 기능적으로 분리되지 않고, 하나의 미감 아래 완결된 형태로 구성된다.

아우도 하우스는 기능의 나열이 아닌, 삶의 장면을 설계하는 방식으로 브랜드를 전달하는 공간 전략의 진화형이다. 사용자가 공간을 기능적으로 인지하기 전에 먼저 감각적으로 '살아보게' 만드는 이 방식은 공간 설계가 어떻게 감도의 층위들을 통해 브랜드 전략을 구현할 수 있는지를 보여주는 가장 이상적인 모델에 가깝다. 그래서 이곳에서의 숙박은 단순한 체류가 아니라, 브랜드가 설계한 태도와 정서를 물리적인 공간 안에서 직접 '살아보는' 경험이 된다. 이것이 아우도 하우스가 머물고 싶은 공간을 넘어 '살아보고 싶은 철학'으로 기억되는 이유다.

형태가 아닌 태도를 짓는다

아우도 하우스를 관통하는 공간의 디자인 언어는 객실에서 가장 정교한 밀도로 수렴된다. 이곳의 디자인은 스타일이나 장식을 강조하기보다, 투숙객들이 어떤 감정 상태로 머물게 될지를 염두한 흔적이 곳곳에서 느껴진다. 가구는 시각적 아름다움이 아닌 사용자의 움직임과 시선의 흐름에 따라 배치되고, 조명은 밝힘의 기능이 아닌 공간의 밀도를 조율하는 장치로 작동한다. 직선과 곡선, 우드와 패브릭, 석재와 금속 등 다양한 물성의 조합은 미감의 대비가 아닌, 서로 다른 재질의 긴장과 완화를 통해 정서적 균형을 만들어낸다.

 아우도 하우스의 객실에는 TV가 없다. 대신 음악과 책이 놓여져 있고, 잔잔한 조명이 시야를 정돈하며 감각을 차분히 가라앉힌다. 표면적으로는 미니멀한 스타일이지만, 본질적으로는 자극을 덜어내고 감각을 정리하는 방식에 가깝다. 이 공간이 덜어낸 것은 콘텐츠나 장식이 아니라, 집중을 흐트

러뜨리는 불필요한 개입들이다. 아우도 하우스는 무언가를 더하는 대신 덜어냄으로써 감각이 조용히 정돈되는 체류 경험을 설계한다. 즉 이곳의 미니멀리즘은 단순한 분위기나 스타일의 수준에 머물지 않고, 사용자가 무엇에 집중하고 어떤 속도로 머물 것인지를 치밀하게 고려한 환경 설계다. 시각적 만족보다는 정서적 반응을 중심으로 사용자의 체류 전반에 영향을 미치는 감각적 요소들을 섬세하게 구성한 것이다. 이는 디자인을 '보이는 것'이 아니라 '사는 것'으로 정의하는 아우도 하우스의 철학에서 비롯된다.

커뮤니티는 저절로 만들어지지 않는다, 설계된다

아우도 하우스는 호텔이지만, 이곳에서는 그 누구도 전통적인 고객 역할에 머물지 않는다. 공간은 머무는 사람, 일하는 사람, 방문하는 사람 사이를 명확히 분리하지 않는다. 투숙객, 브랜드 팀, 동네 주민, 건축가, 바이어 등 목적도, 체류 형태도 다른 사람들이 각자의 방식으로 공간을 점유하지만, 서로를 방해하지 않고 자연스럽게 공존한다. 이것이 가능한 건 이곳이 단순히 열려 있는 공간이기 때문이 아니라, 사람 사이의 거리와 연결 방식까지 전략적으로 설계했기 때문이다.

이곳에서는 공간의 사용성과 흐름 자체가 사람들의 만남과 연결을 유도하는 구조다. 카페를 찾은 이가 브랜드 디렉터 옆에서 노트북을 열고, 쇼룸을 보러 온 건축가가 디자이너와 대화를 나누고, 단기 투숙객이 북유럽 디자인 매거진의

놈 아키텍츠가 디자인한 아우도 하우스의 객실은 호텔, 레지던스, 쇼룸의 경계를 허무는 하이브리드 공간으로, 절제된 색채와 소재, 맞춤형 가구를 통해 브랜드의 감각적 미학을 실질적인 거주 경험으로 확장한다.

하이브리드 공간으로서의 특성을 보여주는 아우도 하우스의 카페와 쇼룸. 외부 손님도 자연스럽게 드나들 수 있도록 설계해 로컬과 글로벌 고객이 교차하는 진입로 역할을 한다. 이는 단순한 환영 공간이 아니라, 브랜드 철학과 미감을 첫인상에서 각인시키는 전략적 장치다.

오픈 토크에 참여하는 모습이 일상적 풍경으로 자리 잡았다. 일부러 의도하지 않아도 공간의 구성 방식 덕분에 이런 일이 자연스럽게 일어난다. 아우도 하우스는 대규모 네트워킹 이벤트나 브랜드 파티 대신, 공용 테이블에서 함께 식사하는 '커뮤널 다이닝communal dining' 프로그램을 운영한다. 이 공동 식사는 덴마크 전통의 '펠레스피스닝fællesspisning'을 현대적으로 재해석한 것이다. 코펜하겐 시민들이 일상적으로 실천하는 공동체 문화를 통해 투숙객과 지역 주민, 크리에이터들이 함께 앉아 음식을 나누는 순간 자연스럽게 커뮤니티가 형성된다.

    이러한 문화적 맥락 위에 공간의 배치가 더해지며 커뮤니티의 감도는 한층 깊어진다. 공용 테이블을 중심으로 한 좌석 배치, 동선이 교차하는 공유 영역, 누구에게나 열려 있는 오픈 키친과 서가 등 아우도 하우스는 이 모든 요소를 통해 사람들이 자연스럽게 마주치고, 대화하고, 함께 머물 수 있도록 유도한다. 이것은 단순한 개방된 공간이 아니라, 낯선 관계를 연결 가능하게 만드는 구조적 장치다. 다른 브랜드들이 사용자들의 커뮤니티를 '기획'하는 동안, 아우도 하우스는 사람 간의 연결 가능성을 높이는 공간의 조건을 설계함으로써 커뮤니티가 '일어날 수 있는 환경'을 만든다.

    브랜드가 사람들을 모으는 것이 아니라, 사람들이 자연스럽게 머물고 관계를 맺을 수 있는 조건을 설계하는 것. 나는 그것이 커뮤니티 설계의 본질이라고 생각한다. 공간은 관

아우도 하우스의 카페와 레스토랑은 단순한 식음 공간을 넘어 호텔 투숙객과 외부 방문객 그리고 스태프들까지 경계 없이 섞이는 개방형 커뮤니티 허브로 작동한다. 이는 단기 숙박 수익을 넘어 장기 체류 고객과 지역 커뮤니티를 유입시키는 전략적 장치이자, 호텔 브랜드의 '머물고 싶은 라이프스타일 플랫폼'이라는 정체성을 강화하는 핵심 접점이다.

©Norm Architects

계의 장면을 '연출'하는 것이 아니라, 관계가 실제로 '일어날 수 있는 구조'를 만들어야 하며, 그것이야말로 모든 공간 경험 설계가 직면한 가장 복잡하면서도 본질적인 과제다.

아우도 하우스는 호텔이라는 형식을 빌려 브랜드가 어떻게 고객 접점을 다층화하고, 체류 시간을 수익화하며, 사용자 경험을 비즈니스 생태계로 전환할 수 있는지를 증명한다. '하이브리드 호텔'이라는 이 새로운 유형은 단순히 여러 기능이 혼합된 형태가 아니라, 서로 다른 수익원들이 하나의 브랜드 전략 안에서 상호 시너지를 창출하는 플랫폼 비즈니스 모델이다. 다양한 기능이 분리되지 않고, 오히려 하나의 공간에서 다음 공간으로 이동하는 과정 자체가 추가 구매를 유도하는 장치가 된다.

쇼룸은 제품을 직접 쓰게 하고, 오피스는 일하는 방식을 드러내며, 객실은 브랜드를 체험하게 하고, 카페는 관계의 출발점이 된다. 이처럼 각 공간이 고객과 브랜드의 관계를 단계적으로 깊어지게 만드는 것은 아우도 하우스가 브랜드 전략과 공간 경험을 완벽하게 조율한 결과물이다.

이 모든 구조는 코펜하겐이라는 도시 안에서 더욱 선명해진다. 아우도 하우스는 코펜하겐의 도시적 특징, 디자인 감수성, 커뮤니티 문화를 활용해 장기 고객 관계를 구축하는 비즈니스 모델을 완성했다. 이것이 증명하는 바는 명확하다. 공간이 곧 전략이고, 지역성이 곧 차별화의 무기가 되는 시대. 아우도 하우스는 그 가능성을 현실로 만든 완벽한 사례다.

| WE ARE ONA |

위아오나, 리테일의 개념을 재정의하는 한 끼 식사

'위아오나WE ARE ONA'는 2019년 파리에서 시작된 셰프 컬렉티브다. 셰프 컬렉티브란, 여러 셰프와 크리에이티브 인력이 모여 고정된 레스토랑이 아닌 팝업 공간과 이벤트를 무대로 독창적인 식사 경험을 설계하는 협업 그룹을 뜻한다. 'ONA'는 프랑스어로 '즐기다onager'의 비공식적 약어처럼 쓰인다.

겉으로 보면 그저 뛰어난 미식 경험을 선사하는 셰프와 크리에이터들의 집단일 수 있지만, 위아오나의 본질은 그 이상이다. 이들은 '식사'라는 가장 일상적인 행위를 전복적인 형식으로 재해석해 브랜드와 소비자의 관계를 완전히 새로운 차원에서 다시 설계한다.

내가 처음 위아오나라는 이름을 들었던 순간은 지금도 또렷하게 기억 속에 새겨져 있다. 우리 회사가 파리에서 진행 중인 프로젝트와 관련해 인디펜던츠 그룹The Independents의 CEO인 이자벨 슈벳Isabelle Chouvet과 마주 앉아 이야기를 나누던 자리였다. 뷰로 베탁Bureau Betak과 카를라 오토Karla Otto를 거느린 세계적 브랜드 에이전시 그룹의 수장이 내게 이렇게 말했다.

"며칠 전 위아오나 팝업에 다녀왔다. 브랜드 경험이 이렇게까지 정교할 수 있다는 걸 새삼 실감했다. 위아오나는 지금 가장 흥미로운 팀이며, 반드시 주목해야 한다."

그 말 한마디로 나는 위아오나를 단순한 팝업 주최자나 푸드 이벤트의 운영자로 바라보지 않게 되었다. 위아오나는 리테일의 문법을 새롭게 쓰는 플랫폼이자, 브랜드 경험을 설계하는 새로운 유형의 크리에이티브 집단이었다.

위아오나에는 고정된 장소도, 정해진 메뉴도 없다. 그들은 파리 패션위크 기간 중 비어 있는 아틀리에, 디자인 호텔, 공사 중인 상업 공간, 아트 갤러리 등 예상을 뛰어넘는 장소에서 단 하루 혹은 몇 시간만 열리는 식사를 설계한다. 그러나 그 짧은 팝업은 여느 브랜드 캠페인보다 선명하게 각인되고, 플래그십 매장보다 오래 기억된다. 이유는 명확하다. 위아오나가 선보이는 것은 레스토랑이 아니라 감각의 설치이자, 정서의 큐레이션이기 때문이다. 오늘날 브랜드 경험을 이토록 정교하게 설계할 수 있는 팀은 손에 꼽힌다. 위아오나는 그중에서도 가장 선명하고 인상적인 이름이다.

그들의 정서적 설득은 메뉴가 아닌 공간의 밀도에서, 음식에 대한 설명이 아닌 머무는 방식에서 구현된다. 위아오나는 '팔지 않아도 브랜드를 각인시킬 수 있다'라는 전략적 진실을 지금 이 시대에 가장 세련된 방식으로 증명한다.

**공간은 사라지지만
감정은 오래 남는다**

위아오나는 늘 어딘가로 이동한다. 파리 북쪽의 공사 중인 창고에 긴 테이블을 펼치기도 하고, 밀라노의 아트북 서점 지하에 불을 밝혀 식사 공간으로 변모시키기도 한다. 장소는 매번 달라지지만, 그들이 구축하는 정서의 결은 놀라울 만큼 일관적이다. 공간은 언제나 조용하고, 어딘가 비현실적인 느낌을 자아낸다. 이곳에서 식사는 미식 체험을 넘어 감정을 설계하는 무대다. 요리는 방문자의 호흡을 조율하고, 조명은 분위기의 농도를 조절하며, 낯선 이들 사이의 거리감은 의도된 어색함 속에서 서서히 좁혀진다. 이렇게 완성된 한 끼는 브랜드나 요리를 넘어 하나의 장면, 공기, 감정을 기억하게 만든다. 그리고 이 기억은 순간의 감상을 넘어 브랜드의 무형 가치를 확장시키는 감정적 토대가 된다.

위아오나의 테이블에는 브랜드 로고도, 설명도, 가격표도 없다. 대신 셰프의 손끝, 테이블 간격, 조명의 각도, 대화의 속도에서 그 자리의 감성을 섬세하게 읽어낼 수 있도록 한다. 이는 단순한 연출이 아니라, 브랜드의 정서가 말없이 방문자의 감각 속으로 스며들도록 정밀하게 기획된 결과다.

나는 이들의 방식이 '곧 사라질 것 같은' 팝업 형태라는 점에 주목해왔다. 이는 물리적 희소성을 통해 경험의 가치를 극대화하고, 감정적 몰입을 단기간에 압축해 전달하는 강력한 수단이기 때문이다. 사라짐을 전제로 설계된 공간에서는 감정이 더 날카롭게 감지되고, 여운은 더 길게 남는다. 위아오나는 이러한 일시성을 통해 정서적 설득력을 극대화한다.

2021년 여름, 터키 해안에 세워진 위아오나의 비치 하우스.
5개월간 전 세계의 젊은 셰프들이 머물며 창작과 교류를 이어나간 무대였다.
낮에는 해변의 바(bar)로 변신해 음료와 요리를 제공하고,
바다 냄새와 음악, 대화가 어우러지는 이곳은 단순한
휴양지가 아니라 창작의 에너지가 흐르는 문화 거점이 된다.
새로운 환경에서 새로운 재료로 메뉴를 개발하는 과정은
위아오나가 추구하는 '젊은 재능의 성장과 교류'라는 철학을 생생히 드러낸다.

©WE ARE ONA

식사는 끝나도 그 경험은 계속된다. 공간의 분위기와 정서는 기억 속에 깊이 새겨지고, 이것이 곧 브랜드의 무형 자산이 된다. 감정이야말로 지금 시대 가장 조용하지만 가장 설득력 있는 브랜드 언어다.

럭셔리 브랜드들이 위아오나를 선택하는 이유

자크뮈스Jacquemus, 로로 피아나Loro Piana, 보테가 베네타Bottega Veneta 등 현재 가장 주목받고 있는 감도 높은 럭셔리 브랜드들이 선택한 F&B 파트너는 셰프 레스토랑도, 미슐랭 스타도 아니다. 그들은 위아오나를 선택했다. 이유는 분명하다. 위아오나는 브랜드의 정서를 공간과 식사의 결합을 통해 세밀하게 해석하고, 감정적 설득으로 전환할 수 있는 플랫폼이기 때문이다.

 브랜드는 위아오나에 구체적인 디자인 가이드나 연출 방식을 요구하지 않는다. 위아오나는 분위기, 결, 밀도, 속도, 여백까지 세심하게 조율해 브랜드가 직접 언어로 표현하기 어려운 감각을 대신 설계한다. 즉 위아오나는 단순한 협업 파트너가 아니라, 브랜드가 자신의 정서를 위탁할 수 있는 감각적 대행자affective agent●인 셈이다. 나는 이 흐름을 단순한 F&B 협업이 아닌, '브랜드 정서 자산의 외주화 전략'으로 본다. 브랜드가 축적한 감정 자산과 세계관을 시각 언어나 제품이 아닌, '체험'이라는 형태로 고객에게 전달하기 위해 브랜드 경험의 설계 역량 자체를 외부 플랫폼에 위탁하는 방

● 브랜드가 감도, 정서, 분위기와 같은 비가시적 자산을 외부 플랫폼에 설계 위탁할 수 있도록 하는 정서 기반 설계자. 브랜드가 직접 표현하기 어려운 감정의 언어를 경험으로 구조화하여 대변하는 전략적 파트너를 의미한다.

식. 이는 단순한 이벤트 연출이 아닌, 설계 역량 자체를 전문 플랫폼에 아웃소싱하는 전략적 선택이다. 브랜드는 위아오나의 손을 빌려 더 정교하고 깊이 있게 소비자에게 자신들의 감도를 전달한다.

럭셔리 브랜드에게 감정은 가격이나 디자인처럼 명시적으로 다룰 수 없는 그러나 고객 충성도와 직결되는 핵심 전략 자산이다. 전통적으로 이 감정 자산은 브랜드 내부에서 관리되어왔지만, 위아오나는 그 관리 권한을 외부로 확장해도 정밀함과 완성도를 동일하게, 때로는 더 뛰어나게 유지할 수 있음을 입증했다. 실제로 자크뮈스의 공간 실험에서 소비자가 로고나 제품보다 먼저 받아들인 것은 '느낌'이었고, 그 감각의 결은 위아오나가 연출한 식사 자리에서 느껴지는 분위기와 정확히 일치했다. 로로 피아나의 경우, 제품 자체보다 '공간의 결과 질감atmosphere'이라는 비물질적 감도를 강조하는데, 이를 가장 정밀하게 구현한 것은 매장 인테리어나 캠페인이 아니라 위아오나가 연출한 저녁 한 끼였다. 즉 위아오나는 브랜드가 의도하는 '감도의 본질'을 매체와 장소를 초월해 구현할 수 있는 드문 파트너임을 증명해낸 셈이다.

나는 한국 시장에서 다수의 글로벌 럭셔리 브랜드 론칭 전략을 설계·집행하며, '정교하게 설계된 감도'의 완성도가 브랜드 인식 전환과 시장 내 재포지셔닝을 좌우하는 결정적 변수임을 여러 차례 확인했다. 소비자는 언제나 제품이 아닌, 감정으로 브랜드를 기억한다. 그래서 오늘날 럭셔리 브랜드

의 전략 초점은 '무엇을 보여줄 것인가'가 아니라, '어떤 감정을 설계해 소비자에게 각인시킬 것인가'에 의해 결정된다. 브랜드가 감정을 외부에 위임하기 시작한 전환기에 가장 정밀하고 세련되게 감정 설계를 대행하는 플랫폼. 그것이 지금 위아오나가 주목받는 이유다.

팝업에서 플랫폼으로, 반복 가능한 구조를 설계하다

◀
프로방스의 햇살이 길게 드리워진 플라타너스 가로수길. 수십 미터에 걸쳐 놓인 하얀 린넨 테이블 위에 노란 해바라기가 물결처럼 이어진다. 2022년 샤를르발에서 열린 자크뮈스의 결혼식은 패션 디자이너다운 감각으로 자연과 색채를 연출한 장면이었다. 고즈넉한 마을의 오래된 저택과 어우러진 해바라기 장식은 여름 남프랑스의 빛과 향기를 한순간에 응축시켰다.

위아오나의 경험은 겉으로 보기엔 매번 새롭다. 도시가 바뀌고, 셰프가 달라지고, 장소 역시 예측 불가능하다. 그러나 감정의 구조는 놀라울 만큼 일관성을 유지한다. 조명의 각도, 공기의 밀도, 테이블 간격, 물 흐르듯 이어지는 대화의 속도까지. 경험의 표면은 변주되지만, 감정의 본질은 반복된다. 이러한 반복성이 위아오나의 핵심 전략이다. 그들은 단발성 이벤트를 기획하는 것이 아니라, 정서적 경험의 기본 단위를 체계화하여 브랜드가 언제든 필요할 때마다 꺼내 쓸 수 있는 '정서의 플랫폼'을 설계한다.

바로 이것이 위아오나가 단발성 팝업을 브랜드의 장기적 운용 자산이자, 확장 가능한 플랫폼으로 전환한 핵심이다. 매번 장소를 바꾸면서도 어떤 환경에서든 동일한 밀도로 브랜드의 정서를 구현할 수 있는 '정서적 그릇'을 제공하는 것. 전시 오프닝, 신제품 론칭, 매장 리뉴얼, 캡슐 컬렉션 공개, 로컬 커뮤니티 이벤트까지 위아오나의 '식사 장면'은 어떤 맥락에서도 이질감 없이 삽입된다. 브랜드도 매번 공간을 새롭게 빌리거나 매장의 인테리어를 교체할 필요가 없어진다. 위아오나가 제공하는 것은 공간이 아니라 장면, 물성이 아니라 분위기이기 때문이다. 브랜드는 위아오나의 식사 안에 제품을 놓는 대신 자사의 감도를 조용히 이식한다. 이렇게 구축된 반복 가능한 구조 덕분에 위아오나의 경험은 기억에 오래 남고, 브랜드의 전략적 의도에 따라 유연하게 활용되며, 결과적으로 브랜드 정체성에 깊숙이 스며든다.

    이러한 방식은 물리적 매장 없이도 정서적 흐름을 설계하고 재현할 수 있게 한다는 점에서, 나는 이 새로운 구조를 '모듈형 리테일 인프라'*라고 정의한다. 이제 브랜드는 공간을 소유하지 않고도 자신만의 감도를 구현할 수 있는 이동형 구조를 갖게 되었고, 위아오나는 이를 통해 상업적 장치처럼 보이지 않으면서도 브랜드 정체성을 설득력 있게 각인시키는 새로운 시스템을 구축해냈다. 나는 위아오나에서 비롯된 '모듈형 리테일 인프라'가 브랜드 경험을 가장 정밀하게 설계하고, 일관되게 재현하며, 다양한 맥락 속에서 확장하는 주체로 작동하고 있다는 점에서, 이 구조가 향후 브랜드 공간 전략의 근본적 전환점이 될 것이라 확신한다.

▶ 2022년 6월, 위아오나는 밀라노 디자인위크 기간 동안 조명 브랜드 플로스(FLOS)와 협업해 밀라노의 한 대형 창고를 팝업 다이닝 공간으로 탈바꿈시켰다. 창고의 산업적 질감, 자연을 품은 테이블 세팅, 불과 연기가 어우러진 조리 장면은 미식과 공간, 빛이 하나로 이어지는 순간을 완성했다.

● 물리적 매장 없이도 브랜드의 정서를 반복해서 재현할 수 있도록 설계된 감각 중심의 체험 장치. 이동성과 맥락 적응력을 바탕으로, 특정 공간 없이도 브랜드 경험을 유연하게 확장할 수 있는 전략적 시스템을 뜻한다.

위아오나의 식사는 얼핏 보기엔 어디서든 구현 가능할 수 있는 방식처럼 보인다. 하지만 실제로 이들이 브랜드의 감정을 정교하게 전달할 수 있는 도시는 그리 많지 않다. 뉴욕을 제

그 도시만의 감정의 여백을 파고들다

외한 위아오나의 주요 무대가 파리, 밀라노, 베를린 등 세 도시로 압축되는 이유는 단순히 미식이나 문화적 우위 때문이 아니다. 공간, 소비, 정서의 밀도 사이에서 실험적 리테일이 가능하고, 브랜드가 파고들 '감정의 여백'이 존재하는 도시이기 때문이다.

유럽에서 글로벌 브랜드들의 시장 진출 전략을 직접 목격하며 깨달은 것이 있다. 브랜드가 어느 도시에 들어갈지를 결정하는 기준은 단순히 시장 규모나 소비력의 문제가 아니었다. 그 도시가 지닌 '정서적 밀도의 여백', 즉 브랜드의 정서적 메시지가 공간을 매개로 소비자에게 전달되고, 그 소비자가 이를 자신의 경험과 문화적 배경에 맞춰 재구성할 수 있는 여백의 존재 여부가 결정적이었다. 이 여백이 없다면, 리테일은 그저 물건을 사고파는 상업적 기능에 머무를 수밖에 없다.

반대로 이러한 정서적 여백이 충분한 도시는 브랜드가 공간과 시간을 활용해 소비자와 감정적으로 교감할 수 있는 체험을 설계하고, 이를 통해 브랜드 인식과 기억을 장기적으로 강화한다. 파리, 밀라노, 베를린은 바로 이 조건을 충족시키며, 브랜드 경험을 판매 중심에서 감정 중심으로 전환하는 핵심 거점이다.

서울에서도 위아오나의 모델이 가능할까? 최근 한국에서도 리테일 공간을 통해 브랜드의 정서를 전달하려는 시도가 활발하게 이루어지고 있다. 그러나 이에 부응하는 소비자의 감도나 공간 실험을 받아들이는 사회적 수용성은 아직 제한적이다. 중요한 건 겉모습만 모방하는 것이 아니라, 파리, 밀라노, 베를린에서 이러한 리테일 형식을 가능하게 한 사회적 맥락과 구조를 정확히 읽어내는 것이다.

핵심은 문화적 성숙도의 문제가 아니라, 도시의 정서적 허용성, 공간에 대한 사회적 감도 그리고 브랜드와 소비자 사이에 브랜드가 파고들 수 있는 '정서적 여백'의 존재 여부다. 팝업은 이 여백을 감각적으로 해석하고 전략적으로 구조화할 수 있는 도시에서만 일회성 이벤트를 넘어 브랜드의 강력하고 지속 가능한 정서 전략으로 진화할 수 있다. 위아오나는 그 미묘한 전환이 가능한 도시에서 리테일의 문법을 가장 감각적이면서도 전략적으로 다시 쓰고 있다.

식사는 본디 지극히 사적이고 감각적인 행위다. 사람들은 음식을 먹으며 시선을 교환하고, 대화하거나, 침묵한다. 위아오나는 이 일련의 흐름 속에서 음식이 아니라 분위기를, 맛이 아니라 감정의 결을 따라가는 경험을, 식탁이 아니라 브랜드와 사람 사이의 관계를 정교하게 설계한다. 소비자는 제품 없이도 브랜드의 세계관을 선명히 느끼고, 그것을 무의식 속에 저장한다. 물질은 시간이 지나면 퇴색되지만, 감정은 기억 속에서 오히려 더 깊어진다.

20년 넘게 글로벌 브랜드들과 일하며 확신하게 된 것이 있다. 소비자가 브랜드를 다시 찾는 이유는 제품 스펙이 아닌, 경험 때문이다. 매장에서, 팝업에서, 이벤트에서 브랜드

• 브랜드와 사용자의 접점에서 직접적인 설득이나 메시지 전달 없이도 감각적으로 남는 정서의 흔적. 이는 특정 장면, 분위기, 공간의 온도처럼 명시적이지 않지만 사용자의 내면에 장기적으로 저장되어 브랜드에 대한 친밀감과 기억을 강화하는 작용을 한다. 브랜드 경험이 끝난 이후에도 무언가를 남기는 비가시적이지만 강력한 인지 자산이다.

◀ 위아오나는 매번 장소와 브랜드 그리고 메뉴와 크리에이티브를 완벽하게 결합한다. 팝업 디너든, 아티스틱한 이벤트든, 그들은 공간의 개성과 이야기, 계절과 재료가 지닌 감각을 하나의 무대로 엮어낸다. 그 결과 요리는 단순한 음식이 아니라 공간과 경험, 브랜드 세계관을 잇는 정교한 언어가 된다.

와 직접 마주하는 그 순간의 감각적 밀도가 재구매를 결정한다. 이 눈에 보이지 않는 잔향이 바로 정서적 흔적 affective residue•이다. 위아오나의 전략을 분석하며 내린 판단은 명확하다. 앞으로의 리테일 경쟁력은 이러한 정서적 흔적, 즉 소비자의 기억 속에서 장기적으로 재생되고 관계를 강화하는 감정의 잔향을 얼마나 정교하게 설계하고, 이를 장기적 충성도로 전환시키느냐에 달려 있다.

위아오나의 식사는 판매 의도를 드러내지 않지만, 그들이 만든 구조는 어떤 매장보다도 설득력 있고 강렬하다. 브랜드의 내면을 가장 조용하고도 정밀하게 소비자의 정서 안에 각인시키는 것. 그것이 오늘날 브랜드가 구축할 수 있는 가장 지속적이고 세련된 형태의 설득이다.

그런 점에서 위아오나의 식사는 한 끼의 식사 경험과 공간 연출로 브랜드의 정서를 구성해 전달하며, 브랜드 경쟁의 무게 중심을 감정 설계로 옮기는 전략적 촉매제다. 이 한 끼의 경험은 감정 설계가 앞으로 브랜드 경쟁의 무게 중심을 어디로 옮길지를 명확히 보여주는 강력한 시그널이기도 하다. 우리는 이들의 식사에서 리테일의 미래를 가장 조용히, 선명하게 목격하고 있는 셈이다.

| Acne Paper Gallery |

아크네 페이퍼 갤러리, 리테일의 구조를 다시 쓰다

2025년 6월 26일, 파리 9구에 문을 연 상설 갤러리 '아크네 페이퍼 팔레 루아얄Acne Paper Palais Royal(이하 '아크네 페이퍼 갤러리')'은 전시장도 매장도 아닌 형태로 등장했다. 이는 아크네라는 글로벌 브랜드가 그동안 축적해온 '감각'이라는 추상적 자산을 물리적 경험의 전략적 문법으로 전환한 실험이었다. 진열대도 계산대도 없는 이 공간에서, 오히려 사람들은 더 깊고 구체적으로 브랜드를 체험하고 있었다.

갤러리를 연 주체는 아크네 스튜디오Acne Studios의 미디어 플랫폼 〈아크네 페이퍼Acne Paper〉다. 20년 전 종이 잡지로 시작해 매호 예측 불가능한 주제와 실험적 시각 언어로 패션계의 주목을 받아온 이 매거진은 아크네의 미적 언어를 가장 정교하게 구현하는 플랫폼으로 자리매김했다. 이제 그 감각의 축이 페이지에서 공간으로 이동했다. 갤러리 오픈은 단순한 형식의 변경이 아니라, 브랜드가 그간 종이 위에서 다뤄온 추상적인 '분위기'와 '감도'를 실재하는 공간에서의 브랜드 경험으로 옮길 수 있는지를 보여주는 담대한 실험에 가깝다.

이 실험을 눈여겨봐야 할 이유는 명확하다. 기존 리테일의 문법, 즉 제품 중심의 전시와 판매 전략을 완전히 버리고 새로운 감정 중심 리테일의 문법을 제시했기 때문이다. 제품 대신 공간 전반에 감정적 흐름을 설계하고, 가격표 대신 빛과 질감, 여백을 배치했다. 매장 동선은 판매 효율이 아니라 체류 경험을 위한 내러티브로 재구성됐다. 이곳에서 소비자는 물건을 사는 대신 브랜드 세계관 안에서 시간을 '소비'한다.

〈아크네 페이퍼〉의 비주얼 작업을 10년 이상 함께해온 크리에이티브 에이전시 문MOON과의 프로젝트를 통해 확인한 것은 아크네가 이미 오래전부터 '감각 자체', 즉 자신의 감도를 전략적 자산으로 관리해왔다는 점이다. 그런 점에서 〈아크네 페이퍼〉는 단순하게 시각적 언어만을 다루는 브랜드가 아니라, 읽는 사람들의 '감정의 방향과 흐름'을 설계하는 브랜드라는 것을 의미한다.

이것이 바로 차세대 리테일의 핵심이다. 아크네 페이퍼 갤러리는 전통적인 매출 지표 대신 '감정 지표'로 성과를 측정한다. 상품 진열이 아닌 분위기 큐레이션으로, 거래가 아닌 관계 구축으로, 판매가 아닌 경험의 깊이로 브랜드 가치를 창출한다. 결과적으로 방문객들은 구매하지 않아도 해당 브랜드의 옹호자가 되고, 이는 장기적으로 더 높은 고객 생애 가치로 전환된다. 브랜드는 이제 제품을 설명하는 대신, 고객이 원하는 정서적 상태를 '공간'이라는 3차원으로 설계한다. 이것이 감각 자본이 실제 수익으로 이어지는 전략적 경로다.

파리 팔레 루아얄의 갤러리 드 발루아에 자리한 아크네 페이퍼 갤러리 내부. 폴 쿠이커(Paul Kooiker)의 흑백 인물 사진이 공간을 압도하며, 서가에는 강렬한 원색의 〈아크네 페이퍼〉가 규칙적으로 배치되어 있다. 관람객들은 작품과 출판물을 오가며 패션, 예술, 출판이 교차하는 아크네만의 문화적 세계를 체험한다.

감각은 어떻게 공간이 되는가

갤러리에 들어서는 순간, 사람들은 이곳이 일반적인 매장이 아니라는 사실을 바로 알아차릴 수 있다. 바닥에는 수묵화처럼 번진 섬세한 스톤 패턴이 깔려 있고, 벽면은 조명의 각도에 따라 은은하게 빛을 반사한다. 오브제들은 마치 잡지의 한 페이지가 입체로 확장된 듯 고유한 주제와 감정을 담고 있으며, 〈아크네 페이퍼〉의 과월호 장면들을 떠올릴 수 있도록 동선과 공백까지 브랜드 경험의 일부로 편집돼 있다.

이곳의 특별함은 단순한 공간의 아름다움에 있지 않다. 갤러리 전체가 마치 한 권의 잡지를 편집하듯 구성되어 있다는 점에서, 이는 시각적 연출이 아닌 3차원을 활용한 편집 전략이라 할 수 있다. 각각의 공간은 〈아크네 페이퍼〉의 특집을 옮겨놓은 듯 서로 다른 주제와 분위기를 품고 있다. 첫 번째 방은 거대한 패브릭이 천장에서 바닥까지 흘러내리며 공간을 부드럽게 구획한다. 두 번째 방은 스포트라이트 아래 놓인 미니멀한 조각이 마치 명상 공간 같은 집중도를 자아낸다. 세 번째 방은 서로 다른 질감의 벽지와 오브제가 복합적으로 어우러져 시각적 긴장감을 조율한다.

무엇보다 이곳은 오브제의 미학만으로 공간을 설명하지 않는다. 방문자의 '머뭇거림'과 '머무름'마저 미리 계산해 공간 설계의 일부로 통합하는 전략이다. 공간과 공간 사이에는 의도된 공백과 고요가 놓여 있으며, 관람객은 마치 편집된 페이지 속을 걷듯 자신의 속도로 공간을 읽고 해석한다.

진열대도, 가격표도, 판매 직원도 없는 환경에서 사람들

파리의 아케이드 속에 자리한 아크네 페이퍼 갤러리 렌더링. 패션 하우스 아크네 스튜디오의 문화 플랫폼인 이 공간은 전시, 출판, 아카이브를 한데 아우르며, 창문 너머로 보이는 인물 사진과 서가의 책들이 브랜드의 시각적 언어를 그대로 드러낸다.

은 무엇을 사야 할지 고민하지 않는다. 대신 천천히 걷고, 사진을 찍고, 벽의 질감을 손끝으로 느끼며 각 방의 서로 다른 분위기를 음미한다. 그들이 무엇을 소비하는지는 명확하지 않지만, 어떤 감각을 경험하고 있다는 사실만큼은 분명하다. 이처럼 '머무는 방식' 자체를 브랜드 경험으로 전환하는 구조가 아크네 페이퍼 갤러리의 가장 전략적인 힘이다.

제품 없는 리테일 그러나 더 강력한 설득

아크네 페이퍼 갤러리는 아무것도 판매하지 않지만 그 어떤 매장보다 강력한 설득력을 발휘한다. 이는 단순히 뛰어난 예술적 감각의 연출 때문이 아니라, 리테일 전략 자체를 브랜드 세계관을 경험하게 하는 감각적 구조로 전환했기 때문이다.

전통적인 리테일은 그저 제품을 진열하고 판매하는 것이 목적이었다. 고객을 매장 안으로 유인해 최대한 빠르게 구매 결정을 이끌어내는 것이 핵심이었다. 하지만 아크네 페이퍼 갤러리는 그러한 공식을 완전히 뒤집는다. 상품 대신 브랜드의 정서적 시그니처를 공간에 새기고, 가격표 대신 온도와 질감, 조용한 여백을 배치한다. 매장의 동선은 판매 효율이 아닌 '체류 시간'과 '감각의 침투'를 위해 설계된다.

여기서 핵심은 '즉시 구매'가 아닌 '깊은 각인'이다. 아크네 페이퍼 갤러리는 당장의 매출 대신 브랜드를 잠재의식에 심는다. 방문자는 아무것도 사지 않고 떠나도, 그 감각적 경험은 기억 속에 남아 결국 브랜드 충성도로 전환된다. 브랜드의 감각을 잠재의식 깊이 각인시키고, 시간이 흐른 뒤에도 신뢰와 애착으로 다시 돌아오게 만드는 것. 아크네 페이퍼 갤러리는 '지금 당장 구매를 유도하는 공간'이 아니라, 앞으로 '이 브랜드를 기억하고 반드시 다시 찾게 만드는 공간'을 목표로 한다.

2004년부터 20년간 글로벌 브랜드들의 아시아 시장 진출을 설계하며 발견한 패턴이 있다. 성공한 브랜드들은 제품이 아닌 '공간의 서사'로 시장에 진입한다. 특히 한국은 제품의 기능이나 설명보다는 공간의 분위기와 체험의 잔상을 더 강력하게 기억하는 시장이다. 내가 체감하는 리테일의 변화 방향은 명확하다. 바로 '진열'이 아닌 '설득'이라는 것. 그리고 그 설득은 기능적 정보나 자극적인 비주얼이 아니라, 공간이 만들어내는 분위기와 감각의 언어를 통해 이루어진다.

이러한 흐름 속에서 지금의 리테일 전략은 점차 감정 기반 구조로 이동하고 있으며, 소비자는 제품을 들여다보기 전에 이미 공간이 주는 분위기, 머무는 방식, 감정의 결을 먼저 느끼고 판단한다. 그 경험의 밀도와 질감이야말로 브랜드에 대한 몰입과 신뢰를 좌우하는 결정적 요인이다.

미디어에서 공간으로, 정체성의 실체화

〈아크네 페이퍼〉는 2005년 창간 당시부터 카탈로그나 제품 중심의 캠페인이 아니라, 아크네라는 이름 아래 이미지와 글, 인물과 사물, 예술과 사유를 결합하며 브랜드 내부에서 감각

아크네 스튜디오의 문화 매거진 〈아크네 페이퍼〉는 매호 예술, 패션, 사진을 관통하는 강렬한 주제를 시각적으로 풀어낸다. 왼쪽의 4호(2007년 봄) Playfulness는 벤자민 알렉산더 허스비(Benjamin Alexander Huseby)의 유쾌한 모자 퍼포먼스 커버로 상징되며, 오른쪽의 6호(2008년 여름) Exoticism은 테리 치올리스(Terry Tsiolis)가 담아낸 이국적이고 대담한 인물 이미지를 통해 브랜드를 상징적으로 담아냈다.

©Acne Studios

©Acne Studios

의 문법을 실험하는 독립적 미디어 플랫폼을 지향했다. 매호 새로운 주제를 담고 아름답게 연출된 비주얼 사이로 에세이, 시, 인터뷰, 설치 작업이 교차했고, 자유로운 형식을 띠었음에도 그 안에는 늘 아크네라는 브랜드만이 만들 수 있는 감정적 흐름이 자리했다.

흥미로운 점은 〈아크네 페이퍼〉가 아크네 스튜디오의 공식 광고나 캠페인보다 훨씬 깊고 섬세하게 브랜드의 내면을 구성해왔다는 사실이다. 직접적인 설명 없이도, 이미지는 브랜드를 늘 감각의 언어로 암시했고, 독자는 이미지 너머의 분위기와 태도를 통해 브랜드를 체감했다. 그리고 이제 그 무형의 정서적 자산이 공간이라는 매체로 완벽히 옮겨졌다. 과거 정체성의 중심축이 미디어였다면, 이제는 그 감각의 축이 공간으로 이동한 것이다.

그동안 축적된 시각 언어, 선별 감각, 편집의 리듬은 이제 페이지를 넘어 벽의 질감, 조명의 톤, 공간의 동선, 여백의 배치 같은 물리적 요소로 치환되었다. 미디어에서 다져온 감각 자산을 체류 방식과 경험 설계가 결합된 공간 전략으로 전환하며, 브랜드 경험의 중심축을 오프라인으로 이동시킨 것이다.

2025년 여름, 아크네 페이퍼 갤러리가 파리를 선택한 이유는 전략적으로 중요한 의미를 지닌다. 런던도, 본사가 있는 스톡홀름도 아닌 파리, 그중에서도 전통적인 럭셔리 밀집지인 1구나 마레가 아닌, '사우스피갈 South Pigalle'이라 불리는

9구를 택했다.

아크네 페이퍼 갤러리가 9구를 선택한 것은 단순한 개성 추구가 아니라, 브랜드 세계관을 가장 설득력 있게 구현할 수 있는 도시 문법을 찾은 결과다. 이 지역은 상업적 밀도와 문화적 밀도가 높지만, 전통적인 럭셔리 거리와는 달리 소비 방식이 '구매'보다 '체류'에 가깝다. 방문객들은 새로운 브랜드를 만날 때 기능이나 가격보다 공간에서 느껴지는 감정과 태도를 먼저 평가한다. 아크네 페이퍼 갤러리의 '머무는 경험' 중심 설계는 이 패턴과 완벽히 맞물린다. 다시 말해 9구는 단기 판매가 아닌 장기적 관계 자산을 쌓는 데 최적화된 실험실이며, 이곳에서 성공을 거두면 글로벌 시장에서 감정 기반 리테일로 확장될 수 있다.

지난 몇 년간 파리에서 여러 글로벌 브랜드의 프로젝트를 실행하며 확신하게 된 것이 있다. '제품 중심의 리테일'보다 '체류 중심 공간'이 브랜드 충성도와 감정적 잔존율에 압도적인 영향을 미친다는 것이다.

오늘날 브랜드의 세계관을 물질로 각인시키는 매체로 오프라인 공간만큼 효과적인 건 없다. 온라인은 효율적이지만 깊이 있는 기억을 남기지 못한다. 반면 오프라인은 비효율을 감수하더라도, 브랜드가 소비자의 내면에 남는 감정의 구조를 설계할 수 있는 대체 불가능한 플랫폼이다. 디지털 전환이 가속화되는 지금, 많은 브랜드가 물리적 공간을 전략의 전면에 두는 이유가 여기에 있다.

아크네 페이퍼 갤러리는 단순한 공간이 아니다. 감각을 브랜드 언어로 번역하고, 그것을 경험으로 전환해 고객의 기억에 심는 전략 플랫폼이다. 핵심은 '판매'에서 '관계'로의 전환이다. 단기 매출 대신 장기적 브랜드 충성도를, 거래 대신 감정적 연결을 추구한다. 이 문법은 단기 매출 지표에 의존하는 기존 리테일의 한계를 넘어 '관계 자산'을 핵심 가치로 삼는 비즈니스 모델로 이동한다. 이 변화는 겉으로 보기엔 조용하지만, 우리가 알고 있던 리테일의 문법을 근본적으로 다시 쓰는 결정적 변곡점이다.

| Dishoom Permit Room Lodge |

디슘 퍼밋룸 로지, 기억을 설계하는 공간

런던에서 일정 기간을 머물러본 사람이라면 디슘Dishoom을 그저 '인기 있는 인도 레스토랑' 정도로만 기억하지는 않을 것이다. 영국인들에게 디슘은 단순한 음식점의 범주를 넘어 향수와 일상 속 익숙한 감정이 뒤섞인 독특한 정서를 전달하는 공간이다. 많은 사람이 길게 줄을 서야 함에도 기꺼이 방문하는 이유는 이곳에서만 맛볼 수 있는 맛있는 커리와 난 때문만이 아니다. 소비자 경험과 브랜드 공간 전략의 관점에서 보면, 디슘은 음식을 판매하는 곳이라기보다는 '기억'을 매개로 고객과 관계를 형성하는 브랜드에 가깝다. 그 핵심에 자리 잡은 것이 바로 정서적 온도emotional temperature*다.

이러한 디슘이 2025년 6월, '디슘 퍼밋룸 로지Dishoom Permit Room Lodge'라는 새로운 숙박 공간을 선보였다. 레스토랑에서 20년 가까이 축적한 브랜드 경험을 숙박이라는 완전히 새로운 영역으로 확장한 것이다. 여기서 주목해야 할 단어는 바로 '로지Lodge'다.

로지는 호텔과는 본질적으로 다르다. 호텔이 표준화된 서비스와 정돈된 격식을 제공하는 공간이라면, 로지는 개인

* 브랜드가 공간과 서비스를 통해 고객에게 전달하고자 하는 감정적 분위기 또는 정서의 강도와 성격을 나타내는 개념

◀
디슘 퍼밋룸 포트벨로는 바와 레스토랑, 로지 숙박이 결합된 독특한 공간으로, 로지 입구는 레스토랑 옆 별도의 호텔 출입구를 통해 연결된다.

적이고 일상적이며 편안한 기억이 머무르는 장소다. 산장이나 사냥터에서 시작된 로지의 본래 의미는 '잠시 머무르며 쉬어가는 곳'이다. 화려하거나 완벽한 공간이 아닌, 친근하고 따뜻한 안도감을 주는 공간. 영국의 컨트리 하우스 문화에서 로지는 주로 메인 하우스가 아닌 별도의 부속 건물로, 손님들이 일상의 형식에서 벗어나 보다 자유롭고 편안한 분위기 속에서 지낼 수 있도록 마련된 공간을 의미한다.

최근 들어 로지는 호텔의 대안적 숙박 개념으로 주목받고 있다. 미니멀리즘과 북유럽의 휘게hygge 문화가 글로벌 트렌드로 자리 잡으면서, 사람들은 과도한 서비스나 화려한 시설보다는 소박하고 편안한 장소를 원하게 되었고, 로지는 바로 이러한 욕구를 충족시키는 새로운 숙박 형태로 부상했다. 디슘이 '호텔'이 아닌 '로지'를 선택한 이유는 바로 여기에 있다. 고객을 일방적인 서비스 대상으로 보지 않고, '익숙하고 개인적인 기억 속으로 돌아오는 손님'으로 재정의한 것이다. 호텔이 투숙객을 서비스를 받는 객체로 규정한다면, 로지는 방문객을 기억을 매개로 '정서적 환대'를 경험하는 주체로 바라본다.

로지 앞에 붙은 '퍼밋룸Permit Room'이라는 표현 역시 브랜드 전략 차원에서 눈여겨볼 만하다. 금주령의 서슬이 퍼렇던 과거 인도에서 퍼밋룸은 정부의 허가를 받아 운영되던 공식 음주 공간을 뜻했다. 사회적 억압이 강하게 작동하던 당시, '허가된 음주 공간'은 잠시 긴장을 풀고 자유를 맛볼 수

©Taran Wilkhu

▲
디슘 퍼밋룸 로지의 복도. 인도 현대 미술 작품을 걸어두어, 레스토랑에서 이어지는 정서적 아이덴티티를 공간 전반으로 확장한다.

◀
런던 포트벨로에 자리한 디슘 퍼밋룸 레스토랑 앞. 인도 고객들이 자연스럽게 모여드는 풍경 자체가, 브랜드가 구축한 문화적 공감대와 정서적 귀속감을 드러낸다.

▶
1층 레스토랑은 누구나 자유롭게 이용할 수 있다. 열린 분위기 속에서 인도풍 브런치와 런치 그리고 가볍게 한잔하며 곁들일 수 있는 친근한 메뉴를 제공한다.

©김양아

있는 드문 장소였다. 디숍은 이 역사적 맥락을 차용해 '퍼밋 룸 로지'를 '일상에서 벗어나 긴장을 내려놓을 수 있는 해방의 공간'으로 정의했다. 단순한 숙박 시설이 아니라, 사회적 틀에서 잠시 이탈해 자기만의 온도를 회복하는 경험을 제공하는 장소로 전략적으로 포지셔닝한 것이다.

감정이 아닌 기억을 설계하는 공간

퍼밋룸 로지에 처음 들어섰을 때 가장 먼저 눈에 들어온 것은 체크인 풍경이었다. '호텔'이라고 하면 으레 떠오르는 프런트 데스크나 격식을 갖춘 리셉션은 보이지 않았다. 대신 오래된 우체국을 연상시키는 작은 데스크가 조용히 손님을 반겼고, 객실 키는 마치 손편지처럼 조심스럽게 건네졌다.

    낮게 깔린 조명, 거칠게 남겨진 목재 벽, 무심하게 놓인 책과 가구들. 화려하지도, 기능성을 앞세우지도 않았지만, 낯설지 않은 그 공기 속에서 나는 자연스럽게 익숙한 감정 안으로 들어간 듯한 기분을 느꼈다. 마치 어릴 적에 곧잘 놀러 갔던 할머니 댁을 다시 방문한 느낌이랄까. 모든 것이 완벽하지 않아 오히려 더 편안하고 진짜 같았다. 벽에는 빛바랜 사진들이 걸려 있었고, 작은 탁자 위에는 누군가가 읽다 만 책이 펼쳐져 있었다. 창가에는 시들어가는 꽃 한 송이가 꽂힌 작은 화병이 있었다. 이 모든 것이 의도적으로 배치된 듯하면서도 자연스러웠다. 완벽함보다는 삶의 흔적이 가득한 공간이었다.

대부분의 호텔 설계는 객실 크기, 침구의 고급스러움, 스파나 웰니스 시설의 퀄리티 같은 물리적 요소부터 시작된다. 하지만 퍼밋룸 로지는 손님이 문을 들어서는 순간부터 떠날 때까지 어떤 정서에 스며들게 할 것인지를 설계의 중심에 두었다. 그 결과 객실은 단순한 숙박 공간이 아닌, 말없이 오랜 기억을 불러내는 무대로 작동한다. 공간이 감정을 직접 자극하기보다, 누군가의 옛이야기에 귀를 기울이듯 방문객이 스스로 머물고 싶은 '정서의 틈'을 만들어주는 방식이다.

**환대에
일상의 온도를
담다**

최근 호스피탈리티 산업의 흐름은 미슐랭 스타 레스토랑과 럭셔리 브랜드가 주도하는 프리미엄 체험을 중심으로 확장되어왔다. 노부Nobu는 고급 다이닝의 미감을 호텔로 확장했고, 바르셀로나의 아박AbaC은 미식의 정교함과 웰니스를 결합해 완벽히 통제된 프리미엄 경험을 만들어냈다. 그러나 퍼밋룸 로지는 '무엇이 가장 고급스러운가'가 아니라, '무엇이 가장 오래 기억에 남는가'라는 질문을 던진다. 디슈이 레스토랑에서 축적해온 정서적 내러티브를 호텔이라는 새로운 매개체에 조용히 확장한 셈이다.

이곳에는 '고급 호텔'이라고 하면 흔히 기대하는 장치가 거의 없다. 대신 곳곳의 디테일은 감정을 연출하기 위한 세트가 아니라, 방문객의 기억을 부드럽게 호출하는 정서적 장면으로 작동한다. 하루의 흐름 역시 이러한 철학 위에 놓인다.

아침이면 인도식 차茶의 은은한 향이 하루를 열어주고, 오후에는 복도 끝 조용한 조명 아래 놓인 책이 마음을 느슨하게 풀어준다. 밤이 되면 객실의 조명과 음악이 차분해지면서 머무는 이가 스스로 하루의 감정을 정리하도록 돕는다.

객실은 수면만을 위한 기능적 장소가 아니라, 하루 동안의 생각과 감정이 자연스럽게 정돈되고 수렴되는 정서적 완충 공간에 가깝다. 이곳에는 TV도, 미니바도 없다. 작은 책상 위의 펜과 편지지, 창가의 편안한 의자 하나만이 손님을 맞는다. 현대적 편의 시설을 의도적으로 배제함으로써, 방문객이 자신의 내면과 마주할 수 있는 시간과 여유를 만들어내는 것이다. 이런 '비움'의 미학이 로지가 가진 가장 독창적인 매력을 완성한다.

브랜드 언어를 공간으로 확장시키다

디슘은 퍼밋룸 로지에서 투숙객들의 감정을 직접적으로 자극하지 않는다. 대신 디슘이라는 브랜드가 오랜 시간 다뤄온 '정서의 기억'을 은근하게 유도한다. 그 기억이란, 누군가와 함께했던 따뜻한 저녁 식사, 어린 시절 가족과 함께 자주 들렀던 동네 식당의 벽지 패턴, 오래된 사진 속 컵에서 느껴질 법한 소박한 사적 시간의 공기 같은 것이다. 고객은 이곳에서 특정 서비스가 아닌 감각을 따라간다. 은은한 조명, 공간에 스민 향, 손끝에 닿는 질감, 자연스러운 동선. 이 모든 요소가 고객을 정서의 흐름 속으로 이끈다.

결국 퍼밋룸 로지의 가장 본질적인 차별성은 '서비스 제공 방식'이 아니라, '정서적 기억의 설계'에 있다. 고객의 잠재된 추억을 정교하게 건드리는 동시에, 서비스가 아닌 분위기가 고객을 이끌고, 감정을 자극하는 대신 기억을 불러낸다. 이것이 퍼밋룸 로지가 제시하는 호스피탈리티의 새로운 정의다.

소비자의 감정을 공간 안에서 어떻게 유도하고 축적할 것인지는 기획자로서 오랫동안 탐구해온 가장 핵심적인 전략 과제 중 하나다. 그 시각에서 보면, 퍼밋룸 로지는 오늘날 호스피탈리티에서 사람들이 기대하는 정서적 방향을 가장 정교하게 구현한 사례다. 요즘의 사용자는 정교한 서비스 자체보다 감정적으로 공명할 수 있는 경험을 더 오래 기억한다. 고객은 이곳에서 호텔이라는 물리적 프레임보다, 디슘이 레스토랑에서 오랫동안 축적해온 정서적 어조 안에 스며드는 감각을 먼저 받아들인다. 그 감정은 어딘가에서 경험했을 법한 다정하고 조용하며 왠지 모르게 애틋한 온기다.

이 지점에서 퍼밋룸 로지는 노부나 아박과 차이가 있다. 그들이 '미각적 완성도'와 '형식의 정교함'을 통해 브랜드의 세계관을 구현했다면, 디슘은 '감정의 여운'과 '기억의 설계'를 통해 브랜드가 고객의 내면에서 어떻게 작동하는지를 증명한다. 이는 고급과 비고급의 이분법이 아니라, '어떤 원리로 호스피탈리티를 설계할 것인가'라는 전략의 차이에서 비롯된다.

디슘 퍼밋룸 로지의 내부는 인도의 옛 주거 공간에서 영감을 받은 디자인과 현대적 편안함이 조화롭게 어우러진다. 따뜻한 색감과 패턴이 살아 있는 거실, 세심하게 꾸며진 침실, 빈티지 가구와 예술 작품이 놓인 복도는 머무는 시간마다 이야기를 더한다.

서비스의 품질이나 공간의 고급스러움이 아닌, 고객 내면의 정서를 어떻게 건드릴 것인가에 대한 전략적 설계. 디슘은 이 조용한 구조 안에서 '공감 가능한 정서적 환대'라는 새로운 모델을 설득력 있게 제시한다.

브랜드에 도시의 정서를 입히다

디슘이 런던에서 시작되었다는 사실은 지리적 배경 이상의 브랜드 전략의 기초를 규정하는 조건이었다. 런던은 문화적 기억의 층위가 다층적으로 얽혀 있는 도시다. 특히 영국 내 인도 디아스포라 커뮤니티는 오랜 식민지 시대를 거치며 인도 식문화를 넘어 특정한 정서와 기억까지 일상에 심어놓았다. 영국인들에게 인도 음식은 단순히 이국적 미식의 대상이 아니라, 과거의 한 시기와 장면을 불러오는 '정서적 매개' 장치다.

디슘은 바로 이 '기억의 층위'를 브랜드의 전략의 핵심 토대로 삼았다. 런던이라는 도시가 지닌 복합적 정서 안에서 브랜드의 감성적 어조를 확장해온 것이다. 런던의 소비자들이 디슘과 퍼밋룸 로지에 강하게 반응하는 이유는 이 도시의 문화가 이미 '정서적 소비'를 생활 속에 내재화하고 있기 때문이다. 미슐랭 스타와 하이엔드 브랜드가 넘쳐나는 이 도시에서, 런던 사람들은 완벽히 정제된 고급스러움보다 문화적 맥락과 감성적 연결이 살아 있는 공간에 더 깊이 매료된다.

런던의 부동산 시장은 세계에서 가장 경쟁이 치열하고

임대료가 높기로 유명하다. 특히 호스피탈리티와 리테일이 교차하는 프로젝트를 성공시키려면, 입지 선정부터 운영 구조 모두에서 더욱 치밀한 전략적 설계가 필수적이다. 디슘이 퍼밋룸 로지를 호텔 형식으로 확장하면서 런던에서도 가장 감성적이고 공동체성이 강한 지역인 포트벨로를 입지로 선택한 이유가 여기에 있다. 퍼밋룸 로지는 객실 규모나 시설 경쟁력이 아니라, 브랜드 경험의 밀도와 소비자와의 정서적 연결을 극대화할 수 있는 입지를 택한 것이다. 이를 통해 높은 임대료와 공간 제약이라는 도시의 물리적 한계를 극복하면서, 수익 구조와 비즈니스 효율성을 모두 확보하는 실행 가능한 모델을 완성했다.

퍼밋룸 로지는 단순히 '호텔처럼 보이는 숙박 공간'이 아니다. 이곳은 브랜드의 문화적 정체성과 감성적 언어를 온전히 체화한 정서 기반의 리테일 플랫폼에 가깝다. 방문객이 이곳에서 소비하는 것은 객실이라는 물리적 상품이 아니라, 브랜드가 구축해온 서사와 문화적 맥락이 응축된 경험 그 자체다. 즉 매출의 기준은 객실 점유율이 아니라, 고객이 브랜드 세계 안에서 보낸 몰입의 시간이다. 디슘은 레스토랑에서 다져온 감정 자산을 '숙박'이라는 새로운 매체로 확장해 식문화 체험을 넘어 더 깊고 긴밀한 정서적 관계로 고객과 연결한다. 퍼밋룸 로지는 호스피탈리티의 형식을 빌린 리테일 전략의 가장 진화된 형태다.

디슘은 퍼밋룸 로지를 통해 명확한 비즈니스 모델을 제

시했다. 감정의 밀도가 가격의 프리미엄을 정당화한다는 것이 바로 그것이다. 퍼밋룸 로지의 객실 가격은 1박에 700파운드로 지역의 다른 숙소 대비 50% 이상 높지만, 점유율은 오히려 더 높다. 비결은 '기억의 환대'라는 차별화된 가치 제안이다. 고객은 침대나 조식이 아닌, 자신의 추억과 연결되는 정서적 경험에 기꺼이 프리미엄을 지불한다.

이는 호스피탈리티뿐 아니라 리테일 전반에 적용 가능한 공식이다. 제품을 판매하는 대신 기억을 깨우고, 서비스를 제공하는 대신 정서적 연결을 만든다. 실제로 디슘은 이 모델을 리테일 공간에도 적용해 매출 성장률을 2배 이상 끌어올렸다.

디슘의 성과가 시사하는 바는 명확하다. 정서적 경험을 정교하게 설계하면, 그것이 곧 비즈니스 성과가 된다. 감정의 물리적 구현이 측정 가능한 수익으로 직결되는 상관관계를 퍼밋룸 로지만큼 선명하게 보여주는 사례는 드물다. 이것이 바로 차세대 호스피탈리티와 리테일이 주목해야 할 새로운 방정식이다.

| Basecamp Amsterdam |

베이스캠프 암스테르담,
도시 외곽에서 시작된 체류 실험

암스테르담 중심에서 서쪽으로 20분 거리, 아직 도시화가 덜 진행된 뉴 웨스트Nieuw-West 지역. 호수 옆 풀숲 사이로 오두막 형태의 건물들이 낮고 조용하게 펼쳐져 있는 이곳에서 호텔도, 레지던스도, 리조트도 아닌 새로운 개념의 체류 방식이 조용히 실험되고 있다. 바로 '베이스캠프 암스테르담Basecamp Amsterdam(구 언바운드 암스테르담)'이다.

외관만 보면 '자연 속 부티크 리트릿Retreat'처럼 보이지만, 베이스캠프 암스테르담이 실험하는 것은 단순한 휴식이 아니다. 도시의 기능을 외곽에서 다시 구성하는 새로운 체류 모델로서, 도심과 외곽을 오가며 살아보는 이중적인 생활 구조를 제안한다. 말하자면 호텔과 리조트, 레지던스의 경계를 넘나드는 다기능 체류 플랫폼이라 할 수 있다.

공간 전략가 관점에서 이는 단순한 장소의 이동이 아니라, 사람들의 삶의 구조 자체가 바뀌고 있다는 신호다. 베이스캠프 암스테르담은 변화하는 소비자의 생활 방식과 이동성에 빠르게 대응한 전략적 모델인 셈이다. 특히 주목할 점은 오늘날의 체류 트렌드에서 가장 중요한 변화는 도시 중심이

감각의 설계자들

●
도시 중심부와 완전히 분리된 외곽이 아니라 도심과 자연 사이에서 거주와 이동, 일과 회복의 목적이 겹쳐지는 지리적·기능적 전이 지대를 의미한다.

아닌 '경계적 공간'*에서 새로운 가능성이 열리고 있다는 사실이다. 코로나19 팬데믹 이후 확산된 원격 근무 환경과 도심 생활의 피로감, 자연에 대한 갈망이 맞물리며 도시 거주자들의 체류 방식은 근본적으로 달라지고 있다.

머물고, 살고, 경험하고, 회복하는 곳

베이스캠프 암스테르담이 전통적 호텔과 가장 뚜렷이 구분되는 지점은 공간의 기능적 경계를 완전히 해체했다는 것이다. 기존의 호스피탈리티 공간은 객실과 레스토랑, 라운지, 스파처럼 기능별 공간이 명확히 구분되어 있는 반면, 이곳은 그러한 구획을 느슨하게 풀고, 각 공간이 다층적으로 쓰이도록 설계되어 있다. 머물고stay, 살고live, 경험하고experience, 회복하는recover 네 가지 기능이 명확히 분리되지 않고 유연하게 중첩된다.

◀
암스테르담 외곽의 자연 속에 자리한 베이스캠프 암스테르담은 도시의 번잡함에서 벗어나 새로운 체류 방식을 실험하는 공간이다. 도시와 자연, 일과 여가의 경계를 부드럽게 흐리며, 다양한 사람이 함께하는 개방형 리트릿을 완성한다.

투숙객들이 체류하는 조그만 오두막lodge은 숙박용 객실일 뿐 아니라 조용한 업무 공간이자, 장기 체류를 위한 소규모 주거로도 활용된다. '머물기stay'와 '살기live'라는 목적이 한 공간 안에서 자연스럽게 교차한다. 이곳에서 사람들은 창밖의 자연을 바라보며 업무 이메일을 확인하고, 저녁에는 여유로운 휴식을 누리며 자신만의 일상을 만들어간다.

공용 공간 역시 이와 유사한 구조적 재구성을 보여준다. 회복과 체험을 추구하되, 고립된 휴식이 아니라 사람들 간의 느슨한 연결을 유도하는 소셜 인터페이스로 설계되어 있다.

©김양아

©김양아

◀

베이스캠프 암스테르담의 시그니처 공간인 배럴 사우나(Barrel Sauna). 숲과 수초에 둘러싸인 독채 구조로, 친구, 가족, 연인 등 남녀노소가 즐기는 인기 힐링 스팟이다.
오전 10시부터 오후 8시까지 운영되며, 1시간에 10유로를 지불해야 한다.

사우나 옆 벽난로에서는 처음 만난 사람들과도 편하게 대화를 나눌 수 있고, 웰컴하우스의 오픈된 바에서는 자연스럽게 새로운 관계가 형성된다.

이는 단순히 공간의 배치를 넘어 도시 외곽이라는 낯선 환경에서도 사회적 교감과 심리적 안정감을 유도할 수 있는 체류 구조를 전략적으로 설계한 결과다. 사람들은 더 이상 정해진 기능을 소비하지 않는다. 자신의 일상과 목적에 따라 공간의 의미와 쓰임새를 유연하게 바꾸며, 필요에 따라 거주하고, 일하고, 회복하고, 관계를 맺는다.

이러한 구조적 전환은 '잠을 자는 공간'에 기능이 고정되어 있는 기존 숙박 모델을 넘어 하나의 공간 안에서 살고, 일하고, 관계 맺고, 회복하는 다양한 목적이 자연스럽게 교차할 수 있도록 설계된 다기능 체류 경험 중심의 새로운 호스피탈리티 방향을 제시한다. 이는 숙박 외 서비스를 추가하는 수준이 아니라, 공간을 사용자 중심으로 재구성함으로써 체류의 방식과 목적이 보다 유연하고 복합적인 형태로 진화하고 있음을 보여준다. 베이스캠프 암스테르담은 그 가능성을 도시 외곽이라는 실험 무대에서 검증하고 있는 셈이다.

일상과 휴식이 유연하게 전환하는 경계 지대

도심 중심의 삶이 더 이상 일상의 기준이 되지 않는 지금, 베이스캠프 암스테르담은 그 변화에 실질적인 대안을 제시하며 새로운 체류의 가능성을 열었다. 코로나19 팬데믹 이후 많은 도시 거주자들은 '항상 도시에 있어야만 한다'라는 통념에서 벗어나 삶의 거점을 보다 유연하게 재배치하기 시작했다. 도시는 여전히 일과 생활의 효율성을 누리기에 완벽한 환경이지만, 역설적으로 그 효율성 자체가 일상의 피로와 스트레스, 정서적 과부하로 이어진다는 사실 또한 분명해졌다. 특히 고소득 전문직, 프리랜서, 크리에이티브 종사자들은 도심을 기반으로 하되, 도시 외곽에서 삶의 균형을 재조정하려는 흐름을 보이고 있다. 이들에게 도시 외곽은 더 이상 잠시 쉬러 오는 단기 휴양지가 아니다. 그보다는 일상과 휴식, 집중과 회복을 효과적으로 전환하며 관리할 수 있는 생활의 '세컨드 홈'으로 재정의된다. 도시 생활의 도피처가 아니라, 도시 생활의 필수적 보완재로 재정의되는 것이다.

  베이스캠프 암스테르담은 사용자 개개인의 생활 패턴과 요구에 따라 유연하게 전환될 수 있는 하이브리드형 체류 플랫폼이다. 도시 외곽을 찾는 이들이 원하는 것은 조용한 휴식이나 목가적인 자연 풍경이 아니다. 그들은 일과 삶의 균형을 넘어 자신의 시간과 에너지를 어떻게 배분하고 조율할 수 있을지를 고민한다. 베이스캠프 암스테르담은 바로 그러한 목적에 부합하는 시스템을 제공한다. 이곳은 고정된 기능만을 제공하는 전통적 호텔과 달리, 일과 휴식, 창작과 회복이 자연스럽게 겹쳐지는 복합적 생활 환경을 제안하며, 단기 체류를 넘어 생활 구조 자체를 재설계할 수 있는 거점으로 작동한다. 그 결과 베이스캠프 암스테르담은 장기 체류는 물론이고, 세컨드 홈의 가능성까지 품은 전략적 체류 옵션으로 자리매김한다.

**감각을 설계하여
정서적 회복을
지향하는 곳**

베이스캠프 암스테르담에 들어서는 순간 가장 먼저 감지되는 변화는 '시간의 속도'다. 도심에서는 다양한 자극을 동시에 소화하며 실시간으로 반응해야 했던 감각이 이곳에서는 조용히, 차분하게 재조정된다. 낮게 깔린 푸른 초원과 잔잔한 물결이 일렁이는 작은 호수가 보이고, 귀를 기울이면 바람이 나뭇잎을 가볍게 스치는 소리와 멀리서 희미하게 들려오는 사람들의 웃음소리가 공간 전체를 편안하게 감싼다. 속도와 효율이 아닌 '느슨한 머무름'이라는 심리적 안정감이 가장 중요한 가치로 자리 잡는다.

객실로 쓰이는 이곳의 오두막은 정돈된 목재와 유리로 구성된 단순한 구조를 통해 진짜 '머무는 감각'을 만든다. 과장된 화려함이나 인위적인 편안함은 찾아볼 수 없다. 투명한 유리창 너머 호수의 수면과 시선이 연결되고, 간결한 동선 안에서 일상과 쉼의 균형이 자연스럽게 형성된다. 도시에서 느끼기 어려운 가벼운 개방감과 선택 가능한 고립감이 이곳의 핵심 자산이다.

이 섬세한 설계가 가장 선명하게 빛나는 순간은 저녁 무렵이다. 햇살이 점점 희미해지고 공간 곳곳에 따뜻한 조명이 켜지면 투숙객들은 각자 자신만의 방식으로 하루를 마무리

©김양아

©김양아

베이스캠프 암스테르담의 웰컴하우스 전경. 체크인은 오픈 키친과 바가 결합된 공간에서 자유롭게 이루어지며, 낮에는 넓은 창가와 테이블이 코워킹 스페이스로, 저녁에는 벽난로 앞에서 머무는 이들이 담소를 나누는 사랑방 역할을 한다. 여행자와 로컬이 자연스럽게 어우러지는 이곳은 머무름과 교류가 동시에 일어나는 베이스캠프의 심장부다.

한다. 누군가는 웰컴하우스의 벽난로 앞에서 와인을 마시며 담소를 나누고, 또 다른 누군가는 숲속의 사우나에서 하루의 피로를 녹이며 혼자만의 고요한 시간을 즐긴다. 이곳의 공간은 작게 분산되고 기능이 중첩되어 있어 타인과의 연결 또는 단절을 사용자가 스스로 선택할 수 있다. 바로 이 '선택 가능성'이 베이스캠프 암스테르담이 제공하는 가장 근본적인 정서적 전환점이다. 도시에서 강박처럼 느껴왔던 '무엇을 해야 한다'에서 벗어나 '어떻게 머물 것인가'를 스스로 설계하는 정서적 선택권을 가진 체류의 주체로 전환되는 것이다.

▶
암스테르담의 거리 풍경. 자전거를 중심으로 설계된 저속 모빌리티 도시 구조와 수변·카페 좌석이 자연스럽게 스며든 개방형 공간 설계가 어우러져 시민들은 도심과 자연의 경계 없이 일상 속에서 공공 공간을 자유롭게 점유하고 관계를 이어간다.

왜 암스테르담인가

암스테르담은 도시 구조 자체가 '경계를 허무는 설계'로 이루어져 있다. 운하와 가로수길, 작은 공원과 수변 공간이 촘촘하게 연결되어 있어 고밀도의 도심 안에서도 녹지와의 접속이 끊이지 않는다. 일과 휴식, 주거와 여가 사이의 경계가 물리적·정서적으로 단절되지 않은 채 유기적으로 공존한다. 이러한 도시적 조건 덕분에 베이스캠프 암스테르담 역시 사용자들에게 '도시의 바깥'이 아닌 '삶의 연장선'으로 자연스럽게 받아들여진다.

　　암스테르담 특유의 도시적 문화와 라이프스타일 역시 이 모델이 자리 잡는 데 결정적인 역할을 했다. 자전거로 출퇴근하고, 공원과 카페를 오가며 일과 여가를 유연하게 병행하는 삶은 이곳 사람들에게 특별한 선택이 아니라 당연한 일

상이다. 도심과 외곽, 업무와 회복 사이를 자유롭게 오가는 이 도시의 일상은 베이스캠프 암스테르담이 구현하는 하이브리드 체류 모델의 철학과 정확히 맞닿아 있다. 이곳의 사용자들은 도심과 외곽의 복수 거주, 다기능 공간, 선택 가능한 고립과 연결 같은 개념을 특별한 전략적 구성으로 인식하기보다는 그저 자연스러운 '삶의 방식'으로 체화하고 있다.

그러나 이 모델이 주는 전략적 통찰은 '공간의 형식'을 모방하는 데 있지 않고, 각각의 도시가 지닌 밀도와 생활 구조에 맞춰 체류 방식을 유연하게 재구성하는 전략적 해석에 있다. '어디에 머무를 것인가'와 같은 물리적 입지가 아니라, '어떻게 살아볼 수 있는가'라는 질문이 공간 전략의 중심에 자리 잡는 것이다.

이제 공간은 더 이상 고정된 역할을 수행하는 인프라가 아니다. 그것은 사용자의 삶을 능동적으로 구성하는 '정서적 플랫폼'이며, 도시는 공간을 통해 어떤 기능을 제공하고, 어떤 선택지를 열어줄 수 있는지를 설계할 수 있어야 한다. 그런 점에서 베이스캠프 암스테르담은 기능의 중첩, 거주의 유연성, 자연과의 연결을 하나의 체류 구조로 통합한 도시 외곽형 모델로서, 미래 도시가 공간과 삶을 어떻게 재조정할 수 있는지를 실증한 입체적 공간 전략의 실행 모델이다.

| The Culpeper & The Buxton |

컬페퍼와 벅스톤,
런던에서 시작된 작은 혁명

도시에서 '머무는 방식'이 달라지고 있다. 숙소는 더 이상 잠자는 기능에 머물지 않는다. 감각을 큐레이팅하고 일상을 전환시키는 경험 플랫폼으로 진화했다. 도시 여행의 패턴을 보면 명확하다. 사람들은 이제 침대의 품질이 아닌, 공간의 서사를 본다. 그곳에서 어떤 로컬 카페를 만날지, 도보 5분 거리에 어떤 갤러리가 있는지, 아침에 창문을 열면 어떤 거리 풍경이 펼쳐질지를 확인한다. 숙소가 여행 전체의 분위기를 좌우하는 시대가 왔다.

과거에는 호텔이 도시의 배경이었다면, 지금은 도시 경험의 주인공이다. 머무는 공간이 목적지가 되고, '잠'이라는 기본 기능마저 브랜드 경험으로 재설계된다. 그 흐름 속에서, 지금까지 볼 수 없었던 새로운 형태의 호텔들이 등장하고 있다.

런던의 호텔들이 바로 그렇다. 과거에는 고층 빌딩 형태가 주를 이뤘다면 이제는 객실의 크기가 점점 작아지고, 체험의 밀도가 높아지고 있다. 거대한 호텔 체인들이 천편일률적인 서비스로 경쟁하는 동안, 런던에서는 전혀 다른 실험이 진행되고 있다. 그 중심에 '바 앤 룸Bar & Rooms'이라는 초소형 호스피탈리티 구조가 등장했다. 말 그대로 술집과 객실이 결합된 형태다.

바 앤 룸이 런던에서 특별한 의미를 갖는 이유는 크게 세 가지다.

첫째, 도시의 밀도가 높아지고 공간 비용이 치솟는 상황에서 기존의 대형 호텔 모델로는 더 이상 사업을 지속하기 어려워졌다. 천정부지로 치솟는 런던 중심부의 부동산 가격을 감안할 때 새로운 호텔을 짓는 것은 거의 불가능에 가까워졌다. 둘째, 밀레니얼과 Z세대가 중심인 새로운 여행자들은 대형 호텔에서 익명의 손님으로 머물기보다 작고 정서적으로 밀착된 공간을 원한다. 이들이 원하는 건 인스타그램에 올릴 '인증샷'을 넘어 진짜 현지인들의 삶을 경험하는 것이다. 셋째, 지역 공동체 또한 급격한 변화를 가져오는 거대한 개발보다는 작고 지속 가능한 변화를 선호한다. 젠트리피케이션에 피로를 느낀 동네 사람들에게 바 앤 룸은 위협이 아닌 상생의 파트너다.

바 앤 룸은 이 세 가지 문제를 동시에 해결하고자 했다. 낮에는 동네 사람들이 일상적으로 모이는 바, 밤에는 도시에서 휴식을 경험할 수 있는 숙소 그리고 이 두 기능이 단절 없이 이어지는 통합된 경험을 제안한 것이다. 전통적인 호텔이 기능을 층층이 쌓아올려 공간을 수직적으로 나눴다면, 바 앤 룸은 바와 숙박, 일상과 비일상을 하나의 수평적 구조 안에서

▶
런던 이스트엔드의 화이트채플에 자리한 컬페퍼는 바와 객실이 결합된 바 앤 룸 모델의 대표적 사례다. 컬페퍼는 벽돌 건물 특유의 중후한 외관과 활기 넘치는 거리 풍경 속에서 지역 주민과 여행자를 자연스럽게 이어준다.

중첩시킨다. 공간이 작아지면서 오히려 관계는 깊어지고, 체험은 선명해진다.

　물론 바와 숙박 공간의 결합이 완전히 새로운 개념은 아니다. 실제로 많은 사람이 펍이나 레스토랑 위층에 배치된 객실을 쉽게 떠올릴 것이다. 하지만 런던의 '컬페퍼The Culpeper'와 '벅스톤The Buxton'은 이 구조를 단순한 상업적 혼합이 아닌, 도시를 설계하는 가장 작은 단위로 재정의했다. 이들은 대규모 호텔만이 랜드마크로서 도시를 재편할 수 있는 것은 아니라는 사실을 증명해냈다.

런던 이스트엔드의 화이트채플은 거칠고 복합적인 감도가 살아 있는 지역이다. 오랜 빈민가이자 세계 최초로 젠트리피케이션이 발생한 이곳은 노동자 계층과 이민자들의 흔적이 남아 있고, 여기에 젊은 예술가들의 감도가 교차하며 독특한 매력을 발산한다. 2014년에 문을 연 컬페퍼는 이러한 지역적 특성을 공간 안으로 자연스럽게 끌어들였다. 외관은 오래된 벽돌 건물 거의 그대로이고, 입구에는 작고 소박한 간판 하나만이 놓여 있다. 하지만 내부로 들어서면 완전히 다른 분위기가 펼쳐진다.

　1층은 오래된 런던 펍의 분위기를 그대로 살렸다. 문을 열고 들어서면 지역 주민들의 일상이 자연스럽게 녹아든 장면이 펼쳐진다. 단골과 낯선 방문객이 긴 바 테이블에 나란히

컬페퍼, 루프탑에 만든 도시 농장

앉아 자연스럽게 어우러진다. 2층은 주방과 식당이 분리되지 않은 하나의 열린 구조다. 요리는 벽 하나 없이 펼쳐지고, 식사는 누구에게나 열려 있는 공공의 경험으로 완성된다. 그리고 그 위, 단 5개의 객실이 전부다. '잠을 위한 공간'은 최소화했고, 건물의 대부분은 사람들의 일상이 엮이고 교차하는 사회적 공간으로 구성되어 있다.

가장 인상적인 공간은 루프탑 가든이다. 로즈마리, 바질, 민트, 토마토, 상추 등 다양한 작물이 런던 하늘 아래서 자란다. 컬페퍼는 이곳에서 재배한 허브와 채소를 레스토랑의 식재료로 사용하는 것은 물론이고, 이곳을 투숙객과 지역 주민에게도 개방한다. 여름 저녁이면 술 한잔 기울이며 일몰을 감상하려는 사람들이 하나둘 가든으로 모여든다. 호텔 안에서 채소를 기르고, 그 채소로 요리하고, 그 요리를 동네 사람들과 여행자가 함께 먹는 작은 생태계가 완성된다.

내가 컬페퍼에서 가장 인상 깊었던 것은 지역성을 단순히 시각적인 형태로 재현하거나 장식 요소로 소비하지 않았다는 점이다. 컬페퍼는 공간 안에서 지역의 진짜 삶을 직접 경험할 수 있도록 동선을 설계하고, 지역 주민과 방문객 사이의 물리적·정서적 거리를 좁히는 구조를 만들어냈다.

내부의 공간 배치에서도 그 의도가 드러난다. 컬페퍼에는 일반적인 호텔에서 볼 수 있는 리셉션 데스크나 투숙객 전용 동선이 없다. 투숙객들은 아침 식사를 별도 공간이 아니라 1층 바에서 지역 주민들과 함께한다. 좁지만 잘 설계된 방

컬페퍼는 런던 이스트엔드에서 바 앤 룸 모델의 매력을 가장 잘 보여주는 공간이다. 1층의 활기찬 바와 레스토랑, 따뜻한 조식과 함께하는 투숙객 전용 객실 등 산업적 질감과 빈티지한 디테일이 어우러진 공간은 로컬의 에너지를 그대로 품은 채 여행자에게 집 같은 편안함과 도시의 생동감을 동시에 선사한다.

©김양아

에서는 도시의 소음과 사람들의 말소리가 희미하게 들려 그 소리를 벗 삼아 잠들고 깨어날 수 있다. 마치 오랜 이웃들에 둘러싸인 듯하다. 5성급 호텔의 인공적 고요함 속에서는 결코 들을 수 없는 일상의 소음들. 컬페퍼의 밤은 이렇게 도시의 삶이 흘러드는 소리와 함께 완성된다.

벅스톤, 15개의 방으로 만든 완벽한 소우주

벅스톤은 컬페퍼와 같은 바 앤 룸 구조를 차용했지만 더욱 작고 간결하며 정제된 형태를 띤다. 런던 화이트채플과 올드게이트 사이 좁은 골목에 자리한 벅스톤은 2019년에 문을 열었다. 그리고 단 15개의 객실과 1층의 바 공간만으로도 지역의 일상과 여행자의 체류를 자연스럽게 엮어내며 도시와의 밀도 높은 접점을 구현할 수 있음을 보여주었다.

    1층에는 작은 바와 파인 다이닝 공간이 맞물려 있고, 그 위로 15개의 객실이 배치되어 있다. 메뉴는 간결하지만 모든 요리가 정교하다. 바에서는 클래식 칵테일부터 지역 맥주까지 다양한 음료를 맛볼 수 있다. 체크인은 별도의 리셉션 데스크 없이 1층 바에서 이루어지고, 아침 식사도 별도의 공간 없이 지역 주민과 투숙객이 자연스럽게 함께한다. 경계 없이 흐르는 벅스톤의 이 장면은 숙소와 지역의 경계를 허물며 투숙객을 일상 속으로 편입시키는 사회적 플랫폼의 면모를 분명히 보여준다.

    벅스톤의 핵심 전략은 '작은 규모에서 더 선명한 관계를

▶ 벅스톤은 다문화적 색채와 예술적 기운이 짙은 이스트엔드 특유의 분위기 속에서 숙박과 미식, 로컬 커뮤니티가 맞닿는 열린 플랫폼이 된다.

구축하는 것'이다. 1박에 100파운드인 객실은 작지만 궁색하지 않고 따뜻한 온기가 있으며, 가구 역시 간소하지만 몸의 움직임을 고려해 섬세하게 설계되었다. 화려한 장식을 덜어낸 정제된 비움이지만, 전혀 불편하지 않다.

이곳에서 며칠을 머물다 보면 경계가 흐려진다. 여행자와 거주자 사이, 호텔과 동네 사이. 바에서 체크인을 기다리며 옆자리 단골과 맥주를 나누고, 아침 커피를 마시며 로컬들의 일상적 대화에 자연스럽게 끼어든다. 어느새 이방인이 아닌 이웃이 된 듯한 착각이 든다.

벅스톤이 증명하는 것은 역설적이다. 호텔의 규모가 작아질수록 도시와의 접점은 오히려 깊어진다. 화려한 로비나 넓은 수영장 대신, 좁은 바 테이블의 즉흥적 대화와 골목의 우연한 만남이 도시와의 거리를 좁힌다. 이런 일상의 조각들이 켜켜이 쌓여 공간의 정체성이 된다.

복잡한 도시를 살리는 작고 섬세한 공간

컬페퍼와 벅스톤은 규모로만 본다면 작고 소박한 호텔이다. 하지만 런던 동부 화이트채플 지역의 도시재생 과정에서 이 두 공간은 뚜렷한 전략적 거점으로서 규모를 뛰어넘어 선명한 존재감을 드러냈다. 화이트채플은 원래 노동자와 이민자들의 동네이자 우범 지대였다. 그러다 2000년대에 들어서면서 젊은 예술가들이 모여들어 지역 발전을 견인했는데, 그 후 금융 중심지 시티가 동쪽으로 확장하면서 대규모 재개발 압력을 받기 시작했고, 고층 오피스와 대형 상업 시설이 들어서며 지역 전체가 급격하게 변했다. 이스트엔드 일대는 짧은 시간 안에 고층 오피스와 상업 시설, 갤러리, 스타트업이 밀집한 복합 지역으로 탈바꿈했다. 전형적인 젠트리피케이션의 전개 과정이었다.

하지만 대규모 개발이 본격화되기 전인 2014년과 2019년에 각각 오픈한 컬페퍼와 벅스톤은 대규모 개발과는 결을 달리하는 방식으로 도시의 미래에 개입했다. 지역의 원래 모습을 유지하면서 새로운 활력을 불어넣는 방식이었다. 동네 사람들의 일상적인 공간(바)을 중심으로, 이곳에 투숙하는 방문객들이 그 일상을 자연스럽게 경험할 수 있는 구조를 만들었다. 그 결과 지역 주민들은 자신들의 공간을 잃지 않으면서도 새로운 사람들과 만날 기회를 얻었고, 방문객들은 관광지가 아닌 실제 런던 사람들의 삶을 체험할 수 있게 됐다.

이 두 공간이 제시한 도시 전략의 핵심은 '규모'가 아닌 '밀도'다. 작은 구조 안에서도 지역의 일상과 사람들의 관계를 세밀하게 연결하며, 대형 개발 프로젝트보다 훨씬 명확하고 깊은 도시적 변화를 일으켰다.

이 모델이 도시 공간에서 더욱 현실적인 울림을 주는 이유는 지금 서울에서도 유사한 변화가 급격히 진행되고 있기 때문이다. 성수동, 을지로, 익선동 모두 재개발의 흐름 속에서 원래의 감도와 삶의 결을 점차 잃어가고 있다. 성수동은 이제 많은 사람이 찾는 '핫플레이스'가 되었지만, 오래도록

©김양아

벅스톤은 1층의 바 공간과 단정한 브런치 테이블 그리고 위층의 간결하면서도 기능적인 객실로 구성된 바 앤 룸 모델의 또 다른 사례다. 아침이면 신선한 재료로 준비한 클래식한 영국식 조식이 바를 채우고, 낮에는 캐주얼한 와인과 가벼운 요리로 로컬과 여행자를 한자리에 모은다. 군더더기 없는 객실은 효율성과 편안함을 동시에 갖춰 짧은 체류에도 만족스러운 경험을 제공한다.

©김양아

이곳을 삶의 터전으로 지켜온 이들은 점점 설 자리를 잃어가고 있다. 임대료는 가파르게 치솟고, 이웃들이 떠난 자리에는 대형 카페와 브랜드 매장, 화려한 팝업스토어들이 들어섰다.

지역과 밀도 있게 연결된 바 앤 룸 모델은 지금의 한국에도 충분히 적용 가능한 해법이 될 수 있다. 예를 들어 을지로의 낡은 호프집 위에 단출한 숙소가 있고, 성수동의 오래된 카페 2층에서 하룻밤을 머물 수 있다면? 관광객들은 겉핥기식 명소가 아닌 서울의 진짜 일상 속으로 들어올 수 있고, 동네 사람들은 자연스럽게 새로운 만남의 기회를 얻을 수 있을 것이다. 무엇보다 임대료 부담 없이 기존 건물을 효율적으로 활용할 수 있어 소상공인들에게도 새로운 수익 모델이 될 수 있다. 오래된 건물과 좁은 골목길이 지닌 지역의 정서적 결을 유지하면서도 새로운 활력과 가치를 불어넣는 방식이다.

바 앤 룸 모델의 진짜 혁신은 '작음'을 약점이 아닌 강점으로 바꾼 데 있다. 도시가 복잡해질수록 오히려 작고 섬세한 공간이 더 절실해진다. 컬페퍼와 벅스톤이 보여준 것은 공간의 크기가 아니라, 관계를 설계하는 방식이 도시의 흐름을 얼마나 정교하게 바꿀 수 있는지에 대한 가장 실질적인 해답이었다. 전 세계 주요 도시들이 과잉 개발과 지역 정체성의 약화라는 공통된 과제에 직면한 지금, 바 앤 룸은 제한된 자원 안에서도 강한 정서적 연결을 만들고, 획일화된 공간이 아닌 도시와 연결된 고유한 장소성을 구축하는 현실적인 해법을 제시한다.

2장.

미식
맛, 몸, 마음의 경계를 허물다

미식은 더 이상 음식의 차원이 아니다. 몸과 마음의 건강, 공동체, 경험까지 아우르는 총체적 감각이다. 유럽의 미식 실험은 웰니스와 라이프스타일의 접점을 만들어내며, 새로운 소비의 문법을 제시한다.

| OGATA Paris |

오가타, 감각으로 재정의된 미식과 브랜드

유럽에서 마케터이자 기획자로 일하면서 자주 받았던 질문은 의외로 단순했다. 가장 기억에 남는 식사가 무엇이었냐는 것. 파리, 밀라노, 런던, 바르셀로나 등 요리에 대한 자부심이 유난한 유럽 도시에서 즐긴 식사 중 가장 기억에 남는 식사를 꼽자니 고민이 되기도 했지만, 그때마다 떠오르는 건 화려한 셰프의 이름도 별의 개수도 아닌, 어떤 '감각의 총합'이 뇌리에 깊게 남은 순간이었다.

    유럽의 미식 문화는 생각보다 유연하고 진화적이다. 전통을 중시하면서도 미지의 세계를 탐험하듯 새로운 감각을 거리낌 없이 받아들인다. 낯선 것을 회피하지 않고, 오히려 그 낯섦을 미각과 미감의 확장 도구로 삼는 것이다. 그중에서도 파리는 '미식'이라는 장르 안에서 가장 정제된 감각의 실험이 벌어지는 격전지다. 파인 다이닝부터 동네 비스트로, 티룸Tea Room까지 수없이 많은 식당이 매일같이 문을 열고 닫지만, 사람들의 진심 어린 주목을 받는 공간은 드물다.

    오가타 파리OGATA Paris는 등장과 동시에 파리 마레 지구의 풍경을 바꿔버렸다. 누군가는 '세련된 일식 레스토랑'이라

▶ 단순히 차를 마시는 장소가 아니라, 브랜드 철학이 응축된 무대이자 '정제된 일상'을 경험하게 하는 전략적 장치인 오가타의 티룸. 전통적 다실의 미학을 재해석해 글로벌 소비자에게 '일본적 감각의 현대화'를 직접 체험시키는 전략적 플랫폼으로 기능한다.

©김양아

부르지만, 그것은 이 공간의 본질을 표현하지 못한다. 이곳에서 만들어지는 것은 음식이 아니라 '감각의 서사'다. 이곳에서는 '먹는다'라는 행위 자체가 재정의된다. 음식이 입에 닿기 전에 공간이 먼저 감각을 조율한다. 빛의 각도, 그릇의 온도, 침묵의 깊이가 미각보다 먼저 작동한다. 이곳에서의 식사는 단순한 미식 경험이 아니다. 정교하게 짜인 감각의 안무이자, 일상을 벗어난 또 다른 세계로의 초대다. 그들이 제공하는 것은 요리가 아니라 시간의 밀도이고, 서비스가 아니라 정서의 여정이다.

레스토랑과 티룸: 의식과 미학이 교차하는 세계

오가타OGATA는 일본 전통문화를 현대적 관점으로 해석하는 브랜드로, 특히 일본의 식문화를 오감으로 체험하게 한다. 아트디렉터이자 디자이너인 오가타 신이치로는 '차, 요리, 공예, 환대, 문화'라는 일본 생활 예술의 다섯 가지 기둥을 연결하는 경험을 선보여 세계적인 주목을 받았다. 그의 첫 번째 해외 진출작인 오가타 파리(이하 '오가타')는 레스토랑, 티룸, 부티크, 아틀리에를 결합해 오가타가 추구하는 일본의 문화를 감각적으로 보여주는 플래그십 스토어다.

이곳의 핵심은 크게 2개의 축으로 나뉜다. 하나는 레스토랑이고 다른 하나는 티룸인 '사보SABO'인데, 일반적인 '일식 레스토랑'이나 '차 전문점'과는 전혀 다른 오가타만의 독특한 구성이 돋보인다. 우선 레스토랑에서는 계절감과 정제된 조리법을 기반으로, 일본 전통 가정식과 프랑스의 식재료가 섬세하게 융합된 메뉴를 맛볼 수 있다. 파리의 로컬 시장에서 공수한 신선한 재료가 일본식 조리법을 만나 일반 일식당에서는 흔히 볼 수 없는 '경계를 넘나드는' 요리로 재탄생한다. 가이세키kappo에서 영감을 받은 코스 요리는 엄격한 온도 관리와 미니멀한 플레이팅을 통해 맛과 미학을 동시에 충족한다. 메뉴 구성도 구성이지만, 의식儀式처럼 차근차근 전개되는 식사 과정을 중시하는 점도 흥미롭다. 전채, 메인, 디저트로 이루어진 서양식 코스가 아니라 각 단계마다 제철 식재료의 풍미와 계절감을 강조하고, 그에 어울리는 도자기와 유리잔을 사용해 시각적 즐거움까지 안겨주니 식사 과정이 의식처럼 느껴질 수밖에 없다.

  티룸은 전통 다도茶道의 정갈함과 파리의 세련된 감각이 인상적으로 결합된 곳이다. 엄선된 녹차, 홍차, 우롱차 등 다양한 차를 특별 제작한 다기茶器에 담아내는데, 온도와 추출 시간, 물의 양에 각별히 신경 써 한 잔 한 잔 내놓기에 차를 음미하는 행위 자체가 차분한 명상처럼 느껴진다. 술 메뉴도 빠지지 않는다. 일본의 사케sake와 쇼추shochu를 고급스럽게 해석해 와인 문화에 익숙한 파리지앵에게 색다른 경험을 제안한다. 차와 술 또한 식사와 마찬가지로 의식 절차를 엄격히 지키며 제공한다는 점이 특징이다. 차를 따르는 각도, 잔을 잡는 방식, 술잔의 재질, 향의 농도 등 사소한 요소 하나하나가 정성을 다해 큐레이션된다. 이러한 디테일이 쌓여 이곳

레스토랑과 티룸은 오가타라는 브랜드가 구축한 감각 세계관의 양대 기둥이다. 고객은 음식과 차가 어떤 방식으로 조화를 이루는지, 각 메뉴가 어느 계절의 어떤 재료를 중심으로 완성되었는지 섬세한 설명을 들으면서 단순한 식사 이상의 몰입감에 빠진다. 대부분의 파리 일식당이 초밥이나 라멘 등 대중화된 메뉴를 통해 '편안하고 익숙한 아시아'를 보여주는 것과 달리, 오가타는 '의식을 통해 감각을 재발견하는 아시아'를 제안한다는 점에서 확실히 구별된다.

©김양아

©김양아

을 찾은 사람들에게 '감각에 몰입하는 새로운 의식'을 선사한다.

맛의 구현이 아닌, 감각의 설계에 집중하는 레스토랑

파리에는 세련된 일식 레스토랑이 수없이 많지만, 오가타가 단연 돋보이는 이유는 명확하다. '맛의 완성도'가 아닌 '감각의 총체적 설계'로 승부하기 때문이다. 일반적인 고급 레스토랑은 인테리어와 요리를 각각 최고 수준으로 끌어올리는 데 집중하는 반면, 오가타는 메뉴 기획 단계부터 공간, 조명, 음악, 도자기까지 하나의 유기체처럼 움직이도록 설계했다. 계절마다 바뀌는 코스에 맞춰 테이블웨어의 질감과 조명의 온도까지 함께 조율하는데, 이런 세심함이 2시간의 식사를 하나의 완결된 작품으로 만든다. 핵심은 고객이 값을 지불하는 대상의 변화다. 오가타의 객단가는 일반 고급 일식당보다 40%가량 높지만, 예약은 항상 몇 주 전에 마감된다. 사람들은 '한 끼'가 아니라 '한 편의 서사'를 구매하는 것이다. 음식의 맛을 넘어 시간의 밀도와 감각의 여정에 기꺼이 프리미엄을 지불한다.

오가타의 진짜 차별점은 다른 곳에 있다. 이곳은 '레스토랑'이 아니라 '복합 문화 공간'으로 설계되었다. 1층의 갤러리와 티 살롱, 2층의 다이닝이 유기적으로 연결되어 있어 고객은 식사 전후로 자연스럽게 다른 층을 경험하게 된다. 전시를 보고, 차를 마시며, 식사로 마무리하는 동안 오가타의 철학이 다양한 형태로 스며든다.

더 흥미로운 것은 오가타가 만든 '시간의 경제학'이다. 일반 레스토랑이 테이블 회전율을 높이려 할 때, 오가타는 고객의 체류 시간을 늘리는 데 집중한다. 2시간의 코스 전후로 갤러리에서 30분, 티 살롱에서 1시간을 보내는 것이 일반적이다. 결과적으로 고객 한 명이 오가타라는 공간에 투자하는 시간은 3~4시간에 달한다.

이렇게 긴 체류는 단순한 소비를 넘어 일종의 '문화적 의식'이 된다. 방문객들은 오가타에서의 시간을 SNS에 기록하고, 지인들과 공유하며, 다시 방문할 날을 기다린다. 오가타는 '한 끼 식사'가 아닌 '한 편의 기억'을 판매하고, 그 기억은 자발적인 브랜드 전파로 이어진다.

조화와 공존, 진정성이라는 새로운 세계관의 탄생

오가타를 단순히 '파리지앵을 위한 오리엔탈 레스토랑'으로 보는 것은 표면적 해석이다. 오가타 신이치로가 구축한 것은 그보다 훨씬 전략적이고 정교하다. 그는 동서양의 구분을 넘어 완전히 새로운 미식 경험의 체계를 만들어냈다. 오가타의 핵심 전략은 '경계의 해체'다. 동양과 서양, 전통과 현대, 미식과 예술의 구분을 의도적으로 흐린다. 일본 다도의 정신을 프랑스 미식 문화와 융합하되, '동양 미학을 파리에 이식한다'라는 차원을 넘어 제3의 공간 언어를 창조했다. 이는 단순한 퓨전이 아니라 새로운 문법의 탄생이다.

오가타 신이치로는 이 새로운 문법을 예술적·철학적·심미적 탐색을 통해 구현했고, 그 결과물이 바로 오가타 파리다. 이곳은 비슷한 취향과 안목을 가진 사람들이 자연스럽게 모이는 장소이기도 하다. 방문객들은 갤러리에서 자연스럽게 대화를 나누고, 티 살롱에서 함께 차를 마시며, 느슨하지만 의미 있는 연결을 만든다. 오가타가 큐레이션하는 것은 미각의 스펙트럼을 넘어선, 사람과 공간과 시간이 교차하는 총체적 경험이다. 전통적인 식문화와 현대적 예술 감각을 교차시키면서도 각각의 고유한 정체성을 깊은 차원에서 구축한 이 공간은 파리지앵들의 일상적 미식 문화를 조용히 뒤흔들고, 높은 수준의 감각을 지닌 글로벌 방문객들에게도 신선한 충격을 안겨주었다.

오가타 신이치로는 자신을 아트디렉터로 소개하지만, 실제로는 '감각 비즈니스의 설계자'에 가깝다. 그가 구축한 것은 단순한 레스토랑이 아니라 정교한 수익 구조다. 전통과 현대, 동양과 서양을 교차시킨 복합적 스토리텔링을 상업적 가치로 전환시키는 방법을 정확히 이해하고 있다. 오가타가 파리에서 독보적 위치를 차지한 이유는 명확하다. 파리라는 도시가 지닌 문화 자본, 즉 예술적 감수성, 역사적 깊이, 미식 전통을 정확히 읽고 그것과 공명하는 경험을 설계했기 때문이다. 오가타는 각 층의 다른 경험을 의도적으로 하나의 통합된 여정으로 상품화했다. 이것이 바로 차별화를 넘어 대체 불가능한 포지션을 만드는 전략이다.

음식과 술, 차, 다기, 식기 등 다채로운 콘텐츠가 하나의 공간에 공존하려면, 오가타라는 브랜드가 지닌 세계관이 견고하고 유기적으로 연결되어 있어야 한다. 이를 지탱하는 오가타의 세계관은 '조화와 공존 그리고 진정성'으로 요약된다. 재료의 근원에 대한 탐구, 전통 공예의 현대적 해석, 자연에서 찾은 재질과 색감 등이 모두 이 세계관 안에서 단단한 서사를 이룬다. 특히 공간의 동선과 배치는 일본 전통 미학과 파리지앵 감성을 융합해 방문객에게 낯설면서도 편안한 분위기를 선사한다. 그 안에서 사람들은 '나중에 다시 오고 싶다'라는 만족감과 '나도 오가타의 세계관을 이해하고 공유한다'라는 일종의 소속감을 얻게 된다. 이러한 감정적 결속은 장기적인 충성도와 브랜딩 효과로 이어진다.

▶ 오가타의 내부는 일본의 절제된 미감을 유지하면서도 파리라는 도시에 자연스럽고 세련되게 녹아들도록 설계되었다. 전통과 현대, 동양과 서양의 감각이 교차하는 이 공간은 단순한 장소가 아니라 '파리에서 경험하는 일본의 미학' 그 자체다.

오가타의 비즈니스 모델은 F&B 산업의 새로운 방향을 제시한다. 핵심은 '복합 경험의 경제학'이다. 레스토랑, 티 살롱, 부티크, 갤러리가 독립적으로 수익을 창출하면서도 상호 시너지를 만든다. 고객은 식사에 150유로를 지불한 뒤 자연스럽게 갤러리에서 500유로의 도자기를 구매하고, 티살롱에서 50유로를 추가로 소비한다.

더 중요한 것은 '체류 시간의 가치'다. 일반 레스토랑의 평균 체류 시간은 1시간 30분인 반면, 오가타의 평균 체류 시간은 3~4시간이다. 체류 시간이 길수록 구매 확률과 객단가가 기하급수적으로 상승한다. 회전율 감소로 인한 기회비용은 프리미엄 가격과 복합 구매로 상쇄되고도 남는다.

©김양아

오가타가 입증한 핵심은 명확하다. 감각 경험의 밀도가 높을수록 가격 저항은 낮아진다는 것. 음식, 공간, 제품, 스토리가 완벽하게 조율될 때, 고객은 더 이상 가격표를 보지 않는다. 그들이 구매하는 것은 상품이 아니라 '오가타에서만 가능한 시간'이기 때문이다.

오가타가 파리에 등장한 후 다양한 공간이 이와 유사한 복합적 경험을 시도하기 시작한 것은 이들이 전하는 메시지가 얼마나 강렬한지를 단적으로 보여준다. 이는 F&B뿐 아니라 호스피탈리티, 패션, 건축, 디자인 등 다양한 분야에서 급부상 중인 흐름이기도 하다. 사람들은 이제 제품 자체에 집중하기보다 그 제품이 가져다주는 감각적 해석과 삶의 태도에 큰 가치를 부여한다. 오가타가 선구적으로 보여준 이 '감각 경제sensory economy'의 가능성은 앞으로 수많은 브랜드와 공간의 미래 모델로 거론될 것이다.

| La Maison du Caviar |

라 메종 뒤 캐비아,
전통과 현대가 교차하는 파리의 캐비아 무대

세계 미식의 수도를 꼽으라면? 단연 파리다. 그 명성에 걸맞게 이 도시에서는 전통과 혁신이 끊임없이 충돌하고, 동시에 조화롭게 공존한다. '라 메종 뒤 캐비아 La Maison du Caviar'는 그러한 파리의 속성을 가장 극적으로 보여주는 공간 중 하나다. 캐비아라는 고급 식재료를 토대로 단순한 미식 경험을 넘어 프랑스 미식 문화의 '상징 자산'을 현대적으로 재해석하는 다층적인 경험을 선사하고 있기 때문이다. 이곳에 발을 들이는 순간, 사람들은 그저 비싸고 귀한 식재료인 캐비아를 맛보는 데 멈추지 않고, 프랑스 미식 문화 전반에 녹아 있는 예술적·역사적·문화적 의미까지 체험할 수 있다.

캐비아가 프랑스를 비롯한 유럽 전역에서 오랜 시간 '고급 식재료의 대명사'로 여겨져온 것은 널리 알려진 사실이다. 기원전 5세기 역사 기록을 보면 캐비아는 페르시아 황실 만찬을 장식하며 부와 풍요의 상징으로 자리 잡았고, 이후 페르시아 상인들의 실크로드를 타고 그리스와 로마의 식탁에 올랐다. 그 후 18세기 러시아제국이 유럽과 외교 관계를 넓혀가면서 왕실의 외교 선물로 적극 활용되었다. 유럽 왕실과 귀족, 상류층 식탁에서 독보적인 위상을 지닌 캐비아는 값비싼 가격과 함께 '특별한 순간을 위한 음식'이라는 이미지로 인식되었다. 특히 프랑스 귀족들의 캐비아 사랑은 무척이나 각별해 캐비아의 풍미와 우아한 플레이팅을 조화시키는 조리법이 발달했다. 말하자면 이 진귀한 식재료는 프랑스 미식 문화를 세계적으로 각인시킨 하나의 '아이콘'인 셈이다.

▶
1956년부터 파리 미식의 상징으로 자리한 라 메종 뒤 캐비아의 외관. 클래식한 간판과 테라스는 오랜 역사를 품으면서도, 오늘날까지 파리지앵과 여행자들에게 여전히 특별한 미식의 목적지임을 보여준다.

테이스팅, 컬처, 리테일의 융합

라 메종 뒤 캐비아는 1956년, 이란산 캐비아를 독점 수입하던 캐비아볼가Caviar Volga의 창립자 페르낭 로베르 드 랄라가드Fernand Robert de Lalagade가 설립한 유서 깊은 레스토랑이다. 처음에는 캐비아볼가를 선보이는 쇼케이스였지만, 점차 파리의 인기 레스토랑으로 발전해 오늘에 이르렀다.

라 메종 뒤 캐비아가 제안하는 경험은 '테이스팅과 컬처, 리테일의 융합'으로 요약된다. 캐비아라는 핵심 식재료를 맛보는 행위tasting, 그 안에 깃든 역사와 예술적 맥락을 향유하는 행위culture 그리고 고객이 이를 자신의 일상으로 가져가도록 돕는 행위retail가 유기적으로 연결된다.

라 메종 뒤 캐비아에서 사람들은 단순히 '비싼 음식을 먹는' 것을 넘어 캐비아 맛의 진가를 음미하는 법을 익힌다. 이곳에서는 다양한 종류의 캐비아가 어느 지역에서 나는지, 어떻게 채취하는지, 맛은 어떻게 다른지, 어떻게 보관하고 서빙해야 최고의 풍미를 느낄 수 있는지 등을 세세히 안내한다.

여기에 더해지는 문화적 해석도 방문객의 마음을 사로잡는다. 캐비아로 상징되는 프랑스 미식사는 물론이고, 러시아 황실과 유럽 상류층에서 이어져온 캐비아의 전통 그리고 이를 현대적으로 재해석한 라 메종 뒤 캐비아만의 철학이 다채로운 예술적 요소와 함께 소개된다. 이로써 단순한 호기심으로 방문한 고객들도 캐비아의 시각적·역사적·심미적 서사를 생생하게 접하게 된다.

마지막으로 이 과정을 마무리하는 것은 리테일 경험이다. 라 메종 뒤 캐비아에서는 다양한 종류의 캐비아와 브랜드가 제작하거나 협업한 고급 식기나 한정판 패키지를 구매할 수 있다. 이는 단지 캐비아라는 식재료와 제품을 사가는 것이 아니라, 방문객이 이곳에서 느낀 감각과 스토리를 일상으로 가져가는 것이다. 예컨대 장인이 손수 제작한 캐비아용 나무 스푼이나 금속 컨테이너는 캐비아라는 문화적 경험을 기념하는 예술품처럼 여겨진다.

의식과 테이스팅의 경계를 보여주는 미식 경험

라 메종 뒤 캐비아가 차별화되는 지점은 '캐비아 경험의 재정의'다. 그들은 캐비아라는 초고가 식재료를 단순히 판매하는 것이 아니라, 그것을 완벽하게 즐기는 새로운 문법을 창조한다. 서빙 온도는 영하 2도에서 0도 사이, 스푼은 자개나 금으로만, 페어링은 샴페인이나 보드카로 한정한다. 이런 까다로운 규칙이 오히려 프리미엄의 근거가 된다.

전통적으로 캐비아는 차가운 샴페인과 함께 즐기는 것이 정석이었다. 하지만 라 메종 뒤 캐비아는 이런 고정관념을 깬다. 아이스크림처럼 차가운 무스나 크렘 프레슈Crème Fraîche에 캐비아를 얹어 온도의 대비를 만들고, 미세한 온도 차이로 풍미의 변화를 이끌어낸다. 심지어 식기 하나에도 철학이 담겨 있다. 진주, 자개, 금속 등 소재에 따라 달라지는 미묘한 촉감의 차이까지 계산한다.

핵심은 '지식의 상품화'다. 캐비아를 먹는 행위를 일종의 퍼포먼스로 승격시켜 30g에 200유로라는 가격을 정당화한다. 고객은 단순히 캐비아를 구매하는 것이 아니라, 그것을 제대로 음미하는 방법과 문화적 맥락을 구매한다. 실제로 라 메종 뒤 캐비아 수익의 40%는 테이스팅 세션과 마스터 클래스에서 발생한다. 그들이 구축한 것은 레스토랑을 넘어선 '캐비아 문화의 권위자' 포지션이다. 희소성과 전문성을 무기로 시장을 장악하고, 그 독점적 지위를 교육과 경험으로 수익화한다. 이것이 초고가 식재료를 다루는 비즈니스의 새로운 방정식이다.

라 메종 뒤 캐비아의 진짜 혁신은 '가격 장벽의 해체'에 있다. 그들은 50유로부터 500유로까지 다층적 가격 구조를 설계해 캐비아 시장의 진입 장벽을 전략적으로 조절한다. 입문자는 50유로의 '디스커버리 플레이트'로 시작한다. 5g씩 세 종류를 비교 시음하며 캐비아의 세계에 발을 들인다. 다음 단계는 150유로의 '시그니처 페어링'으로, 샴페인, 보드라 메종 뒤 캐비아가 내놓는 메뉴들은 모두 캐비아를 중심에 두되, 각양각색의 조합과 응용법을 제안한다. 시베리아(Siberian), 오세트라(Ossetra), 벨루가(Beluga) 등 다양한 종류의 캐비아가 준비되어 있으며, 각자 취향에 따라 10g 단위로 선택할 수 있다. 물론 가격은 만만치 않다. 일반적으로 80유로 선에서 시작하고, 오세트라나 벨루가는 희귀도와 숙성 기간에 따라 100유로 이상을 호가하기도 한다. 고가 라인으로 넘어가면 30g에 200~300유로를 넘나드는 수준이다.

©Angela DiPaolo_La Maison du Caviar

카 그리고 의외의 조합인 사케까지 함께 제공된다. 최상위는 500유로의 '프라이빗 마스터 클래스'로, 1 대 1로 캐비아의 역사부터 선별법까지 배울 수 있다.

이 단계별 구조가 만드는 것은 '상향 구매의 자연스러운 흐름'이다. 실제로 첫 방문 고객의 70%가 6개월 내에 재방문하며, 평균 구매 금액은 2.5배 상승한다. 호기심으로 시작해 애호가가 되고, 결국 수집가로 진화하는 고객 여정을 정교하게 설계한 것이다. 고가 식자재를 유연하게 즐길 수 있도록 문턱을 낮추는 한편, 궁극적으로는 캐비아라는 상품의 희소성과 가치를 적절히 강조하는 투 트랙 전략인 셈이다.

캐비아의 예술과 문화가 깃든 글로벌 파워하우스라는 공간

라 메종 뒤 캐비아에 들어서면 공간 디자인이 가장 먼저 눈에 들어온다. 전통적 프렌치 스타일의 디테일을 적절히 살려 브랜드의 역사와 권위를 보존하면서도, 지나치게 묵직하거나 폐쇄적으로 느껴지지 않도록 현대적 개방감을 더했다. 오랜 세월을 함께한 샹들리에나 고전적인 벽면 장식 사이사이에는 현대 예술가들의 작품이 전시되기도 한다. 전통과 현대가 공존하는 이런 디자인은 단순히 '화려한 미장센'에 그치지 않고, 캐비아가 가진 이야기와 프랑스 미식 전통을 시각적으로 드러내는 장치로 작동한다.

가령 매장 공간 곳곳에 고풍스러운 장식과 함께 디지털 화면을 설치해 캐비아 생산지나 조리 과정을 영상을 통해 생생히 보여준다. 또한 매장 직원들은 음식 서빙만 하는 것이 아니라 요리와 디자인, 역사, 문화에 대한 해박한 지식을 바탕으로 방문객과 활발히 소통하는 전문가로 기능한다. 그들은 마치 예술 작품을 안내하는 도슨트처럼, 손님이 원하는 만큼 깊이 들어가 캐비아라는 소재를 다각도로 이해할 수 있게 돕는다.

라 메종 뒤 캐비아가 맛뿐 아니라 문화적 무대로서 지금과 같은 입지를 다질 수 있었던 것은 파리 호텔 비즈니스의 씬 메이커이자 새로운 흐름을 주도했던 호텔 코스테스Hotel Costes의 오너인 질베르 코스테스Gilbert Costes와 티에리 코스테스Thierry Costes 부자의 기여가 결정적이라 해도 과언이 아니다. 질베르 코스테스는 1984년 파리 14구에 위치한 카페 코스테스Café Costes를 만든 이후 호텔 코스테스, 루브르 박물관에 위치한 카페 마를리Café Marly 등 파리 곳곳에 여러 레스토랑과 호텔을 론칭하며 독창적인 미식 문화와 라이프스타일을 만들어왔다. 이들이 라 메종 뒤 캐비아를 인수해 리뉴얼한 것도 같은 맥락에서 이해할 수 있다. 이들이 파리에서 쌓은 경험과 네트워크는 라 메종 뒤 캐비아를 또 다른 글로벌 파워하우스로 만든 밑바탕이 되었다.

코스테스 부자는 과거 파리의 랜드마크였던 이곳을 인수하면서 라 메종 뒤 캐비아를 다시금 파리에서 가장 화려하고 상징적인 장소로 만들겠다는 야심찬 목표를 세웠다. 그들은 라 메종 뒤 캐비아가 세계적으로도 손색없는 브랜드로 거

▲ 라 메종 뒤 캐비아 내부. 아르데코적 장식미와 세련된 조명이 어우러진 공간은 캐비아라는 상징적 미식을 단순한 식사가 아닌, 하나의 문화적 경험으로 확장시킨다.

▶ 라 메종 뒤 캐비아의 시그니처 메뉴인 트러플 캐비아 파스타. 단순한 요리를 넘어 브랜드의 정체성과 헤리티지를 한 접시에 압축해 보여주는 상징적 메뉴다.

듭나도록 리뉴얼 과정에서 인테리어 디자인 스튜디오 '오이토엠퐁토Oitoemponto'의 전문성을 적극 활용해 공간을 과감하게 재단장했다. 또한 부암말리Beaumarly 그룹이 보유한 다채로운 DJ 및 아티스트 포트폴리오를 활용해 섬세한 음악 디렉션을 추가함으로써, 캐비아의 고급 미학과 파티 분위기가 어우러지는 특별한 환경을 만들어냈다. 맛과 멋 그리고 축제성이 혼합된 이 독특한 분위기는 라 메종 뒤 캐비아를 또 하나의 '글로벌 파워하우스'로 변모시키는 원동력이 되었다.

라 메종 뒤 캐비아의 성공은 '헤리티지의 현대적 수익화'를 완벽히 실행한 사례다. 그들은 캐비아의 역사적 맥락을 단순히 전시하는 것이 아니라, 그것을 21세기 소비자가 기꺼이 돈을 지불할 콘텐츠로 변환한다.

고급 식자재는 '문화 자본'이 될 수 있을까

첫째, '문화 자본의 레버리지 전략'이다. 캐비아의 러시아 황실 역사와 프랑스 미식 전통을 결합해 '유럽 상류층 문화'라는 프리미엄 서사를 구축한다. 이 서사는 아시아 고객에게 특히 강력하게 작용해 전체 매출의 45%를 차지한다. 고객은 캐비아가 아니라 '유럽 귀족의 라이프스타일'을 구매하는 것이다.

둘째, '컬래버레이션을 통한 가치 확장'이다. 에르메스와의 식기 협업, 루브르 미술관과의 특별 이벤트 등을 통해 캐비아를 예술품 수준으로 격상시킨다. 이런 제휴는 브랜드

가치를 3배 이상 증폭시키며, 컬래버레이션 제품의 마진율은 일반 제품 대비 80%가량 높다. 결과는 명확하다. 라 메종 뒤 캐비아는 단순한 식당이 아닌 '문화 브랜드'로 포지셔닝되며, 이는 곧 지속 가능한 프리미엄 가격과 충성 고객층으로 전환된다. 초고가 식재료가 대중 시장에서 살아남는 방법을 완벽히 증명한 것이다.

셋째, '다각도로 설계한 고객 여정을 통한 충성도 구축'이다. 단순히 매장에서 식사를 하고 끝나는 것이 아니라 매장 내 직원들의 전문적인 설명을 듣고, 제품을 구매해 집에서도 즐기고, 온라인이나 SNS를 통해 계속 브랜드의 이야기를 접한다. 이를 통해 소비자는 일회성 손님이 아니라, 라 메종 뒤 캐비아의 세계관을 깊이 이해하고 동참하는 공동 창작자이자 후원자가 된다.

마지막으로, '글로벌 확장의 청사진'이다. 파리라는 세계적 미식 도시에서 검증된 모델은 곧바로 다른 시장으로 이식 가능하다. 실제로 라 메종 뒤 캐비아는 런던과 도쿄 진출을 앞두고 있으며, 각 도시의 현지 파트너와 프랜차이즈 계약을 진행 중이다.

더 흥미로운 것은 '모델의 확산 효과'다. 이미 뉴욕의 '러스 앤 도터스 Russ & Daughters', 도쿄의 '카비아리 도쿄 Kaviari Tokyo' 등이 라 메종 뒤 캐비아의 방식을 벤치마킹해 고급 식재료와 문화 경험을 결합한 비즈니스를 선보이고 있다. 라 메종 뒤 캐비아가 만든 것은 하나의 레스토랑이 아니라 '복제

가능한 럭셔리 F&B 프로토타입'이다.

 라 메종 뒤 캐비아를 떠나는 방문객들은 흔히 이렇게 말한다.

"캐비아가 이렇게 다층적인 경험이 될 수 있다니."

이 놀라움의 순간에 200유로의 가치가 생긴다. 고객은 예상을 뛰어넘는 발견에 기꺼이 돈을 지불한다.

라 메종 뒤 캐비아가 보여준 것은 명확하다. 초고가 식재료의 약점을 오히려 강점으로 전환시켰다. 희소성은 독점적 경험의 근거가 되었고, 제한된 공급량은 프리미엄 포지셔닝의 무기가 되었다. 캐비아를 맛보는 2시간이 하나의 문화적 의식처럼 설계되면서, 가격은 더 이상 장벽이 아니게 되었다.

결국 라 메종 뒤 캐비아는 F&B 산업에 하나의 질문을 던진다.

'음식이 단순한 먹거리를 넘어 어디까지 확장될 수 있는가?'

그들의 대답은 분명하다. 음식은 시작점일 뿐, 진짜 비즈니스는 다른 곳에 있다. 고객이 구매하는 것은 캐비아가 아니라 '캐비아를 아는 사람'이라는 정체성이다. 이것이 라 메종 뒤 캐비아가 발견한 그리고 미래 F&B가 향할 궁극의 방정식이다.

| Atica |

아티카,
미래형 레스토랑을 설계하다

유럽의 다이닝 씬에서 새로운 감각의 물결이 일어나고 있다. 이른바 '몰입형 다이닝'이라 불리는 이 움직임은 인간의 오감을 자극하는 다층적인 경험 자체를 상품으로 삼는다. 과거에는 테이블 위의 음식과 인테리어가 우리의 식도락 경험을 구성하는 주된 요소였다면, 이제는 빛과 사운드는 물론이고 공간 연출, 나아가 방문객의 심리와 행동까지 한 무대에 직조하여 식사의 개념을 예술적·체험적 차원에서 새롭게 정의한다.

몰입형 다이닝의 역사는 그리 길지 않지만, 파급력은 꽤 인상적이었다. 그 원류는 2012년에 문을 연 상하이의 울트라 바이올렛Ultraviolet으로 거슬러 올라간다. 셰프 폴 페레Paul Pairet는 '식사란 곧 예술적 퍼포먼스'라는 아이디어를 현실화하기 위해 극장과 같은 공간 연출과 프로젝션 매핑, 향기, 음악, 조명 등을 적극 활용했다. 이곳을 방문한 손님들은 눈으로만 음식을 즐기는 것이 아니라, 귀로 듣고 코로 맡고 피부로 느끼고, 나아가 마치 한 편의 공연을 보는 듯한 몰입감을 느끼곤 했다. 이는 식사의 완성은 음식만이 아니라, 공간이 자아내는 분위기와 이야기 구성에 달려 있다는 것을 업계와 소비자 모두에게 각인시키는 계기가 되었다.

　그러나 몰입형 다이닝은 단숨에 대중화되거나 다양한 형태로 퍼지지는 않았다. 흐름을 만든 울트라 바이올렛 또한 2025년에 문을 닫았다. 극도로 실험적인 성격, 높은 비용 구조 그리고 주 고객층인 하이엔드 미식가들의 관심사 변화 등으로 주춤했던 시기도 있었다. 그러다 최근 몰입형 다이닝이 다시 각광받기 시작했는데, 몇 가지 이유를 들 수 있다.

　첫째, 기술의 발전으로 적은 비용으로 다양한 연출 효과를 구현할 수 있게 되었다. 프로젝션 매핑, 인터랙티브 디스플레이, 증강현실AR 등은 울트라 바이올렛이 영업을 했을 때보다 훨씬 진화했고, 운영 측면에서도 안정적 인프라를 구축할 수 있게 되었다. 둘째, 소비자들의 라이프스타일이 '경험 중심'으로 급격히 이동했다. 명품이나 유명 브랜드를 과시적으로 소비하던 행태에서 벗어나 '인생에서 기억에 남을 체험'을 추구하는 가치소비 트렌드가 강해지면서 오감 체험을 극대화하는 몰입형 다이닝의 매력이 재조명되기 시작했다. 셋째, 소셜미디어와 미디어아트가 결합되면서 자신의 경험을 공유하려는 욕구가 몰입형 다이닝을 활성화하는 새로운 동력이 되었다.

　이처럼 세계의 외식업 시장이 몰입형 다이닝의 가치에 눈뜨고 있는 가운데, 파리에서는 실험적 레스토랑 한 곳이 주목을 받고 있다. 아티카Atica가 바로 그 주인공이다.

▶ 아티카의 외관. 화려한 장치 대신 차분하고 정제된 공간 설계를 통해 몰입형 다이닝이 감각의 과잉이 아니라, 절제된 집중으로 경험될 수 있음을 보여준다.

'몰입형 다이닝'을 다시 쓰다: 아티카의 전략

아티카는 흔히 말하는 '인터랙티브 다이닝'의 문법을 따르지 않는다. 이곳은 감정의 리듬을 섬세하게 설계한 정서적 무대다. 몰입을 자극하기보다 조율하고, 시끄러운 효과 대신 조용한 흐름으로 감각을 이끈다. 아티카는 팀랩 스타일의 화려한 미디어아트나 시각 과잉 대신, 공간 전체를 감싸는 영상 시퀀스, 정제된 사운드 그리고 감정을 향해 유입되는 이미지의 흐름을 통해 감각을 유려하게 연주한다.

안으로 들어서면, 심심하다고 느낄 정도로 차분한 사면 스크린과 영상만이 고객들을 맞이한다. 그러나 테이블을 둘러싼 사면 스크린은 단순한 디지털 영상이 아닌 '감정의 무대'다. 다이버가 촬영한 수중 장면, 해안 마을 주민이 기록한 서정적 다큐, 유네스코와 협업한 생태 필름 등은 추상적 미디어가 줄 수 없는 정서적 현존감을 만들어낸다. 단지 보는 것이 아니라 그 안에 머무는 것. 아티카는 이 감각을 구현하기 위해 기술을 사용한다.

이곳에서 기술은 전면에 나서지 않는다. 프로젝션 매핑, 센서 기반 인터랙션, AR 콘텐츠는 모두 감정의 흐름을 방해하지 않는 수준에서만 작동하며, 디지털은 과시적 장치가 아니라 정서의 배경으로 정교하게 배치된다. 아티카에서 기술은 스토리텔링의 수단이자, 감각을 해석하는 도구로서 조용히 작동한다.

방문객의 동선 또한 극장의 무대처럼 설계된다. 식사 전 프라이빗 라운지에서 셰프나 소믈리에가 오늘의 테마를 소개하고, 손님은 안내에 따라 다이닝홀로 이동한다. 무대와 객석의 구분은 사라지고, 경험은 퍼포먼스의 일부가 된다.

아티카는 이러한 몰입 구조를 단지 공간이나 미디어 연출에 소비하지 않는다. 테이블에 부착된 센서를 통해 손동작, 표정, 섭취 속도 등을 기록하고 분석해 향후 코스 기획과 공간 구성에 반영한다. 감정 기반 데이터를 바탕으로 재방문 시에는 개인화된 코스와 맞춤형 경험을 제안할 수 있도록 설계되어 있다. 아티카는 '식사를 통한 감정 분석 플랫폼'이라는 새로운 형태의 구조를 구축하고 있는 셈이다.

콘텐츠 구조 또한 정체되지 않는다. 아티카는 분기마다 테마를 새롭게 기획한다. 지역 서사, 자연의 리듬, 문화적 감성을 중심으로 메뉴와 영상, 플레이팅, 음료 등을 새롭게 구성하며, 각각의 요리는 명확한 하나의 주제와 스토리텔링 아래 통합적인 시퀀스로 기능한다. 이는 몰입형 다이닝을 오프라인이자 감각적 미디어 플랫폼으로 발전시키는 진화된 운영 모델이다.

무엇보다 인상적인 점은 이 모든 감각적 몰입이 놀라울 만큼 차분한 분위기에서 이루어진다는 것이다. 아티카에서 고객들은 격렬하지는 않지만 깊은 감정을 느낀다. 아티카의 창립자 람지 사드Ramzi Saade는 이렇게 말했다.

"처음부터 디즈니랜드식 화려한 몰입이 아닌, 정서적 여운을 남기는 공간을 만들고자 했다."

©Atica

아티카의 몰입형 디너는 시각적 쇼가 아니라 음식의 서사를 확장하는 장치다. 계절과 자연, 재료의 기원을 감각적으로 체험하게 하며, 손님을 '맛본다'에서 '체감한다'로 이동시킨다. 아티카는 감각의 과잉이 아닌 서정적 내러티브로 몰입을 설계해 몰입형 다이닝의 새로운 전략을 제시한다.

©김양아

그리고 그 철학은 이곳에서 정확하게 실현되었다.

아티카의 혁신은 '몰입'을 재정의하는 데서 시작된다. 화려한 비주얼 쇼 대신 감정의 정밀도를, 순간적 자극 대신 지속되는 여운을 선택했다. 아티카는 몰입형 다이닝이 '무엇을 제공하는가'를 넘어 '어떤 정서적 여정을 설계해야 하는가'를 보여준다. 결과적으로 손님들은 메뉴가 아닌 감정의 궤적을 기억한다. 손님은 '무엇을 먹었는가'보다 '어떤 감정을 느꼈는가'를 기억하고, 그 여운은 브랜드에 대한 신뢰와 재방문이라는 구체적 행동으로 이어진다.

나는 20년 넘게 브랜드 경험을 설계하며 경험의 정서적 깊이가 신뢰와 지속 가능성의 핵심이라는 사실을 수없이 확인해 왔다. 아티카는 이 원리를 미학적 장식이 아니라 서사와 운영 방식의 언어로 구현한 드문 사례다. 수많은 '몰입형' 프로젝트가 시각적 스펙터클에 예산을 쏟아 '와우' 효과를 노릴 때, 이들은 서비스의 간격, 조명의 변화, 스토리의 전개 방식을 정교하게 조율했다. 결과는 숫자로 말한다. 재방문율 85%, 예약 대기 3개월, 객단가 상승률 연 40%. 새로운 레스토랑을 넘어 감각 기반 경험 비즈니스의 전략적 분기점을 보여주는 이정표라 할 수 있다.

아티카가 실험하는 것은 단순히 기술과 미식의 결합이 아니다. '메뉴 중심 모델'을 '서사 중심 플랫폼'으로 전환하는 것이다. 파인 다이닝과 콘텐츠 산업의 경계를 허물며, 감정의 여정을 상품화한다. 이 방식은 단순 만족을 넘어 정서 기반

- 여기서 말하는 생애가치란, 한 브랜드가 고객의 감정 구조에 얼마나 깊이 접속하고 정서적 기억을 얼마나 축적하느냐에 따라 확장되는 장기적 관계 자산을 뜻한다. 감각 콘텐츠가 주기적으로 갱신될 때, 고객은 단발적 경험자가 아니라 시리즈의 일부로 참여하게 되며, 이는 반복 방문, 확장된 소비, 추천으로 이어지는 복합적 가치로 전환된다.

충성도와 생애가치Life-Time Value, LTV*를 가장 세련된 형태로 축적한다.

아티카가 보여준 것은 명확하다. F&B는 더 이상 '먹는 산업'이 아니라 '경험 산업'이다. 미래형 F&B의 핵심은 '감각을 수익으로 전환하는 능력'이다. 아티카가 증명한 것처럼, 고객은 음식이 아닌 2시간의 정서적 여정에 기꺼이 프리미엄을 지불한다.

성공의 조건은 명확하다. 첫째, 시각적 자극보다 감정의 지속성에 투자할 것. 둘째, 일회성 경험이 아닌 재방문을 유도하는 서사를 설계할 것. 셋째, 기술을 목적이 아닌 수단으로 활용할 것.

앞으로의 레스토랑은 세 가지 형태로 분화될 것이다. 효율을 추구하는 대중 브랜드, 감각을 큐레이팅하는 프리미엄 브랜드 그리고 경험 자체를 상품화하는 울트라 프리미엄 브랜드. 세 번째 카테고리가 전체 시장의 5%에 불과해도, 수익의 30%를 차지하게 될 것이다.

결국 질문은 하나다.

'당신의 브랜드는 무엇을 파는가? 음식인가, 서비스인가, 아니면 고객이 돈을 지불하고 싶어 하는 특별한 시간인가.'

감각을 자본으로 전환하는 브랜드가 분명 차세대 시장을 이끌어나갈 것이다.

| Big Mamma |

빅마마, 파리 외식업계의 이탈리아 요리 스타트업

파리라는 도시의 특징을 하나만 꼽는 건 불가능하겠지만, 그중에서도 두드러지는 것은 미식에 대한 자부심이 남다르다는 사실이다. 어느 골목에나 맛있는 빵집과 레스토랑이 있고, 미슐랭 스타 셰프들이 앞다투어 예술적인 요리를 선보인다. 그 치열한 무대에서 외식 산업에서 보기 힘든 스타트업 구조와 이탈리안 요리로 승부를 건 곳이 있다. 바로 '빅마마Big Mamma'다. 미식의 진검승부가 벌어지는 파리 한복판에서 빅마마는 어떻게 사람들의 마음을 사로잡은 것일까? 결과부터 말하면 2015년에 문을 연 빅마마는 10년 만에 파리에 6개 매장을 냈고, 프랑스, 영국, 독일, 스페인, 벨기에, 모나코 등지로 발을 넓혀 20개 이상의 매장을 운영하고 있다.

파리의 레스토랑에서 정통 이탈리아를 재현하다

빅마마에 들어서면 이탈리아 특유의 정취를 파리 도심에 그대로 옮겨놓은 듯한 공간이 눈길을 사로잡는다. 매장마다 다른 이름과 테마를 내세우는 것이 특징인데, 어떤 곳은 남부 시칠리아 해안의 낭만적인 바다 풍광이 연상되고, 어떤 곳은 막 따온 신선한 재료와 어울리는 소박한 농촌 마을 분위기를 자아낸다. 이처럼 '정통성'과 '테마성'을 극대화한 연출에 파리지앵들이 반응했다. 그들은 미식에 대한 자부심과 취향이 남다르지만 매장에 들어서는 순간 식사하러 왔다는 사실을 잊어버리고 휴대폰을 꺼내 공간 곳곳을 기록하기 바쁘다.

빅마마는 이탈리안 정체성을 단순히 표면적 요소가 아닌 매장 전반에 녹여내 프랑스 현지인과 관광객 모두에게 신선한 충격을 던졌다. 맛이라는 본질적인 가치와 공간 연출이라는 감각적 경험이 상승 작용을 일으켜 빅마마는 유럽을 대표하는 이탈리안 레스토랑 체인으로 자리매김했다.

빅마마의 비즈니스 모델 엔진: 시스템, 수익 구조, 투자

그렇다고 빅마마가 보여주는 정통성이 인테리어나 분위기에만 의존하는 것은 아니다. 빅마마의 비즈니스 모델은 크게 세 가지 축을 중심으로 운영된다.

첫째는 공급망 최적화다. 이들이 가장 공을 들이고 집착하는 것은 식재료의 품질이다. 이를 위해 이탈리아 현지의 소규모 생산자, 치즈 공장, 와인 농장 등 200여 곳과 직접 거래해 최상의 재료를 대량으로 들여오는 공급망을 구축했다. 일반적인 레스토랑은 중간 도매상을 거치는 터라 재료의 원가가 높아지거나 품질이 들쑥날쑥하기 쉬운데, 빅마마는 중간 유통업체를 거치지 않는 직거래 방식으로 비용 절감과 품질 관리를 동시에 달성하고 있다.

◀
빅마마는 물리적 공간을 통해 손님에게 일상에서는 느낄 수 없는 '여행의 설렘'을 선사한다. 이탈리아 현지에서 들여온 재료와 전통 레시피가 결합되면서, 그 공간은 단순한 식당을 넘어 '정통 이탈리아를 체험하는 무대'가 된다.

여기에 아날로그와 디지털을 결합한 공급망 관리 시스템이 더해진다. 밀라노와 나폴리에 2개의 물류 센터를 설립해 이탈리아 전역의 생산자들과 긴밀히 연결되는 한편, 유럽 곳곳에 위치한 매장에도 신선한 식재료를 신속하게 배송할 수 있다. 최근에는 재고와 배송 최적화를 한층 정교하게 관리하고 고객의 온라인 주문에 대응하는 디지털 전환digital transformation에도 속도를 내고 있다. 빅마마 어느 지점을 가더라도 이탈리아 할머니의 손맛이 느껴진다는 평가를 받고 있는 것은 이처럼 탄탄한 물류 시스템 덕분이다.

둘째는 경험 가치의 극대화다. 고객들은 빅마마가 제시하는 가격이 고급 레스토랑 치고 꽤 합리적이라며 만족감을 드러낸다. 맛은 물론이고 분위기, 재미, 독특한 이야기를 모두 제공하기 때문이다. 빅마마는 한 끼 식사만을 위해 존재하는 식당이 아니다. 이들은 고객이 매장에 들어서는 순간부터 나갈 때까지의 모든 과정을 '브랜딩'과 '스토리텔링'으로 채운다. 인테리어 디자인부터 메뉴 네이밍, 서빙 과정에 이르기까지 하나하나에 그 매장의 독창적인 컨셉을 녹여내 고객에게 '이곳은 특별하다'라는 감각을 느끼게 한다. 모두 경험 가치에 대한 지불 의사를 높이는 요인이다. 인상 깊은 경험은 고객 로열티로 이어지고, 이는 재방문율을 높여 자연스럽게 매출로 이어진다.

셋째는 투자 유치와 확장 전략이다. 빅마마는 스스로를 '외식 스타트업'이라 부르며 초기 단계에서부터 엑셀러레이터나 벤처캐피털VC과의 접점을 모색했다. 전통적인 레스토랑과는 대조적인 행보다. 실제로 이들은 스타트업과 투자사를 연결해주는 플랫폼이나 네트워크 행사에도 꾸준히 참석하며 레스토랑 업계에선 이례적으로 투자자들과 활발히 교류하기도 했다. 투자자들에게 수익 모델과 확장 로드맵을 구체적으로 제시해 신뢰를 쌓으면서 해외 진출을 위해 추가 투자를 모색하는 것이다.

스케일업scale up 과정에서 중요한 건 자금을 조달하는 것만이 아니다. 레스토랑이 새로운 지역에 진출할 때 적합한 입지를 찾아 인테리어를 완성하고, 해당 지역의 미식 문화를 분석해 메뉴를 최적화하는 데에도 상당한 비용과 시간이 든다. 빅마마는 이 과정 또한 '오프라인에 진출하는 스타트업'의 시각으로 접근한다. 기존 지점을 모델하우스 삼아 새로운 지점의 시장성을 빠르게 검증한 뒤 성공 패턴을 반복 구현하는 식이다.

빅마마 그룹은 각 레스토랑을 단순한 매장이 아닌, 전략적 실험실처럼 운용한다. 한 지점에서는 신메뉴를 제한적으로 선보여 고객 반응을 살피고, 다른 지점에서는 향후 오픈할 매장의 인테리어 모티프를 일부 선제적으로 구현해 반응을 관찰한다. 이렇게 축적된 데이터를 통해 '무엇이 통하는지'를 정밀하게 분석한 뒤 다음 지점에서는 전혀 다른 분위기의 공간 안에 검증된 성공 요소들을 은밀히 탑재한다. 이때 실패 위험을 낮추고자 온라인 정보를 수집하는 것은 물론이고, 현지 컨설턴트나 유통망, 미식 인플루언서 등과 협력해 미리 브랜드 인지도를 구축해둔다. 이런 스타트업식 성장 로드맵을 택한 덕에 빅마마는 기존 레스토랑 체인이 더디게 확장하는 와중에도 단숨에 여러 대도시에 깃발을 꽂을 수 있었다.

스타트업식 운영과 확장으로 혁신을 주도한 레스토랑

빅마마가 파리를 넘어 유럽 여러 도시로 확장하는 과정을 보면, 일반적인 레스토랑 체인에서는 찾아보기 힘든 전략적 행보가 곳곳에서 눈에 띈다.

외식업계에서는 하나의 매장이 성공하면 지점을 늘리는 경우가 흔한데, 전통적인 방식은 본점의 컨셉과 인테리어를 그대로 복제하면서 셰프나 서비스 팀만 새롭게 육성하는 것이다. 이렇게 하면 브랜드 일관성이 유지된다는 장점이 있다. 하지만 그러다 보면 '브랜드 일관성을 유지하기 위해 모든 매장이 비슷해지는' 역설에 빠진다. 어디를 가든 익숙함이 지나쳐 재미가 없어지는 것이다. 하지만 빅마마는 지점마다 전혀 다른 컨셉과 메뉴를 제공하면서도 비즈니스 핵심 정체성인 '정통 이탈리아 재료+민첩한 운영'이라는 프레임을 유지한다.

이때 작동하는 것이 바로 스타트업 특유의 '데이터 기반 의사 결정'이다. 빅마마는 자체 결제 플랫폼 선데이Sunday를 통해 결제 및 고객 데이터를 수집하고 있으며, 메뉴 선호도와 고객 피드백을 중심으로 데이터 기반 의사 결정의 범위를 점

◀
빅마마의 오픈 키친은 요리가 완성되는 순간을 손님과 공유하는 무대다. 신선한 재료가 즉석에서 조리되고, 셰프와 손님의 거리가 사라지면서 '먹는 경험'이 '보는 즐거움'과 결합한 하나의 공연이 된다.

차 확대하고 있다. 다만 매출, 예약, 재고, SNS 데이터까지 아우르는 고도화된 통합 모니터링 시스템은 현재 구축 단계로, 향후 디지털 경쟁력 강화를 위한 과제로 남아 있다. 이렇게 빠른 실험과 빠른 포기가 가능하기에, 빅마마는 트렌드가 들썩이는 속도에 맞춰 지점 운영 방식을 변주할 수 있다.

요식업은 미래 소비 비즈니스가 될 수 있을까

빅마마는 장기적으로 봤을 때 단순한 레스토랑 체인에 머무르지 않을 가능성이 크다. 이들은 이미 배달 서비스나 온라인 콘텐츠, 이벤트 기획 등으로 실험을 해왔으며, 이탈리아 식재료 자체를 브랜드화해 판매하는 방안도 충분히 추진할 수 있다. 즉 '오프라인 매장'이라는 물리적 한계를 뛰어넘어 미식과 문화를 결합한 종합 플랫폼으로 진화하는 것도 가능하다는 뜻이다. 이것이 빅마마에서 발견할 수 있는 미래 소비 비즈니스의 방향성이다. 고객이 어디에 있든 빅마마라는 브랜드와 경험을 연계해 즐길 수 있도록 하겠다는 발상은 흔히 말하는 옴니채널Omnichannel 전략과도 닮아 있다.

빅마마의 비즈니스 모델을 보면 자연스럽게 한국 시장이 떠오른다. 한국에 빅마마가 진출한다면 성공할 수 있을까? 한국은 외식 문화가 발달했고, 트렌드에 민감한 고객도 많으므로 빅마마가 추구하는 '감각적 공간 디자인'과 '스토리텔링'은 매력적인 요소가 될 수 있다. 특히 SNS와 바이럴 마케팅이 활발한 시장이므로 빅마마 특유의 인테리어와 음식

2장. 미식

사진이 소셜미디어를 타고 빠르게 확산할 가능성도 높다. 물론 한국의 외식업계는 경쟁이 치열하지만 새로운 경험에 열광하는 소비자층이 두터운 것도 성공 가능성에 힘을 더한다. 빅마마가 지향하는 '축제 같은 식사', '정통 재료와 디지털 혁신의 결합', '합리적 가격으로 즐기는 감각적 경험' 등은 한국 대중에게도 충분히 매력적으로 다가올 것이다.

다만 이 모든 전략이 한국의 로컬 문화와 음식 취향을 존중하고, 배달, SNS 마케팅, 오프라인 체험이라는 삼박자를 고루 맞출 수 있어야 한다는 전제 조건이 있다. 앞에서 언급한 '데이터와 브랜딩 그리고 스토리텔링'을 얼마나 입체적으로 활용하느냐가 관건인 셈이다. 시장의 문턱이 높고 소비자의 눈높이가 까다롭다는 특성이 오히려 빅마마에게는 기회 요인이 될 수도 있다.

만약 빅마마의 감각과 강력한 실행력이 제대로 구현된다면, 한국의 이탈리안 레스토랑 지형도에 또 한 번 혁신이 일어날지도 모른다. 그 결과가 어떻든 요식업을 스타트업 마인드로 접근한다는 개념 자체가 한국 시장에 새로운 자극을 줄 것은 분명하다. 혁신과 전통이 어우러진 빅마마의 도전은 파리를 넘어 전 세계 여러 도시에서 '외식업 스타트업'이 자리 잡을 수 있다는 희망을 보여주었다.

3장.   예술과 브랜드
새로운 감각의 소비를 주도하다

예술은 이제 미술관에만 머물지 않는다. 오늘날의 예술은 호텔에, 리테일에 그리고 브랜드 전략에 스며들며 새로운 감각의 소비를 이끈다. 이 장에서는 '예술이 공간을 변화시킬 때' 그리고 '예술이 브랜드가 될 때'의 장면들을 조명하며 브랜드의 확장 전략을 모색한다.

| Hauser & Wirth |

하우저앤워스,
예술 유통 구조를 새롭게 설계하다

하우저앤워스Hauser & Wirth는 현재 세계에서 가장 영향력 있는 현대미술 갤러리 중 하나다. 특히나 이들은 '화이트 큐브 white cube gallery'로 대표되는 전통적인 갤러리의 틀을 넘어 예술 유통 구조 자체를 전략적으로 재설계한 선구자로 자리매김하고 있다. 스위스에서 시작한 이 갤러리는 뉴욕, 런던, 홍콩, LA를 거쳐 스코틀랜드에 '파이프 암스Fife Arms'라는 호텔을 열었다. 이 호텔은 작품을 소장하지 않고도 예술을 삶 속에 끌어들이는 예술과 호스피탈리티의 융합 가능성을 실험하는 입체적이고 선도적인 전략 모델이다.

  사실 갤러리가 호텔을 만드는 것은 더 이상 새로운 뉴스거리가 아니다. 이미 루브르와 리츠 파리, 라파예트 재단 등 갤러리와 호텔 간 다양한 협업 사례가 있지 않은가. 하지만 이 흐름을 누구보다 먼저 감지하고, 입체적이고도 전략적인 모델로 구체화한 곳이 바로 하우저앤워스다. 이들이 호텔이라는 플랫폼에 주목한 이유는 미술 시장의 고질적 불확실성 때문이다. 작품 판매의 변동성과 경기 변화라는 두 가지 리스크를 전략적으로 완화하기 위해 호스피탈리티의 '체류 경험'

브래머라는 위치는 단지 아름다운 풍경 때문이 아니라, 브랜드 전략상 정교하게 설계된 입지 선택이라는 점에서 주목할 필요가 있다. 이곳은 한때 유럽 귀족의 사냥터였고, 지금도 유럽 상류층의 은밀한 휴식처로 기능한다. 하우저앤워스는 여기에 예술적 콘텐츠를 결합해 단순한 지역재생을 넘어 문화적 장소성과 브랜드 세계관을 함께 구축하는 방식으로 접근한다. 아무도 주목하지 않던 장소에 정체성을 부여하고, 그 위에 예술과 경험의 생태계를 조성하는 것. 이것이 하우저앤워스가 보여주는 새로운 문화적 영토 확장의 방식이다.

©Sim Canetty-Clarke

을 활용해 새로운 고객에게 브랜드 정체성과 가치를 꾸준히 전파하는 구조를 만들어낸 것이다.

예술과 살아보는 하룻밤을 선사하는 파이프 암스

스코틀랜드 하이랜드의 작은 마을 브래머Braemar. 장대한 산맥과 침엽수림으로 둘러싸인 이곳은 오랫동안 유럽 귀족의 사냥터이자, 왕실의 휴양지였다. 이 고전적인 장소에서 하우저앤워스는 전혀 새로운 차원의 실험을 시작했다. 19세기 빅토리아풍의 폐호텔을 복원해 '거주하는 예술'이 가능한 구조로 전환한 것이다. 그 결과가 바로 파이프 암스다. 이 호텔은 단순한 관람 대상에서 벗어나 일상의 공간을 능동적으로 설계할 수 있음을 증명하는 선도적 사례이자, '살아보는 예술, 머무는 전시'라는 개념을 공간과 브랜드 전략에 실질적으로 적용한 하우저앤워스의 통합 실험이다.

이 호텔이 특별한 이유는 '예술 작품이 있는 공간'이기 때문만이 아니다. 갤러리나 호텔이 미술품을 배치하는 사례는 매우 흔하다. 파이프 암스는 애초부터 예술을 공간에 삽입하는 것이 아니라, 공간을 예술 경험의 흐름에 따라 재편하는 방식으로 설계되었다는 점에서 전략적 방향성이 분명히 구분된다. 작품을 보는 행위에 그치지 않고, 그 속에서 머물고 반응하게 만드는 체류 중심의 예술 경험을 설계했다는 점에서 기존 아트 호텔과는 뚜렷이 구별되는 것이다.

외관은 지역성과 고전적 미감을 유지하면서도, 객실과

로비, 라운지, 레스토랑, 복도, 계단, 벽난로에 이르기까지 내부의 모든 공간은 기능별로 분절되지 않고, 서로 다른 장면이 하나의 예술적 서사로 이어지도록 설계되어 있다.

브루스 나우먼Bruce Nauman의 조각부터 스코틀랜드 민속화, 알베르토 자코메티Alberto Giacometti, 루이즈 부르주아Louise Bourgeois, 루시안 프로이트Lucian Freud의 초상화까지 1만 6,000점에 달하는 예술 작품이 호텔 전면에 걸쳐 배치된 구성은 예술을 단순한 관람의 대상이 아니라, 브랜드 정체성과 체류 경험을 연결하는 전략적 매개 장치로 전환한 결과다.

투숙객은 단순히 작품을 '보는' 것이 아니라, 그것과 함께 잠들고, 아침을 맞이하며, 하루를 보낸다. 일부 객실은 특정 작가가 직접 큐레이션하거나 설치한 인스톨레이션 룸으로 운영되며, 아티스트 레지던시 프로그램과 지역 예술가와의 협업도 상시적으로 이뤄진다. 공용 공간 곳곳에는 뱅크시Banksy, 리차드 롱Richard Long, 길버트 앤 조지Gilbert & George와 같은 세계적인 작가들의 작품이 전시되어 있으며, 그와 동시에 마을의 역사와 지역적 정체성을 담은 오브제와 자료들이 예술적 큐레이션의 중요한 축을 이룬다.

하우저앤워스는 파이프 암스를 통해 예술을 단지 벽에 걸고 조명하는 대상에서 벗어나 감각의 밀도로 구조화하고 일상의 동선에 촘촘히 녹아드는 방식으로 재구성한다. 호텔 로비에서 마주치는 영상물, 계단참의 드로잉, 아침 식사 공간의 커미션 페인팅은 모두 전시가 아닌 일상에서의 접촉

▼
파이프 암스의 인디아 스위트는 단순히 고풍스러운 객실이 아니라, 시간과 취향이 층위처럼 쌓여 하나의 서사를 이루는 공간이다. 창밖으로는 브래머의 거친 자연과 전통적 마을 풍경이 펼쳐지고, 내부에는 서로 다른 문화적 요소들이 중첩되어 손님에게 단순한 숙박을 넘어 과거와 현재, 현지성과 세계성이 교차하는 '체험적 무대'를 제공한다.

▶
파이프 암스의 스태프는 커스텀 타탄 체크와 트위드 유니폼을 착용한다. 단순한 드레스 코드가 아니라, 브래머의 전통과 하이랜드 문화적 유산을 브랜드의 정체성 안으로 끌어들이는 장치다. 이를 통해 호텔은 직원의 모습까지도 공간 경험의 일부로 확장하며, 손님에게 지역성과 장소성을 오롯이 체감하게 한다.

©Sim Canetty-Clarke

점이다. 이곳에서 경험하는 예술의 밀도는 때로는 기존 미술관보다 더 깊고 직접적이다. 관객은 더 이상 작품을 바라보는 '방문자visitor'가 아니라, 예술이 구축한 세계 속의 '거주자resident'로 전환되기 때문이다.

 이 전략은 균형 감각 면에서도 탁월하다. 파이프 암스는 예술적 실험인 동시에 상업적 모델이며, 럭셔리 체류 경험이면서도 공공 프로그램을 포괄하는 무대다. 예술성과 수익성, 체류성과 감상의 균형을 유지하며 하나의 브랜드 정체성 아래 이질적인 요소들을 정교하게 연결해낸다. 감각적 설계가 브랜드 철학으로 작동하고, 환대가 큐레이션으로 이어지는 구조다. 하우저앤워스는 파이프 암스를 통해 예술, 공간, 삶, 브랜드, 호스피탈리티를 하나의 시스템으로 통합한다.

 호텔의 운영 방식 또한 이러한 철학과 전략의 연장선 위에 있다. 일상적 호텔 운영은 전시 팀과 큐레이터의 긴밀한 협업을 기반으로 하며, 투숙객에게는 아트맵, 객실별 작품 해설, 큐레이터 동반 투어, 예술 워크숍 등 다층적 프로그램이 제공된다. 투숙객은 단순히 머물다 가는 소비자가 아니라, 브랜드가 설계한 세계관에 적극적으로 참여하는 존재로 재정의된다.

 이러한 전략은 하우저앤워스가 브랜드의 세계관을 일회적인 전시 이벤트에서 벗어나 사용자의 일상에 반복적으로 축적되는 체류 경험으로 전환했음을 보여준다. 파이프 암스는 '예술을 감상하는 공간'이 아니라 '예술과 함께 머무는 구조'를 구현함으로써 예술적 정체성과 호스피탈리티, 브랜드와 일상의 접점을 하나의 체험 시스템 안에 유기적으로 통합한 실행 모델이다.

비도시적 예술의 가능성을 실험하다

하우저앤워스가 파이프 암스를 하이랜드에 세운 선택 역시 눈여겨볼 필요가 있다. 브래머는 유럽의 주요 문화 도시들과 물리적으로 멀고, 미술 시장의 중심축에서도 벗어난 지역이다. 그러나 바로 그 '비주류성'에 하우저앤워스의 전략적 의도가 담겨 있다. 파이프 암스는 도시가 아닌 지역을 브랜드 경험의 핵심 무대로 삼으려는 실험이자, 자연과 지역성 위에서도 브랜드의 철학과 미감을 일관되게 구현할 수 있음을 입증한 공간이다.

이 선택은 이미 하우저앤워스가 서머셋에서 진행했던 선행 실험과 궤를 같이한다. 영국 남서부의 시골 마을 브루턴Bruton에 조성된 '하우저앤워스 서머셋Hauser & Wirth Somerset'은 전시장, 정원, 레스토랑, 공공 프로그램이 유기적으로 연결된 복합 문화 공간이다. 2014년에 처음 문을 열었을 때 런던도, 뉴욕도 아닌 외딴 마을에 이 같은 시설이 들어섰다는 사실은 미술계에 적잖은 충격을 안겼다. 기존의 상업 갤러리 문법으로는 이해하기 어려운 시도였기 때문이다. 하지만 하우저앤워스는 감상의 방식 자체를 바꾸는 데 주저함이 없었다. 그들은 예술을 단기적 관람이 아닌, 반복적 체험을 통해 내면화되는 경험으로 재정의했고, 그 과정에서 브랜드와 소비자 사이에 보다 긴밀한 정서적 연결을 형성할 수 있었다. 불과 5년 뒤, 이 실험은 더욱 밀도 높고 고도화된 형태로 스코틀랜드 하이랜드에 파이프 암스라는 결과물로 확장되었다.

예술은 이제 전시장의 벽에 걸린 대상이 아니라, 일상의 삶과 맞닿은 생활의 일부로 존재한다. 바로 그럴 때, 예술은 브랜드와 더욱 정교하게 접목될 수 있다. 이러한 맥락에서 갤러리가 호텔을 만든다는 선택은 단순한 확장이 아니라, 브랜드의 본질을 새롭게 구성하는 일이 된다. 예술의 존재 방식을 다시 설계하고, 브랜드가 사람들과 관계를 맺는 방식을 근본부터 재정의하는 움직임인 것이다.

결국 하우저앤워스가 호텔을 짓는다는 것은 '예술을 전시하고 판매하는 갤러리'에서 '예술을 일상 속에 정착시키는 시스템'으로 나아가는 전환을 의미한다. 전시는 더 이상 한시적 이벤트가 아니라 공간 전체의 운영 방식 속으로 흡수되고, 감상은 특정한 순간이 아닌 체류하는 시간 전체의 경험으로 확장된다. 하우저앤워스는 이미 서머셋에서 예술, 지역성, 생태적 감수성을 유기적으로 연결하는 시도를 해왔으며, 그 결과는 단순한 아트 리조트가 아니라, 지역 생태계를 예술 중심으로 재편하는 구조화된 실험이었다.

파이프 암스는 하나의 호텔이자 자생적으로 작동하는 감각적인 문화 시스템인 동시에 브랜드가 도시라는 정해진 틀에 기대지 않고, 공간의 의미와 경험 방식을 스스로 정의할

하우저앤워스 서머셋 전경. 세계적인 조경가 피트 아우돌프(Piet Oudolf)가 설계한 정원은 단순한 풍경을 넘어 계절의 변화와 생태적 흐름을 전시 경험에 통합하는 장치로 기능한다. 이곳에서 자연은 배경이 아니라 예술과 나란히 서는 '또 하나의 작품'이 된다.

©Hauser & Wirth

수 있다는 가능성이기도 하다. 이는 그동안 내가 파리와 서울, 밀라노 등 도시 중심부에서 목격해온, 핵심 입지를 통해 브랜드의 가치를 극대화하는 방식과는 본질적으로 다른 접근이었다. 도시의 중심지를 점유하지 않고도, 브랜드가 공간의 쓰임과 체류 경험의 방향을 스스로 설계하고 통제하는 이들의 방식은 도시를 '활용하는' 것이 아니라 '다시 쓰는' 전략에 가깝다.

이 지점에서 하우저앤워스의 전략이 명확해진다. 그들은 단순히 갤러리를 운영하는 것이 아니라, 예술이 소비되는 방식 자체를 재설계하고 있다. 도시의 갤러리와 시골의 농장을 연결하고, 전시와 숙박을 결합하며, 감상과 체류를 하나로 묶는다. 이는 예술을 일회성 관람이 아닌, 지속적인 라이프스타일로 전환시키려는 전략적 선택이다.

이처럼 파이프 암스가 선보인 모델은 새로운 브랜딩 방식이자, 브랜드가 사람과 관계 맺는 방식 자체를 재구성한 구조다. 핵심은 이 구조가 수익 모델로서도 유효하다는 점이다. 예술이라는 생태계는 본질적으로 불안정하다. 미술 시장은 글로벌 정세와 경제 환경에 민감하게 반응하며, 작품 거래는 경매와 프라이머리 마켓의 흐름에 따라 크게 출렁이곤 한다. 하우저앤워스처럼 세계적인 규모의 갤러리조차 이 불확실성에서 자유롭기는 어렵다. 바로 이 지점에서 파이프 암스는 브랜드 운영 전략의 전환점으로 기능한다.

예술과 호스피탈리티, 서로의 리스크를 상쇄하는 수익 구조

파이프 암스는 미술 시장과 호스피탈리티 산업이라는 두 산업의 리스크 지형을 상호 보완하는 하이브리드 구조로 운영된다. 호스피탈리티는 반복성과 지속성을 전제로 하는 산업이다. 하루의 숙박으로 거두는 수익은 작품 한 점의 판매 수익보다 작지만, 그것이 반복되며 브랜드의 감각을 체험하게 한다면 장기적으로 훨씬 큰 결실을 기대할 수 있다. '예술 중심의 호텔'이라는 개념이 단지 컨셉의 차별화가 아니라, 예술이 체류 경험을 통해 수익을 창출하도록 하는 고도의 전략인 셈이다.

하우저앤워스는 파이프 암스를 통해 작품을 판매하는 대신 브랜드의 감도를 느껴보게 한다. 예술은 가격표 없이도 감각을 통해 설득력을 갖고, 브랜드는 그 경험을 반복적으로 설계함으로써 감각 기반의 충성도 sensory loyalty를 형성한다. 이 구조 안에서 고객은 단순히 소비자가 아니라, 브랜드의 세계관을 경험하고 살아보는 공동 설계자에 가깝다.

복도, 욕실, 조식 공간에서 마주치는 작품들은 모두 하우저앤워스가 설계한 감도 시스템의 일부이며, 투숙객들은 그 안에 머물며 공간 전반에 설계된 경험의 흐름을 통해 브랜드를 기억한다. 파이프 암스의 수익 구조는 이러한 감각 체류 기반의 브랜딩 전략을 전제로 설계되어 있으며, 단발적 전시보다 훨씬 지속 가능하고 반복 가능한 접촉점을 제공한다. 파이프 암스가 보여주는 본질은 이것이다. 예술은 더 이상 전시 형식만으로는 설득력을 갖기 어렵고, 브랜드는 이제 예술을 통해 체류 방식과 공간 경험 그리고 소비자들의 감각적 인지 과정을 유기적으로 연결하는 시스템을 구성해야 한다.

갤러리 호텔은 예술을 그저 '전시'하는 장소가 아니다. 예술은 브랜드 경험 안에서 실질적으로 기능하며, 사용자의 체류 경험과 감정에 영향을 미치는 핵심 경험 자산으로 작동해야 한다. 이 모델에서는 전시 기간의 한계가 365일 객실 상시 운영으로 극복되고, 갤러리 관람객이 숙박 고객으로 전환되며, 작품 구매 압박 없이도 객실료와 F&B로 수익이 발생한다. 예술과 상업의 경계가 사라지면서 새로운 수익 구조가 만들어진다. 갤러리 호텔이 예술을 위한 수익 모델이 아니라, 예술을 기반으로 한 수익 전략이 되는 것이다.

이는 호스피탈리티 산업에도 전혀 다른 전략적 지평을 연다. 감도의 큐레이션을 통해 브랜딩을 설계하는 방식, 고급 서비스나 인테리어가 아니라 리듬과 정서를 조직하는 능력이 호텔의 경쟁력을 결정짓는 시대가 올 것이다. 파이프 암스는 그 미래에 미리 가 있다. 환대라는 일상의 구조에 예술을 이식하고 그것을 '브랜드적 경험'으로 구축한다는 차원에서, 하우저앤워스는 예술성과 수익성, 체류 경험과 감각 설계를 하나의 구조로 통합하여 불안정한 예술 생태계 안에서 브랜드가 장기적인 수익 구조와 정체성 확장을 동시에 실현할 수 있음을 가장 명확하게 입증했다.

| Fondazione Prada |

폰다지오네 프라다,
브랜드가 문화 설계자로 거듭나는 과정

밀라노 남부, 도시 외곽의 오래된 증류 공장 터에 들어선 '폰다지오네 프라다Fondazione Prada'는 흔히 '프라다 재단 미술관'으로 알려져 있다. 하지만 이곳을 일반적인 형태의 미술관으로만 규정하기에는 부족하다. 이곳은 전시, 건축, 도시, 철학, 디자인이라는 다층적 영역을 프라다의 언어로 재해석한 전략적 문화 플랫폼이자, 브랜드가 자신들의 세계관을 실험하고 구현하는 독립적 문화 인프라다.

폰다지오네 프라다는 1993년에 설립되었지만, 2015년에 밀라노 포르타 로마노Porta Romano 지구에 새롭게 개관하며 본격적으로 존재감을 드러냈다. 이곳은 공식적으로 오픈하기 이전부터 웨스 앤더슨Wes Anderson의 독창적 큐레이션, 라파엘로 산치오Raffaello Sanzio부터 로버트 고버Robert Gober까지 시대를 넘나드는 작품 전시, '인류세'를 주제로 한 기획 등 동시대의 미감과 화두를 다루는 전시들을 선보이며 미술관의 관습적 한계를 과감하게 넘어섰다. 철학과 건축, 도시와 사회를 아우르는 포럼 역시 이곳의 기조를 강화하는 데 한몫했다. 건물 어디에도 프라다의 로고는 보이지 않지만, 방문자는 이곳에 발을 들이는 순간 본능적으로 감지한다. 이곳의 모든 구성은 브랜드를 드러내기보다, 미학과 세계관을 공간 안에서 자연스럽게 각인시키기 위해 설계되었다는 것을.

도시의 외곽에서 도시의 기억을 재해석하다

폰다지오네 프라다가 자리한 포르타 로마노 지구는 밀라노 중심과는 확연히 다른 결을 지닌 지역이다. 명품 브랜드의 플래그십 스토어와 관광객으로 붐비는 도심에서 멀리 떨어진 이곳은 한때 산업 시설과 창고가 밀집했던 잊혀진 변두리였다. 프라다가 이 지역을 브랜드의 문화 거점으로 선택한 이유는 단순히 부지 활용 차원이 아니라, 도시의 구조를 읽고 개입하려는 전략적인 움직임이었다.

대부분의 럭셔리 브랜드가 도시의 중심부를 선점하는 이유는 명확하다. 유동 인구, 가시성, 상징성 확보, 즉 소비의 밀도를 극대화하기 위한 자리 싸움이다. 그러나 프라다는 이 공식을 과감히 거부했다. 그들이 선택한 장소는 오랫동안 방치된 증류 공장이었고, 문화적 자산으로도 주목받지 않던 장소였다. 프라다는 이곳의 산업적 물성과 도시에서 지워진 역사성에 주목했고, 브랜드의 시선으로 이 공간을 재해석해 과거의 산업적 유산에 새로운 문화적 역할을 부여했다.

여기서 중요한 건 공간을 단순히 재단장했다는 것이 아니다. 프라다는 과거 산업 공간의 물성을 보존하면서도, 이를 현대적인 미감과 교차시켜 도시의 과거와 브랜드의 현재가

밀라노 포르타 로마노 지구의 잊혀진 공장 지대에 조성된 폰다지오네 프라다. 산업 유산을 보존하면서도 동시대적 감각을 불어넣은 이 공간은 도시 변방을 문화 중심으로 전환하는 프라다의 전략을 상징한다.

공존하는 독특한 장면을 만들어냈다. 철골과 콘크리트, 불규칙한 높낮이의 층고, 중첩된 건축적 볼륨은 그 자체로 전시적 장치이자, 브랜드를 해석하는 미학적 언어로 작동한다. 다시 말해 프라다는 도심의 틀에 브랜드를 맞춘 것이 아니라, 도시의 기억을 브랜드 전략의 일부로 흡수하고 재편한 것이다.

건축이 철학이 되는 순간: 렘 콜하스가 설계한 프라다의 언어

폰다지오네 프라다의 공간을 마주한 순간 가장 먼저 감지되는 건 '건축이 브랜드를 말하고 있다'라는 것이다. 그러한 인상은 과장된 조형미나 압도적인 규모 때문이 아니다. 오히려 반대다. 렘 콜하스Rem Koolhaas와 그의 건축 스튜디오 OMA는 특유의 절제된 개입과 의도적인 여백, 시선을 끊어내는 형태의 설계를 통해 방문자로 하여금 '보는' 대신 '탐색하는' 동선에 들어서도록 유도한다.

관람 동선은 안내문 하나 없이 시작된다. 어딘가에서는 천장이 갑자기 낮아지고, 벽은 어긋난 시야로 시선을 차단한다. 프라다와 렘 콜하스는 이러한 '불친절한 설계'를 통해 공간을 수동적으로 소비하는 관람자가 아닌, 능동적으로 해석하고 방향을 선택하는 사용자의 위치로 전환시킨다. 전시는 명확한 메시지를 제시하지 않고, 공간은 관람자에게 무엇을 느껴야 하는지 단정하지 않는다. 시선과 동선이 충돌하고 흔들리는 구조 속에서, 관람자는 자연스럽게 스스로 사유하는 흐름에 진입하게 된다. 그 모든 흐름이 의도된 설계이자, 하나의 전략이다.

프라다는 단순한 전시장을 원하지 않았다. 그들이 원한 것은 브랜드가 세계를 바라보는 방식 자체를 건축이라는 매체로 구현하는 일, 즉 프라다라는 브랜드의 철학을 '살아 있는 구조'로 전환하는 작업이었다. 이 요청에 가장 정확하게 응답한 인물이 바로 렘 콜하스다. 그는 버려진 증류 공장을 해체하지 않고 존중했다. 오래된 건물에 남겨진 산업적 흔적과 물성, 시간의 균열들을 그대로 존중함으로써 불완전함 속의 실험, 낯선 조합이 만드는 지적 긴장감, 아름다움과 불편함의 공존이라는 프라다의 세계관을 그대로 드러냈다.

대표적인 사례가 방문객들이 폰다지오네 프라다에서 가장 먼저 마주하게 되는 금빛 외벽의 '헌티드 하우스Haunted House'다. 단번에 눈길을 끄는 조형물처럼 보이지만, 실제로는 프라다의 미학과 철학을 입체적으로 담고 있는 전략적 장치다. 강렬한 금색 외관은 주변의 거친 콘크리트 건물과 충돌하면서 '과거의 물성'과 '현대적 해석'이 부딪치는 미학적 긴장감을 만들어낸다. 프라다는 이 대조적인 조합을 통해 브랜드가 추구해온 이질성과 충돌, 대비와 해체라는 브랜드의 핵심 미학을 시각적으로 구현해낸다.

렘 콜하스는 이렇게 말했다.

"건축은 삶의 구조이자 질문이다."

프라다는 자신의 철학을 명확하게 설명하는 대신 관람자가 스스로 해석에 도달할 수 있도록 유도한다. 이 전략적

금빛 외벽으로 상징되는 헌티드 하우스는 폰다지오네 프라다의 아이코닉한 건축물이다. 이는 단순한 전시 공간이 아니라, 브랜드가 예술·문화와 맺는 관계를 공간적으로 드러내는 장치다. 폰다지오네 프라다는 건축이 브랜드의 철학을 어떻게 구체화할 수 있는지를 보여주는 가장 명확한 사례 중 하나다. 여기서 중요한 것은 브랜드가 '무엇을 말하는가'가 아니라 그 철학이 '어떻게 경험되도록 설계되었는가'에 있다. 프라다는 건축이라는 매체를 통해 그 질문에 가장 밀도 높은 해답을 제시한다.

©김양아

'비명료성'은 브랜드가 하나의 단일한 메시지를 주입하기보다는 열린 해석의 가능성을 제안하는 방식으로 작동한다.

폰다지오네 프라다 베니스, 브랜드 감각을 확장하는 무대

프라다는 밀라노에 이어 베니스에도 폰다지오네를 설립했다. 두 도시를 기반으로 각각 다른 문화적 전략을 펼치는 이 중 거점 전략은 프라다의 브랜드 철학을 도시적 맥락 안에 입체적으로 구현하려는 의도에서 비롯된 것이다. 밀라노가 브랜드의 실험과 해석이 내부적으로 축적되는 문화적 실험실이라면, 베니스는 국제 예술 담론과 직결된 외부 확장의 무대이자 글로벌 영향력을 극대화하는 전략적 전초 기지다.

폰다지오네 프라다 베니스가 위치한 카 코르네르 델라 레지나Ca' Corner della Regina는 18세기 바로크 양식의 귀족 저택으로, 베니스 중심부에서 도시의 예술적 전통과 역사적 권위를 상징하는 공간이다. 프라다는 이 건축물의 외형을 유지하면서도 내부에는 동시대 예술, 건축, 젠더, 기술, 정치 등 다양한 주제를 다룬 실험적인 전시를 주기적으로 기획해왔다. 비엔날레 시즌에는 전 세계의 아티스트, 큐레이터, 컬렉터, 평론가들이 반드시 들르는 전시 공간으로 자리매김하면서 문화적 파급력을 가속화하고 있다.

이곳은 베니스 비엔날레라는 세계 최대 규모의 현대미술 플랫폼과 맞물리며 프라다의 전략을 펼쳐내는 핵심 거점이 되었다. 비엔날레가 열리는 동안 폰다지오네 프라다 베니스는 국제 미술계의 시선이 집중되는 가장 중요한 민간 전시 공간 중 하나다. 또 하나의 럭셔리 패션 그룹인 케어링 그룹 Kering S.A.의 '푼타 델라 도가나Punta della Dogana'의 활약도 대단해 비엔날레 시즌이 되면 프라다와 케어링 그룹은 세계 주요 언론, 아티스트, 평론가, 큐레이터들의 관심을 선점하고자 심혈을 기울인 기획과 전시 언어를 선보인다. 비엔날레가 치열한 큐레이션 경쟁이 벌어지는 무대이자, 럭셔리 브랜드들의 문화 전략이 맞부딪치는 장소가 되는 것이다.

폰다지오네 프라다 베니스는 단순한 문화 후원의 수준을 넘어 예술 생태계에 전략적으로 개입하는 브랜드의 역량을 확실하게 입증한다. 고전 건축이라는 상징적 권위 위에 현대미술의 최전선을 배치하는 이중 구조 속에서, 브랜드의 철학은 시각적 경험이 아니라 문화적 권위와 해석의 주도권으로 각인된다. 예술적 영향력과 국제적 위상은 그 결과이며, 이는 곧 브랜드가 단순히 '존재하는 것'을 넘어 세계 예술 담론에 능동적으로 작동하는 주체로 자리매김하고 있음을 보여준다.

밀라노가 브랜드 내부의 감각을 실험하는 밀도 높은 공간이었다면, 베니스는 그 실험을 세계 무대 위에서 검증하고 확장하는 전략적 출구다. 프라다는 밀라노와 베니스라는 서로 다른 조건에서 브랜드의 철학과 문화 전략을 입체적으로 구축하며 도시의 문화 생태계에 개입함으로써, 브랜드가 '문화 그 자체'로 기능할 수 있음을 강력하게 입증하고 있다.

©김양아

포르타 로마노 지구의 변두리에 위치한 폰다지오네 프라다를 걷고 관람하는 관객들의 풍경 자체가 프라다가 밀라노에서 보여주고자 하는 전략을 드러낸다. 산업 유산을 보존한 건축적 배경과 일상의 보행자 동선이 교차하는 이 장면은 도시의 변방을 새로운 문화 중심으로 재편하려는 프라다의 전략을 가장 구체적으로 시각화한다.

폰다지오네 프라다 베니스는 18세기 바로크 양식의 귀족 저택을 리노베이션한 공간으로, 건축의 역사성과 질감이 그대로 관람 경험을 규정한다. 이곳에서는 낡은 벽과 낮은 천장이 작품의 일부로 작동하며, 예술이 단순히 '보여지는 것'을 넘어 건축과 함께 '살아 있는 맥락으로 체험되는 것'으로 확장된다.

폰다지오네 프라다가 보여주는 본질적인 혁신은 브랜드가 제품이나 광고 없이도 공간을 통해 철학을 구현하고 메시지를 설계할 수 있다는 가능성을 입증했다는 점이다. 이는 브랜드가 고유의 해석 체계를 구축하고 소비자에게 능동적으로 사고할 기회를 제공하는 전략적 전환이다.

브랜드 공간의 진화, 제품이나 설명 대신 '해석의 구조'를 제시한다

프라다는 이 공간을 통해 '소비자는 브랜드를 어떻게 경험하는가'라는 질문 자체를 다시 쓴다. 관람자는 안내문 하나 없이 시작되는 전시를 직접 걷고, 스스로 해석하며 프라다가 의도한 질문과 철학적 태도에 스스로 도달한다. 제품이나 광고 없이도 브랜드의 메시지가 강하게 각인되는 이유는 그것이 '보여지는 브랜드'가 아니라, '경험으로 체득되는 브랜드'이기 때문이다.

프라다가 도시와 예술, 공간과 문화를 활용하는 전략 또한 눈여겨볼 필요가 있다. 프라다는 도시를 배경으로 활용하지 않는다. 장소가 지닌 역사적 레이어, 건축의 물성, 주변 문화의 흐름을 해석하고, 그 위에 브랜드의 철학을 의도된 개입을 통해 덧입힌다. 밀라노에서는 노출된 콘크리트와 철제 구조물, 공장 특유의 거친 결을 그대로 살려 사유의 실험실을 만들었고, 베니스에서는 바로크 양식의 대리석 계단과 아치 위에 동시대 담론을 덧입혀 전통과 현재가 충돌하는 긴장감 있는 장면을 연출했다. 프라다는 도시의 결을 해석하고, 그 안에 자신만의 언어로 개입함으로써, 공간 자체를 브랜드의 전략이 구현되는 플랫폼으로 전환시킨다.

그 결과 프라다는 로고나 제품이 아닌, 공간과 문화를 통해 기억되는 브랜드가 된다. 이는 럭셔리와 예술의 경계가 완전히 해체되는 순간이다. 브랜드가 예술의 후원자를 넘어 예술의 생산자가 되고, 예술이 브랜드의 장식을 넘어 브랜드의 본질이 된다. 폰다지오네 프라다는 이 융합의 정점을 보여준다. 도시와 예술, 관람자의 체험과 해석 속에 브랜드 철학을 자연스럽게 녹여낸다. 방문객은 전시를 보러 왔다가 프라다라는 세계관에 스며든다. 구매 없이도 충성도가 생기고, 판매 없이도 브랜드 가치가 축적된다.

프라다가 증명한 것은 명확하다. 21세기 럭셔리는 예술을 소유하는 것이 아니라, 예술 그 자체가 되는 것이다. 브랜드가 미술관이 되고, 미술관이 브랜드의 언어가 될 때, 상업과 예술의 구분은 무의미해진다. 이것이 럭셔리와 예술이 하나로 수렴하는 지점이며, 두 영역 모두가 향하는 미래다.

| Pinault Collection |

피노 컬렉션, 도시와 문화, 예술을 아우르는 럭셔리의 미래 모델

파리는 오래전부터 유럽 문화·예술의 중심지로서, 전 세계 브랜드와 크리에이티브 엘리트들이 끊임없이 몰려드는 도시다. 그런 파리의 심장부에 자리 잡은 '부르스 드 코메르스Bourse de Commerce'는 18세기부터 곡물 거래소로 사용된 건물로, 이 도시가 걸어온 경제 발전의 켜를 고스란히 간직하고 있다. 케어링 그룹의 창립자 프랑수아 피노François Pinault는 이 건물을 '피노 컬렉션Pinault Collection'이라는 예술 공간으로 재탄생시키며, 파리의 도시 문화 생태계에 큰 파장을 일으키고 있다.

피노 컬렉션은 그룹 오너의 방대한 개인 소장품을 전시하는 공간을 넘어 브랜드가 도시와 어떻게 공명하는지, 동시대 예술과 어떻게 소통하는지, 미래 소비에 어떤 방향성을 제시할 수 있는지 보여주는 프로젝트다. 세계가 주목하는 건축가 안도 다다오Ando Tadao가 리노베이션을 맡아 고풍스러운 건물에 미니멀리즘과 현대적 건축 언어를 구현했고, 파리를 방문하는 수많은 문화 애호가와 관광객은 그 안에서 과거의 유산과 미래 예술이 공존하는 럭셔리의 극단을 경험한다.

**역사적 건축을 매개로
럭셔리의 미래를
이야기하다**

부르스 드 코메르스는 한때 프랑스의 곡물 유통을 총괄하던 상징적 건축물이다. 둥근 지붕, 장식 요소, 벽면 곳곳에 새겨진 프레스코 등은 이 건물이 한때 파리 경제의 심장부였음을 웅변한다. 이 공간이 유물로 남지 않고 예술의 무대로 거듭난 것은 도시의 역사적 자산을 현대적 감각으로 재해석해 미래 가치로 전환하는 케어링 그룹의 브랜드 전략과 직결된다.

이 전략은 건축, 도시, 브랜딩이라는 세 가지 축에서 전개된다. 첫째, 건축적 측면이다. 건물의 원형은 보존하면서, 안도 다다오 특유의 간결하고 모던한 콘크리트 구조물을 삽입해 새로운 공간 경험을 창출한다. 파리에 이미 수많은 박물관과 예술 공간이 존재함에도 불구하고 부르스 드 코메르스가 각별히 주목받는 이유는 과거의 흔적과 현대의 건축이 물성과 미감의 대비 속에서 공존하도록 설계되었기 때문이다. 관람객은 낡은 석재 벽면에 남은 시간의 흔적과 날것의 콘크리트 벽이 자아내는 현대적 긴장을 동시에 체험하며 건축을 통해 과거와 미래를 한자리에서 사색하게 된다. 이러한 감각적 구성은 시간과 문화적 유산을 담은 장소를 전략적으로 전유해 브랜드의 미학을 드러내는 방식 자체가 럭셔리 전략이 될 수 있음을 보여준다.

둘째, 도시재생의 측면이다. 파리는 이미 관광과 문화가 꽃피운 대도시이지만, 역사적 건물 하나를 제대로 리노베이션해 현대 문화 예술 공간으로 만들 때 그 주변과 도시 전반에 미치는 파급 효과가 엄청나다. 관광객 증가, 지역 상권 활

◀
피노 컬렉션의 보금자리인 부르스 드 코메르스의 외관. 파리 중심에 위치한 도시의 기념비적 유산을 동시대 미술의 전시장으로 전환한 상징적 프로젝트다.

성화는 물론이고, 예술가, 큐레이터, 건축가, 디자이너 등 창조적 인력이 모이는 등의 다양한 효과가 이어진다. 이처럼 국가나 지자체가 아니라 글로벌 기업이 문화 인프라를 설계하고 운영하는 방식은 앞으로 더 많은 도시에서 전략적으로 시도될 것이다.

셋째, 브랜딩과 비즈니스 측면이다. 건물을 하나 세우는 것으로 브랜드 이미지가 극적으로 변화하기는 어렵지만, 건물이 도시의 역사, 문화, 예술과 연결되어 있으면 이야기가 달라진다. 케어링 그룹은 파리와 밀라노, 베니스 등 유럽 주요 예술 도시들의 문화적 정체성을 현대적으로 재해석하고, 이를 통해 자신들의 브랜드 세계관을 도시 전반에 걸쳐 확장하는 주체로 자리매김하고 있다.

앞서 살펴봤듯 프라다 그룹은 밀라노의 증류 공장 유적에 전위적인 예술 체험을 집어넣으며 '럭셔리가 도시를 어떻게 재정의할 수 있는가'라는 질문을 던졌다. 피노 컬렉션 역시 파리 시내의 곡물 거래소라는 역사적 공간을 현대미술의 주요 플랫폼으로 바꿈으로써 문화와 브랜드, 도시의 정체성을 하나의 세계관으로 엮어냈다. 이 과정을 통해 럭셔리 그룹들은 새로운 도시 서사를 창출하는 창조자로 자리매김하고 있다.

프랑수아 피노와 케어링 그룹, 예술 후원을 넘어 문화 생태계의 설계자로

프랑수아 피노는 구찌Gucci, 생로랑Saint Laurent, 발렌시아가 Balenciaga 등 수많은 명품 브랜드를 거느린 케어링 그룹의 회장이자, 유럽을 대표하는 현대미술 컬렉터다. 예술품에 대한 그의 폭넓은 식견과 열정은 케어링 그룹 전체의 문화 전략을 주도하는 원동력이기도 하다. 오너 개인의 미학적 감각과 취향이 기업을 움직이는 경우는 다른 럭셔리 브랜드에서도 찾아볼 수 있지만, 프랑수아 피노가 구축한 문화 생태계는 특히나 광범위하고도 깊다.

첫째, 대규모 작품 수집이다. 프랑수아 피노가 수년간 축적한 방대한 컬렉션이 그대로 케어링 그룹의 문화 프로젝트에 투입되면서, 도시와 관람객이 누릴 수 있는 예술적 스펙트럼도 급격하게 넓어졌다. 다른 기업이 후원이나 공익 차원의 일회성 전시를 여는 것과 달리, 프랑수아 피노는 자신의 컬렉션을 핵심 콘텐츠로 내세워 장기적 운영이 가능한 예술 공간을 설계했다.

둘째, 도시와 장소성이다. 피노 컬렉션이 들어선 부르스 드 코메르스 그리고 케어링 그룹을 대표하는 또 다른 문화예술 공간인 베니스의 푼타 델라 도가나 등은 단순한 전시장이 아니다. 역사적으로 중요한 건물을 선택하고 건축가와 함께 세심히 리노베이션해 그 장소가 담고 있던 시간과 이야기를 현대미술을 통해 재구성했다.

기존에도 럭셔리 브랜드가 설립한 미술관이나 문화기관은 많지만, 피노 컬렉션은 전시 방향성과 건축적 해석 그리고 운영 방식에서 차별화된다. 예컨대 루이비통 재단Fondation Louis Vuitton이나 카르티에 현대미술재단Fondation Cartier pour l'Art Contemporain 등과 비교했을 때, 피노 컬렉션이 보여주는 차별성은 개인 컬렉션의 심층성과 역사적 건축 유산의 현대적 변주에 있다. 루이비통 재단이 프랭크 게리Frank Gehry의 파격 건축과 패션 브랜드의 이미지를 결합했다면, 피노 컬렉션은 도심 한복판의 유서 깊은 건물을 무대로 삼고, 거기에 안도 다다오가 깎아낸 미니멀리즘을 얹어놓는다. 카르티에 현대미술재단이 장기적인 예술 후원과 연구·출판을 통해 독립적인 예술 생태계를 구축해왔다면, 피노 컬렉션은 개인 컬렉터의 취향이 역사적 장소와 결합될 때, 공간이 브랜드 철학을 직관적으로 체험하는 미학적 무대로 전환된다는 전략을 선명하게 보여준다.

프랑수아 피노라는 개인의 큐레이션 철학이 도시적 맥락과 결합한다는 점은 가장 중요한 핵심이라 할 수 있다. 루이비통 재단이나 카르티에 현대미술재단의 전시는 상대적으로 브랜드의 마케팅적 색채나 기업 정체성과 긴밀히 연결되어 보일 때가 많다. 반면 피노 컬렉션은 프랑수아 피노 개인이 수십 년간 모은 작품들을 토대로 대담한 전시를 펼치면서도 정작 브랜드 색깔은 전면에 드러내지 않는다. 철저하게 예술을 중심으로 생각하는 태도가 럭셔리 소비자들에게 더 강력한 공감을 이끌어낸다.

셋째, 예술 후원을 넘어선 '문화 생태계' 구축이다. 폰다지오네 프라다가 미우치아 프라다Miuccia Prada와 파트리치오 베르텔리Patrizio Bertelli 부부의 개인적 열정에서 시작되었듯, 피노 컬렉션도 한 인물의 개인적 예술 사랑에서 출발했다. 그런데 이 '개인 소장품 전시'가 단순히 개인의 취향을 과시하는 장이 아니라, 파리 시내의 중요한 문화 허브로 거듭났다는 점에서 눈여겨볼 필요가 있다.

프랑수아 피노는 직접 미술관을 운영하며 전시 기획, 학술 활동, 국제 아티스트 초청 등 다양한 프로그램을 주도한다. 그럼으로써 작품을 구매하는 수집가에서 글로벌 예술계의 흐름을 만들어내는 '생태계 설계자'로 거듭난다. 결과적으로 케어링 그룹은 세계 예술계에서 독자적 권위를 획득하며, 미래 예술가와 소비자에게도 강력한 영향력을 행사하고 있다. 그 효과는 단지 멋진 전시장을 운영하는 차원이 아니라, 도시와 브랜드가 상호 결속해 새로운 문화적 흐름을 형성하는 데서 극적으로 드러난다.

전 세계의 예술계 인사들이 피노 컬렉션에서 열리는 전시를 보기 위해 파리에 방문하고, 그들이 도시의 다른 문화기관과 협업하거나 지역 예술가와 네트워킹을 쌓는 등 연쇄 반응이 일어난다. 브랜드 문화 공간이 한 도시의 단편적 스팟이 아니라, 도시·국제 아트 신art scene 전체와 맞물려 활발히 움직이는 초국적 네트워크가 될 수 있음을 보여주는 것이다.

또한 구찌나 발렌시아가 등 케어링 그룹 산하 브랜드들도 이런 예술 커뮤니티와 밀접하게 접촉할 기회를 얻고, 이를

▶ 부르스 드 코메르스의 중심 공간인 돔 아래 원형 홀을 가득 채운, 프랑스 작가 셀레스트 부르시에-무주노(Céleste Boursier-Mougenot)의 물, 소리, 움직임을 결합한 체험형 조각 클리나멘(clinamen). 수백 개의 흰 도자기 그릇이 푸른 원형 풀 위를 유영하며 만들어내는 소리와 파동이 건축과 어우러져 하나의 거대한 악기처럼 울린다. 관객은 단순한 전시의 관람자가 아니라 공간과 예술을 함께 체험하는 주체가 되며, 유서 깊은 상업거래소였던 이곳은 오늘날 케어링 그룹의 전략적 무대이자 현대적 아고라로 전환된다.

패션, 디자인, 마케팅 등 자신의 활동에 활용할 수 있다. 예술 프로젝트가 곧 미래 크리에이티브 자산으로 이어지는 선순환 구조가 만들어지는 것이다.

프랑수아 피노는 개인의 예술적 욕망을 도시와 글로벌 소비 문화의 장으로 확대하는 힘을 보여주었다. 이는 단순한 후원이나 협찬을 넘어 문화의 미래 인프라를 마련하는 과정처럼 느껴지기도 한다. 문화 생태계에 대한 이러한 접근은 럭셔리 비즈니스가 고가 제품 판매가 아닌, '가치 있는 삶'과 '예술적 감수성'을 함께 창출하고 유지하는 역할을 할 수 있음을 상징적으로 보여준다.

도시와 브랜드, 세계관이 결집한 종합 예술

파리 도심에서 경험하는 피노 컬렉션은 얼핏 근사한 현대미술 전시장처럼 보인다. 하지만 그 안을 깊이 들여다보면, 이 공간은 브랜드와 도시, 예술과 건축이 복합적으로 얽힌 하나의 '미래 소비 모델'이다. 전시 큐레이션에는 특정 브랜드의 홍보 목적이나 상업적 의도가 드러나지 않는다. 즉 '컬렉션'이 전면에 나서고, '브랜드'는 한발 뒤로 물러서 있다. 그러나 바로 그 절제된 후퇴야말로 브랜드의 정체성과 미학을 더욱 강력하게 인식시키는 차별성의 원천이다. 직접적인 상품 노출 없이도 방문객들은 이 공간을 기획한 주체가 누구인지, 어떠한 미적·문화적 가치관을 지니고 있는지를 자연스럽게 인지하게 된다.

폰다지오네 프라다와 피노 컬렉션은 공통적으로 하나의 사실을 보여준다. 럭셔리 브랜드의 정체성이 예술·문화와 결합할 때, 도시 전체의 문화 생태계를 움직이는 동력으로 작동할 수 있다는 점이다. 이는 현대 비즈니스가 점점 더 '브랜드가 창조하는 세계관과 경험'에 의해 좌우된다는 점과 맥락을 같이한다. 과거 럭셔리 브랜드가 고급 소재와 장인정신, 희소성을 중심으로 포지셔닝했다면, 오늘날의 소비자는 그 브랜드가 어떤 예술·문화 활동을 주도하고 있는지, 어떤 가치관을 체화하고 있는지, 어떤 도시적 내러티브를 창출하고 있는지를 중요하게 생각한다. 이는 단순한 마케팅을 넘어 브랜드가 세계를 인식하고 해석하는 방식을 제시함으로써 소비자의 삶과 도시 문화를 업그레이드하는 전략이다.

비즈니스 관점에서 문화 공간 운영은 당장의 제품 판매와 직접적으로 연결되지 않을 수 있지만, 브랜드 자산 가치를 확고히 하고 시장에서의 '인지도와 신뢰도'를 근본적으로 높이는 효과가 있다. 뉴욕 모마MoMA나 런던 테이트 모던Tate Modern이 한때 공공기관이나 전통적 재단의 몫이었다면, 이제 글로벌 럭셔리 그룹들도 각자의 '문화 제국'이자 세계관의 무대를 만들어가고 있다. 이를 두고 새로운 형태의 '브랜드 제국주의'라고 평가하는 사람도 있고, 예술과 자본이 서로를 증폭시키는 새로운 동반자 관계라고 평가하는 사람도 있다. 분명한 것은 럭셔리 브랜드들이 더 이상 전시를 '지원'하는 수준에 머물지 않고, 도시의 핵심 유산을 획기적으로 재구성

©김양아

◄
프라다가 건축을 통해 철학의 체험 방식을 묻는다면, 피노 컬렉션은 작품과 관객의 직접적 접촉 속에서 답을 찾는다. 부르스 드 코메르스에서 관객은 감상자를 넘어 읽고 해석하는 주체가 되며, 공간은 케어링 그룹이 구축하는 '사유의 플랫폼'으로 전환된다.

하고 새로운 예술 플랫폼을 만듦으로써 공적 문화 영역에 영향력을 행사하는 방식이 이미 보편화된 비즈니스 전략이 되었다는 점이다.

이제 럭셔리는 도시와 문화, 예술을 아우르며 삶의 수준을 재정의하는 하나의 종합 예술이 되었다. 소비자는 제품을 소유하기보다, 브랜드가 창조한 문화 안에 머무름으로써 더 깊은 만족을 얻는다. 이처럼 도시에 뿌리내린 대규모 문화 공간을 통해 예술과 지성, 창작을 지원하고 그 결과를 전 세계에 확산시키는 모델은 향후 럭셔리 비즈니스의 핵심 전환점이 될 것이다. '브랜드=마케팅+홍보'라는 단순 공식은 이제 더 이상 유효하지 않다.

파리의 피노 컬렉션은 케어링 그룹이 예술적 감각과 도시 문화의 힘으로 럭셔리의 정의를 다시 쓰고 있음을 가장 입체적으로 보여주는 공간이다. 역사가 흐르는 돌벽과 현대적 콘크리트, 고풍스러운 돔과 최첨단 설치미술이 함께 공존하는 이곳에서, 관객은 '럭셔리란 무엇인가'라는 질문을 자연스럽게 떠올리게 된다. 그 답은 어쩌면 이렇다.

럭셔리는 제품이 아니라, 예술과 도시, 인간이 함께 만들어가는 거대한 서사이며, 그 서사를 어떻게 구현하느냐가 곧 미래 비즈니스의 본질이다. 공간과 경험, 서사 중심으로 재편되는 오늘의 소비 시장에서, 피노 컬렉션이야말로 소비 비즈니스의 새로운 지표가 될 것이다.

| Depot Boijmans Van Beuningen |

데포 보이만스 판 뵈닝언,
비하인드가 무대가 되는 순간

네덜란드를 대표하는 건축 도시 로테르담 중심부에 거대한 은빛 구조물이 솟아 있다. 하늘과 도시의 모든 움직임을 실시간으로 비추는 이 반사체는 세계 최초의 개방형 수장고 '데포 보이만스 판 뵈닝언Depot Boijmans Van Beuningen'의 모습이다. 6,609장의 곡면 거울 패널로 둘러싸인 이 건축은 '작품은 완성된 뒤에야 공개된다'라는 미술관의 불문율을 정면으로 뒤집는다.

    나는 그 우묵한 은빛 그릇 모양의 구조물 앞에 처음 섰던 순간을 또렷이 기억한다. 반사면 위로 겹쳐진 도시 풍경 속에 나의 실루엣이 스며들고, 낯익은 거리의 이미지가 유리 표면 위에 한 폭의 그림처럼 펼쳐졌다. 그 순간 나는 그 풍경을 바라보는 '관람자'가 아니라, 그 안에 놓인 하나의 요소처럼 느껴졌다. 그 체험은 예술을 바라보던 내 시선을 단숨에 바꾸어놓았다. 완성된 결과를 감상하는 자리에서, 예술의 생성 과정을 함께 목격하는 위치로.

    대부분의 수장고는 지하에 위치해 있다. 예술 작품들은 관람객에게 모습을 드러내기 전까지 수장고에서 철저히 비밀리에 관리되고 보관된다. 그러나 데포 보이만스 판 뵈닝언은 이 숨은 시간을 관객에게 고스란히 돌려준다. 작품이 안료 검증을 거치는 모습, 브러시가 바니시를 살짝 벗겨내는 모습, 보존 학예사가 습도 수치를 조정하는 모습까지, 이곳에서는 모든 과정이 보존실의 커다란 유리창을 통해 공유된다. 이를 통해 관람객은 작품의 '완성된 결과'를 소비하는 손님에서, '예술의 생애 주기'를 목격하는 동행자가 된다. 이곳에서는 수장고 자체가 하나의 무대이며, 보존 전문가들이 작품을 다루는 순간들은 하나의 살아 있는 퍼포먼스로 전환된다.

데포 보이만스 판 뵈닝언의 건축적 장치는 이 철학을 촘촘히 뒷받침한다. 지상 39m, 직경 60m의 원형 매스는 반사 거울 외피를 통해 로테르담의 현재를 비추며, 예술과 도시 그리고 관객을 하나의 화면 위에 겹쳐 놓는다. 총 6개 층의 원형 구조로 이루어진 내부는 보존실, 복원 연구실, 예술품 보관실, 전시 공간이 층별로 배치되어 있으며, 이 모든 공간은 투명한 유리벽으로 구획되어 있다. 엘리베이터와 계단벽까지도 투명하게 설계되어 시야를 가로막지 않는다.

건축은 철저히 관람자의 감각적 경험을 중심에 두고 설계되었다. 관람자는 진열장을 감싸고 나선형으로 이어지는 십자형 계단을 오르내리며, 마치 탐험하듯 공간을 따라 걷는다. 유리벽 너머로 보이는 보존실과 복원실, 리서치랩은 '보존에서 전시로', '연구에서 감상으로' 이어지는 예술의 다층적 흐름을 입체적으로 보여준다. 관람자들은 걸음을 옮길 때

마다 미세한 온도 차, 습도, 그림자의 각도 변화 등 작품을 둘러싼 수많은 감각적 조건을 체험한다. 감상은 단선적 행위가 아니라, 공간과 시간 속에서 축적되는 감각의 서사가 된다.

로테르담, 폐허 위에 설계된 미래의 감각

데포 보이만스 판 뵈닝언은 로테르담이라는 도시가 수십 년간 축적해온 도시 실험, 공공성에 대한 신뢰 그리고 예술을 공간화하는 감각이 응축된 결과물이다. 1940년 5월 독일 공군의 폭격으로 도시 중심부가 폐허가 되었을 때, 로테르담은 복구와 재건을 선택한 대부분의 유럽 도시들과는 다른 결정을 내렸다. '되돌릴 수 없는 과거'를 재건하는 대신, 미래를 설계할 수 있는 구조로 도시를 다시 그리기 시작한 것이다. 그 이후 도시계획은 과거의 복원이 아닌 구조의 재편을 지향했고, 로테르담은 항만과 운하, 고속도로, 복합문화지구가 유기적으로 재배치되며 유럽에서 가장 급진적인 도시 실험실로 떠올랐다.

◀
데포 보이만스 판 뵈닝언의 외관. 유리로 감싼 거대한 그릇 형태의 건물은 도시 풍경을 비추며 스스로를 '공공의 수장고'라 선언한다. 폐쇄된 미술관 뒤편에 숨겨져 있던 작품들을 드러낸 이곳은 도시와 예술을 연결하는 새로운 개방 모델을 상징한다.

이러한 전략은 도시 중심부의 뮤지엄파크Museumpark에서 가장 명확하게 드러난다. 이곳은 미술관, 건축 학교, 연구 기관, 시민광장이 잔디와 산책로를 따라 느슨하게 연결된 복합문화지구로, 관람과 여가, 실험과 일상이 한 구획 안에서 자연스럽게 교차한다. 예술과 도시, 공공성과 시민성이 교차하는 이 구조의 중심에 데포 보이만스 판 뵈닝언이 놓인 건 도시 전략의 방향성과 공공 예술의 실천 방식을 동시에 보여준 것이라 할 수 있다.

    로테르담은 '예술을 어떻게 보존하고, 어떻게 보여줄 것인가'라는 질문에 새로운 답을 모색하는 도시다. 단지 전시 공간을 짓는 것을 넘어 예술과 공공성의 관계 자체를 다시 짜려는 실험적인 시도들을 담아낸다. 이 시도는 추상적 담론에 그치지 않고 실제 건축을 통해 지속적으로 구현되어왔다. 렘 콜하스의 네덜란드 건축연구소NAi는 문화와 도시 담론을 시각화하는 플랫폼으로 기능했고, 네덜란드에서 가장 높은 건물인 '유로마스트Euromast'는 도시의 수직적 확장을 상징하는 동시에 시민의 일상과 관광 동선을 연결했다. 네덜란드의 새로운 랜드마크인 주상복합건물 '마크트할Markthal'은 주거, 상업, 식문화, 공공 예술을 하나의 아치형 구조 안에 통합해 '지붕 아래의 도시'를 실현했고, 네덜란드를 대표하는 건축 스튜디오 MVRDV의 대표작 중 하나인 로테르담 공공 도서관은 계단식 개방 구조를 통해 도시와 지식 공간의 경계를 허물었다. 이러한 건축물들은 도시의 외형을 새롭게 하는 데 그치지 않고, 사람들이 도시에서 어떻게 머무르고 이동하고 관계 맺는지를 설계하는 실험이기도 하다.

    로테르담에서 가장 인상적이었던 건 이 도시가 '건축'을 중심에 두기보다, 도시 전체를 변화 가능성과 실험성을 내재한 하나의 유연한 유기체로 바라본다는 점이었다. 공간은 고정된 의미를 갖지 않고, 사용 방식에 따라 의미를 획득한다. 이곳의 건축은 주변 환경이나 도시 구조와 유리되지 않고, 사

©UNSPLASH_MIKE VAN DEN BOS

MVRDV의 또 다른 역작인 로테르담의 마크트할(Markthal). 말굽 형태의 거대한 아치형 곡면 속에는 시장과 레지던스를 결합한 주상복합 구조가 들어서 있으며, 내부 천장을 덮은 초대형 아트워크가 도시적 스펙터클을 연출한다. 내부에서는 일상의 소비가, 외부에서는 상징적 파사드가 공존하며, 이 건축은 '주거와 공공 공간을 결합한 신기원'으로서 로테르담의 도시 건축을 대표한다.

©UNSPLASH_RUBEN HANSSEN

람들이 어떻게 머물고 사용하는지를 중심으로 설계된다.

이러한 연장선에서 데포 보이만스 판 뵈닝언은 도시 철학의 압축판이자 확장판이다. 기존 수장고가 외부로부터 닫힌 보존의 공간이었다면, 데포 보이만스 판 뵈닝언은 그 반대 방향으로 움직인다. 작품이 전시되기 이전의 단계를 개방된 경험으로 설계하고, 결과물이 아닌 과정 자체를 많은 사람과 공유하는 것이다.

반사 거울로 둘러싸인 외벽은 도시의 풍경을 실시간으로 비춘다. 사람들은 그 반사면 속에 담긴 자신의 실루엣을 발견하고, 셀카를 찍고, 그 장면 안으로 스며든다. 건물의 존재는 어느덧 사라지고, 걷는 방향과 위치에 따라 달라지는 도시 경관과 그 풍경을 바라보는 '나'만이 남는다.

로테르담이라는 도시가 수십 년간 던져온 질문, 즉 '예술은 어디에 있어야 하는가', '공공 공간은 어떻게 작동해야 하는가', '도시는 어떻게 스스로를 갱신할 수 있는가'에 대한 가장 간결하고 강력한 건축적 응답이 바로 데포 보이만스 판 뵈닝언이다.

MVRDV, 도시와 예술을 연결하는 건축 전략의 결정판을 짜다

데포 보이만스 판 뵈닝언은 MVRDV의 철학이 가장 집약적으로 구현된 프로젝트다. 수많은 작업을 했음에도 '도시를 실험실로 만들 수 있다'라는 MVRDV의 신념이 이토록 전면적으로 드러난 사례는 드물다.

이 프로젝트에서 MVRDV는 지금까지 감춰져 있던 영역, 즉 보존, 복원, 연구 같은 예술의 비가시적 과정을 어떻게 도시적 경험으로 전환할 수 있을지 고민했다. 소유에서 공유로 문화적 인식이 전환되는 지금, 예술 역시 전시장의 벽 안에 머무는 것이 아니라 도시 전체로 확장되는 방식으로 변화하고 있다.

관람객은 내부의 보존실, 복원실, 전시실, 리서치랩, 카페를 자유롭게 이동하며 작품이 전시되기까지의 모든 과정을 마주하게 된다. 한 번은 어느 작품의 복원 작업을 지켜본 직후, 바로 위층에서 그 작품의 과거 전시 기록을 열람하는 관람객을 마주친 적이 있다. 관람객의 동선이 '보존→연구→전시'를 자연스럽게 따라가는 이 구조는 감상은 결과를 소비하는 것이 아니라, 예술의 시간성과 맥락을 동행하며 해석하는 경험으로 확장된다. 이 수직적 흐름은 데포 보이만스 판 뵈닝언을 예술 작품들의 보관소가 아닌, 예술과 도시 기억이 실시간으로 연결되는 문화 인프라로 만든다.

옥상 공간 또한 같은 논리를 따른다. 건물의 꼭대기에는 누구나 편하게 이용할 수 있는 공공 정원이 조성되어 있다. 시민들은 이곳에서 도시의 전경을 바라보며 여유롭게 휴식을 취하고, 건물의 거울 외피에 반사되는 로테르담을 다시 목격한다. 조경은 자연과 도시, 예술과 생활이 수평적으로 이어지는 구조로 설계된 공공 플랫폼이다. 건축은 이곳에서 자연을 수용하고, 시민들에게 일상적 휴식과 문화적 감각을 동시

데포 보이만스 판 뵈닝언의 내부는 미술품을 보관하는 '수장고'라는 기능을 그대로 드러내며, 그 자체를 전시 전략으로 전환시킨다. 유리로 된 큐브형 수장 공간과 이를 가로지르는 계단 구조는 '숨겨진 것'을 '드러낸 것'으로 바꾸는 건축적 장치다. 이 방식은 미술관이 단순히 작품을 소장·전시하는 기관이 아니라, 저장, 관리, 보존의 과정 자체를 공공의 경험으로 재구성하는 새로운 아이덴티티를 구현한다.

에 제공한다.

열린 구조를 통해 공공의 플랫폼으로 진화하다

데포 보이만스 판 뵈닝언이 도시의 문화적 구조 자체를 재설계한 사례로 평가받는 핵심은 바로 '공공성'이라는 키워드에 있다. 이곳은 단순히 예술의 보존과 전시를 위한 공간이 아니라, 시민이 예술을 마주하고 참여하는 방식을 근본적으로 바꾸는 공공적 장치다.

가장 근본적인 변화는 '열린 동선'이 가능하도록 설계된 수직 구조에 있다. 이 구조 안에서 관람객은 정해진 경로 없이 보존실, 복원실, 전시실, 리서치랩을 자유롭게 넘나든다. 그러면서 관람객은 작품의 생애 주기에 잠시나마 동행하는 참여자가 된다. 이러한 구조는 예술의 개념 자체를 바꿔놓는다. 이곳에서는 작품만큼이나 그것이 관리되고 해석되는 '과정' 자체가 독립적 가치로 기능한다. 또한 예술이 소수 전문가의 전유물이 아닌, 일상의 일부로 자연스럽게 공존할 수 있다는 가능성을 보여준다. 이처럼 데포 보이만스 판 뵈닝언은 전시물 중심의 폐쇄적 문화기관에서 시민과 함께 숨 쉬는 공공적 플랫폼으로 진화했다. 이는 단지 설계 기술의 성취가 아니라, 로테르담이 오랜 시간에 걸쳐 축적해온 도시 철학의 결정체다.

◀
데포 보이만스 판 뵈닝언은 보존실과 수장고까지 관람객에게 공개함으로써, '미술관의 뒤편'을 전면으로 끌어낸다. 복원 작업과 보존 과정을 직접 목격하는 경험은 작품의 결과물뿐 아니라 그 이면의 관리·연구 시스템까지 문화 자산의 일부로 체험하게 만든다. 이는 미술관을 단순한 전시장이 아니라, 지식과 과정, 투명성을 공유하는 새로운 플랫폼으로 전환시키는 전략적 시도다.

데포 보이만스 판 뵈닝언이 제시한 수장고의 전환 개념은 이제 서울이라는 또 다른 도시 맥락으로 확장되고 있다. 서울 서초구 서리풀 공원에 조성 중인 국내 최초의 보이는 미술관 '서리풀 보이는 수장고'는 단순히 유럽적 모델을 모방하는 것이 아니라, 서울이라는 도시의 구조, 밀도, 일상의 리듬 속에서 공공 예술 공간이 어떻게 작동할 수 있는지를 실험하는 사례가 될 것이다.

도시 안의 예술을 지향하는 서리풀 보이는 수장고

이 프로젝트를 설계한 헤르조그 앤 드뫼롱Herzog & de Meuron은 이미 런던의 테이트 모던 확장관, 함부르크의 엘프필하모니 콘서트홀, 베이징 국가경기장 등을 통해 건축을 문화적 상징이 아닌, 도시적 기능과 사회적 흐름의 매개체로 전환해온 팀이다. 그들은 공간을 형태가 아닌 구조, 조형이 아닌 관계의 관점으로 사고한다. 서리풀 프로젝트 또한 그러한 접근의 연장선에 놓여 있다.

▶ 서울 서리풀에 들어설 개방형 수장고의 국제 지명설계공모에 당선된 헤르조그 앤 드뫼롱의 설계안. 전통적인 비가시적 수장고를 투명하게 열어 보이는 이 설계는 보존과 연구, 전시를 하나의 연속된 체험으로 통합한다. '감춰진 후방'을 드러내는 전략을 통해 미술관은 단순히 작품을 소장하고 보여주는 기관을 넘어 지식과 과정을 공유하는 새로운 도시적 인프라로 재정의된다.

물론 서울은 로테르담과는 전혀 다른 도시다. 인구 밀도는 훨씬 높고, 도심의 흐름은 빠르고 압축적이며, 공간에 대한 시민의 접근 또한 훨씬 일상에 가까운 방식으로 이루어진다. 서리풀 보이는 수장고가 기대되는 이유가 바로 여기에 있다. 이곳은 자연 공원과 공공 예술 시설이 수평적으로 연결되고, 보존과 전시, 기술과 체험이 하나의 연속된 흐름으로 설계되는 공간이기 때문이다. 무엇보다 주목할 점은 디지털 트윈 기반의 보존 시스템과 AI 기술을 활용한 운영 구조다. 작품 보존 과정은 물리적 공간을 넘어 가상 인터페이스를 통해

관람객과 연구자 모두에게 실시간으로 공유된다. 예술의 뒤편에 있던 관리와 보존의 영역이 기술을 통해 실시간 공공 경험으로 전환됨으로써 수장고는 '닫힌 기능'이 아닌 '열린 미디어'로 작동한다.

공간적으로도 서리풀 보이는 수장고는 누구에게나 열려 있는 옥상 정원, 복합 문화 프로그램이 운영되는 유연한 내부 동선 그리고 지역 커뮤니티와 직접 연결되도록 설계되었다. 이는 이곳이 단지 예술품을 저장하는 장소가 아니라, 도시 안의 공공 문화 플랫폼이 되고자 한다는 의도를 분명하게 드러낸다.

이 프로젝트가 중요한 이유는 단지 '한국 최초의 공공 수장고'라는 타이틀 때문이 아니다. 서리풀 보이는 수장고는 지금 한국의 도시에 무엇이 부족한지, 무엇이 새롭게 작동할 수 있는지 보여주는 시도이기 때문이다. 예술이 도시에 어떻게 뿌리내릴 수 있는지, 문화 공간이 어떻게 기술과 공공성을 매개로 전환될 수 있는지를 실시간으로 시험하는 것이 이 수장고의 역할이다.

데포 보이만스 판 뵈닝언과 서리풀 보이는 수장고는 서로 다른 도시에서 출발했지만, 동일한 전환점에 서 있다. 예술은 더 이상 뒤편에 머무는 대상이 아니라, 사회와 기술, 공간 안에서 시민 모두가 실시간으로 접근하고 체험할 수 있는 공공적 자산이다. 그리고 그 전환에 성공하는 공간이 있다면, 그것은 더 이상 미술관도 수장고도 아닌, 예술의 구조를 도시의 구조로 바꿔놓는 새로운 세대의 공공 플랫폼일 것이다. 서리풀 보이는 수장고는 그 전환의 첫 장면을 서울 한복판에서 실현해 보이려 하고 있다.

| Victoria and Albert Storehouse |

빅토리아 앤 알버트 스토어하우스, 보고 싶은 작품을 '호출'하는 새로운 지식의 플랫폼

박물관의 이동은 언제나 신중한 결정 사안이다. 특히 그것이 국립기관의 핵심 기능을 옮기는 일이라면, 단지 공간 확장을 넘어 기관의 존재 방식과 문화 전략 자체를 재구성하는 작업이 된다.

'빅토리아 앤 알버트 뮤지엄 Victoria and Albert Museum(이하 'V&A')'이 사우스 켄싱턴 South Kensington이라는 런던의 중심지에서 벗어나 도시의 동쪽 끝 스트랫퍼드 Stratford라는 낯선 지역으로 수장고 기능을 이전하기로 한 결정은 단순히 부지 확보 문제가 아니다.

애초에 스트랫퍼드는 런던의 핵심 문화 클러스터가 아니었다. 그러나 2012년 런던 올림픽 이후 도시 전략은 점차 서쪽에서 동쪽으로 이동했고, 그 중심에는 '퀸 엘리자베스 올림픽 파크 Queen Elizabeth Olympic Park'를 포함한 대규모 도시 재생 프로젝트가 있었다. 이 일련의 움직임은 단지 런던이라는 글로벌 도시의 외곽을 개발하는 것이 아니라, 국가 문화 인프라의 물리적 중심을 동쪽으로 이동시킴으로써 '도시의 중심성'을 재편하려는 전략적 개입이었다. 그 흐름의 정점에

V&A 뮤지엄의 수장고인 'V&A 이스트 스토어하우스V&A East Storehouse'가 있다.

런던 외곽에 수장고를 만든다는 건 단지 보관 공간을 마련하는 것이 아니라, 박물관이라는 체계 자체를 재배치하고 예술과 시민의 관계를 다시 설계하는 실험적 작업이다. 즉 V&A가 스트랫퍼드로 향한 건 질문에서 비롯되었다.

'박물관은 지금 어디에 있어야 하고, 누구에게 무엇을 보여주어야 하는가.'

스트랫퍼드에 새롭게 문을 연 V&A 스토어하우스는 그 질문에 '공간'으로 응답한 첫 번째 시도다.

'오브제를 주문하세요'

2025년 5월 31일에 정식으로 문을 연 V&A 스토어하우스는 '수장고'라는 개념 자체를 다시 쓴다. '스토어하우스'라 이름 붙인 이 공간은 보이지 않는 영역이었던 예술품의 수집, 분류, 보존, 연구의 전 과정을 관람의 전면으로 드러낸다. 수십만 점의 오브제와 도서, 아카이브가 팔레트와 선반 위에 놓이고, 큐레이터는 유리벽 뒤가 아닌 관람 동선 안에서 작업한다. 이곳에서 예술은 감상의 대상이 아니라, 실시간으로 다뤄지고 해석되는 '살아 있는 과정'이 된다.

이 흐름의 중심에 'Order an Object(오브제를 주문하세요)'라는 기능이 있다. 온라인으로 특정 오브제 열람을 미리 신청하고, 지정된 시간에 맞춰 큐레이터와 함께 그 오브제를

◀

V&A 스토어하우스 내부. 전통적으로 감춰져 있던 보존·수장 공간을 과감히 개방함으로써, 작품이 보관·관리되는 과정 자체를 전시 경험으로 전환시켰다. 이곳에서 관객은 단순히 결과물로서의 예술을 보는 것이 아니라, 수집과 연구, 보존의 전 과정을 투명하게 목격하며 '박물관의 뒤편'을 체험하게 된다. 이는 박물관을 유산을 보존하는 기관을 넘어 지식과 과정을 공유하는 공공적 플랫폼으로 확장하려는 전략적 실험이다.

한층 가까이에서 관람하는 서비스다. 박물관이 전시장에 일방적으로 제시한 콘텐츠를 수동적으로 감상하는 것이 아니라, 사용자가 콘텐츠를 직접 호출하고 그 맥락을 함께 구성해 나가는 구조다.

중요한 점은 이 기능이 단지 관람 편의를 위한 서비스만이 아니라는 것이다. V&A는 스토어하우스를 통해 어떤 오브제가 얼마나 자주 호출되는지, 어떤 시대와 장르가 반복적으로 선택되는지 수집하고 분석하며, 이 데이터는 향후 전시 기획, 보존 전략, 컬렉션 관리 방식에 반영된다. 관람자의 요청이 박물관의 운영 방향을 결정하는 메타데이터로 작용하는 시스템인 셈이다. 이것이야말로 V&A 스토어하우스가 기존 박물관과 본질적으로 다른 이유다.

V&A 스토어하우스는 '열린 공간'이라는 수사에 그치지 않는다. 공간 설계, 운영 시스템, 데이터 구조 전반에서 박물관의 권한과 흐름을 사용자 중심으로 다시 짜는 체계적인 실험이다. 큐레이션 권한은 더 이상 폐쇄된 전문가 집단만의 것이 아니며, 정보는 선별적으로 제공되는 것이 아니라 요청을 통해 받을 수 있는 유통 구조로 전환된다. V&A 스토어하우스가 제시하는 전환은 명확하다. 국립 문화기관은 이제 '소유하고 있는 것을 보여주는 곳'이 아니라, '사용자가 호출할 수 있는 지식의 플랫폼'으로 이동하고 있다는 사실이다.

왜 스트랫퍼드인가

스트랫퍼드는 지난 20년간 런던이 도시의 무게 중심을 어떻게 재편해왔는지 가장 압축적으로 보여주는 지역이다. 한때는 산업 지대와 이민자 공동체가 혼재한 도시 주변부에 불과했지만, 2012년 런던 올림픽을 기점으로 이 지역은 도시 전략의 실험 무대이자, 문화 재배치의 중심 거점으로 부상했다. 인프라가 정비되고, 단발적인 도시 축제를 위한 재개발이 아니라 장기적이고 구조적인 재편이 본격화된 것이다.

퀸 엘리자베스 올림픽 파크를 중심으로 BBC 뮤직 스튜디오, UCL 이스트, 새들러즈 웰스, 런던 칼리지 오브 패션, V&A 스토어하우스에 이르기까지, 내로라하는 문화·교육기관들이 스트랫퍼드가 위치한 이스트 뱅크 East Bank 아래 집결한 것도 이러한 전략의 연장선이다. 이는 문화의 중심을 고정된 위치가 아닌, 이동 가능한 구조로 간주하는 도시 전략의 전환을 상징한다. 문화는 고정되지 않고 접근성과 다양성, 확장 가능성을 갖춘 장소로 옮겨간다. 즉 '중심지'에 문화가 있는 것이 아니라, '중심이 될 수 있는 조건' 위에 문화가 위치해야 한다는 인식에 기반한다. 이러한 맥락에서 박물관이 기존의 도시 중심 바깥에서도 제대로 작동할 수 있을지를 실험할 수 있는 몇 안 되는 장소가 바로 스트랫퍼드였다.

여기에는 두 가지 핵심 요인이 결정적으로 작용했다. 첫째는 교통 기반의 문화 접근성이다. 스트랫퍼드는 올림픽 인프라를 활용한 뛰어난 교통망 덕분에 도시 전역과 탁월한 연결성을 보임과 동시에, 다양한 사회 계층과 다문화 공동체가 공존하는 지역적 맥락이 존재했다. 둘째는 문화 수용 방식의 다양성이다. 전통적 박물관의 전시 형식과 문법에 익숙하지 않은 새로운 관객층이 등장했다. 스트랫퍼드는 이들에게 맞는 다른 방식의 전시 언어와 공간 구조를 새롭게 실험하기에 적합했다.

중요한 점은 V&A가 이곳에 '새로운 중심'을 세우려 한 것이 아니라는 사실이다. 사우스켄싱턴에서 쌓아온 세계 최초의 장식예술 박물관으로서의 권위와 상징성을 이전하려는 것이 아니라, 박물관이라는 제도의 작동 방식을 처음부터 다시 재설계하려는 시도였다. 소장 기능 중심, 큐레이터 주도, 정형화된 감상 방식은 더 이상 유효하지 않다. 박물관은 상징성과 위계 속에서 작동하는 기관이 아니라, 공공성과 확장성을 전제로, 도시 구조와 시민 감각에 맞춰 유연하게 작동하는 공공 플랫폼으로 이행해야 한다. 스트랫퍼드는 그 이행을 실현 가능한 현실로 구현해낼 수 있는 몇 안 되는 장소였다.

컬렉션 & 리서치 센터라는 새로운 모델

V&A 스토어하우스에는 25만 점의 오브제, 35만 권의 도서, 1km에 달하는 아카이브가 저장되어 있다. 그러나 이 공간의 핵심은 '무엇을 얼마나 많이 보관하느냐'가 아니라, '그 보존 과정을 어떻게 보여주느냐'에 있다. 이곳의 설계 원칙은 한 문장으로 요약된다.

'Pallets, not plinths(받침대가 아니라 팔레트 위에 놓는다).'

이곳에서 작품은 팔레트와 선반 위에 관람객과 같은 눈높이에서 존재한다. 큐레이터는 창고가 아니라 관람자의 눈앞에서 작업을 하고, 관람객은 그 장면을 스쳐 지나가는 것이 아니라 실시간 해석의 공간 속에서 마주한다. 전시와 보존, 관객과 전문가, 보여주는 쪽과 보여지는 쪽 사이의 수직적 위계는 철저히 수평적으로 재구성된다. 전시실, 보존실, 연구 공간, 큐레이터 작업대가 분리되지 않고 관람 동선에 나란히 배치된 것도 이러한 전략을 시각화한다.

내가 그곳을 방문했을 때 팔레트 위의 유물 앞에 멈춰 선 관람객과 그 곁에서 작업을 하며 설명을 이어가던 큐레이터의 모습이 너무나 인상적이었다. 그때 나는 박물관이 전문가만의 폐쇄적인 아카이브가 아닌, 일상의 시선과 전문 지식이 실시간으로 교차하는 열린 지식 플랫폼이 될 수도 있다는 가능성을 목격했다.

기술적 구조 역시 이 흐름과 정밀하게 맞물려 있다. 보존 상태, 오브제 이동, 큐레이터의 작업 흐름 등은 실시간으로 기록되고 분석되며, V&A 스토어하우스는 단순히 물리적 축적의 공간이 아니라, 데이터 기반으로 정보가 생성되고 공유되는 작동형 박물관 인프라로 작동한다. 이곳에서 데이터는 박물관의 단순한 운영 보조 수단이 아니라, 공공성과 투명성을 재구성하는 핵심적 전략 도구다.

V&A 스토어하우스는 이러한 메시지를 공간의 구조, 동선의 설계, 관람자와 콘텐츠가 만나는 모든 접점에 물리적으

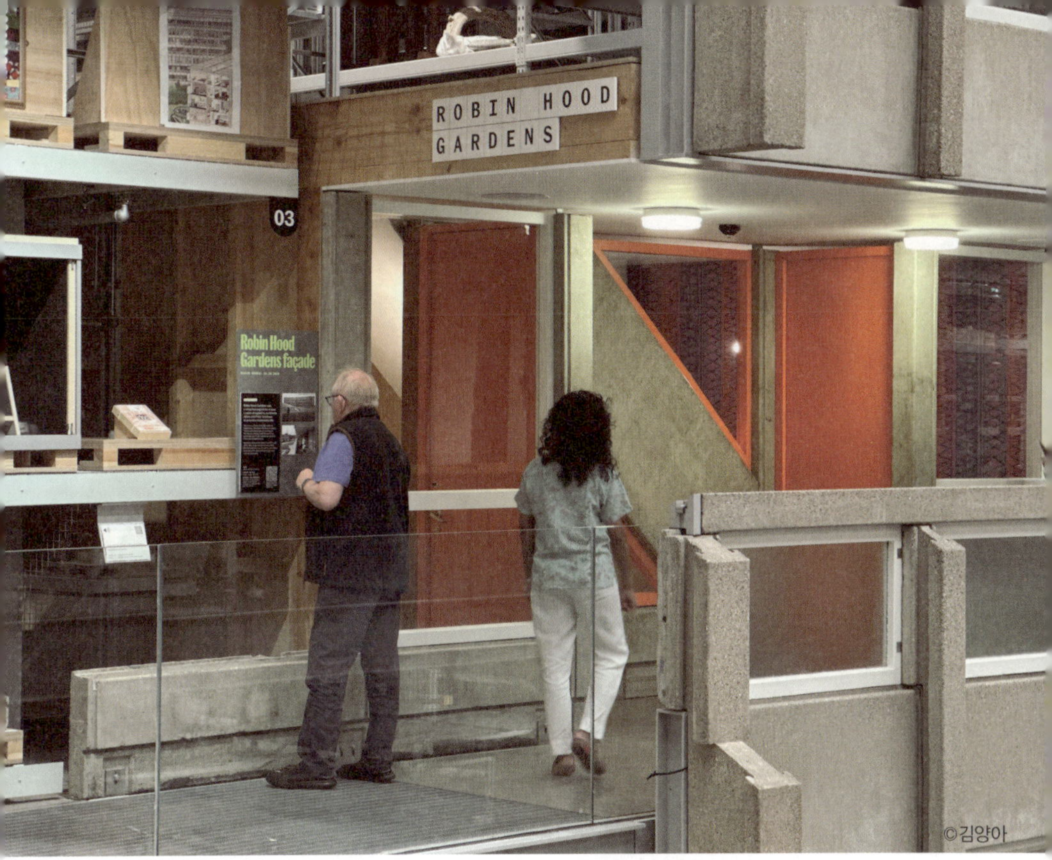

©김양아

V&A 스토어하우스는 '오브제를 주문하세요'와 이곳에서 어떤 컬렉션을 보고 싶은지 관람객들에게 묻는 상시 설문을 통해 관람자가 전시에 개입할 수 있도록 했다. 이는 참여적 제도 전환을 통해 '관람자의 권한'을 전략화한 대표적 사례다.

©김양아

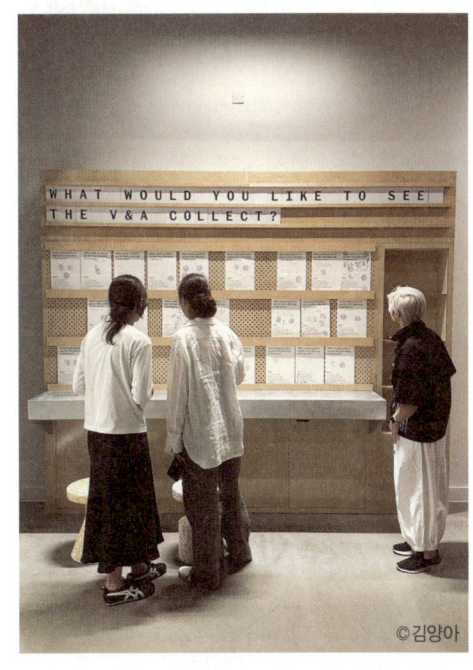

로 새겨넣는다. 이곳에서 감상이란 단순히 완성된 결과물을 바라보는 행위가 아니라, 그 형성 과정을 따라가며 의미를 함께 만들어가는 참여적 체험이 된다.

'예술과 제도, 전문성과 대중성의 관계를 어떻게 설계할 것인가.'

V&A 스토어하우스는 이 질문에 공간, 동선, 데이터, 경험 구조를 통해 실시간으로 응답하며, 박물관 제도의 공공성과 유연성을 현실화한 새로운 문화 인프라다.

도시를 비추는 수장고 vs. 박물관의 구조를 다시 쓰는 수장고

V&A 스토어하우스와 데포 보이만스 판 뵈닝언. 두 공간 모두 '수장고'라는 동일한 기능을 바탕으로 설계되었지만, 예술을 다루는 방식과 제도를 전환하는 전략에서 서로 다른 방향의 혁신을 실현하고 있다.

데포 보이만스 판 뵈닝언은 외관 자체가 도시와 예술을 연결하는 강력한 조형 언어로 작동한다. 로테르담 도심 한복판에 솟아오른 곡면 거울 건축은 하늘과 거리, 사람과 건물을 실시간으로 반사하며, 평소에는 가려졌던 예술의 준비 과정을 도시 풍경의 일부로 노출시킨다. 감상은 결과물을 바라보는 것이 아니라, 그 준비 과정을 시각적으로 목격하는 체험이 되고, 수장고는 도시와 예술이 접속하는 공간 전략의 매개체가 된다. 수장고의 안과 밖, 관람자와 예술 사이의 경계를 거울처럼 이어주는 이 건축은 전시의 무대를 도시 속으로 확장

데포 보이만스 판 뵈닝언이 유리 외피로 도시를 반사하며 예술의 준비 과정을 도시 풍경의 일부로 노출시켰다면, V&A 스토어하우스는 컨테이너 박스를 쌓은 듯한 외형으로 '산업적 풍경과 일상의 도시성'을 드러낸다. 전자가 도시 브랜드의 아이콘이라면, 후자는 재생지에 뿌리내린 생활 밀착형 문화 인프라로 작동한다. 이 둘은 같은 수장고 모델이지만, 건축적 표현이 곧 도시 맥락에 따른 전략적 차이를 드러내는 셈이다.

하는 시각적 전략의 결정체다.

　반면 V&A 스토어하우스는 감각의 외피보다 내부의 시스템을 구조적으로 전환하는 일에 집중한다. 이곳에서 수장고는 더 이상 보관의 시설이 아니라, 박물관의 권한 구조와 정보 흐름, 사용자 개입의 가능성을 실험하는 실시간 시스템이다. 누가 요청하고, 어떤 오브제가 호출되며, 그 요청이 큐레이션과 운영에 어떻게 반영되는가. V&A 스토어하우스는 감상 방식을 재정의하기보다, 큐레이션의 권한 구조를 재구성한다. 하나는 도시의 외피를, 다른 하나는 박물관의 내부 회로를 바꿔놓는다. 하나는 시선을 설계하고, 다른 하나는 흐름을 재편한다.

　이 두 곳을 나란히 놓고 보면, 한 가지가 명확해진다. '수장고'라는 같은 조건 아래에서도 문화기관이 실행할 수 있는 전략적 스펙트럼이 놀라울 정도로 다를 수 있다는 사실이다. 데포 보이만스 판 뵈닝언은 '예술은 도시 속에서 어떻게 보여질 수 있는가'를, V&A 스토어하우스는 '예술은 누구의 요청으로, 어떤 방식으로 구성되어야 하는가'를 묻는다. 어떤 질문을 전제로 설계되는가에 따라 그 구조도, 감각도, 시스템도 완전히 달라진다. 두 공간은 '수장고'라는 동일한 이름 아래 문화 공간의 정의와 작동 방식을 정반대 방향에서 근본적으로 재구성한 2개의 기준점이다. 바로 이 지점에서 미래 문화 인프라의 다양성과 전략이 시작된다.

4장. 도시재생
도시의 변화, 소비의 확장

도시가 변화하면 소비가 달라진다. 유럽 각지의 도시재생은 단순한 개발을 넘어 소비자들의 삶의 방식까지 재편하고 있다. 이 장에서는 과거의 산업 공간이 미식, 예술, 라이프스타일의 허브로 전환되는 사례들을 통해 도시 자체가 새로운 소비 플랫폼으로 진화하는 과정을 살펴본다.

| Battersea |

런던 배터시 프로젝트,
도시 안의 도시로 진화하다

'도시재생'이라는 말 앞에서 우리는 흔히 낡고 오래된 것을 복원하거나 활성화하는 활동을 떠올린다. 하지만 런던의 배터시Battersea 프로젝트는 기존 도시재생의 익숙한 전형을 해체하는 것으로부터 출발했다. 템스강 남쪽에 자리한 이 거대한 석탄 화력발전소는 한때 런던 산업화의 심장이자 도시 전역에 전력을 공급하던 핵심 인프라였으나, 1983년 가동이 중단된 후 수십 년간 폐허로 방치되었다. 2012년, 발전소 건물을 아파트와 식당, 바, 오피스, 쇼핑몰, 엔터테인먼트 공간 등 복합 시설로 개발하기로 결정하면서 이곳은 완전히 다른 운명을 맞이하게 되었다. 이 거대한 폐허를 단순한 '정리 대상'이 아닌, 전략적 가치를 지닌 '활용 가능한 자산'으로 재인식한 것이다.

배터시는 단순한 건축 보존 프로젝트를 넘어 도시의 정체성과 소비 경험, 자본의 흐름을 하나의 전략적 플랫폼 안에 통합 설계한 사례다. 발전소의 굴뚝과 외벽을 원형 그대로 남겨둔 결정은 '도시는 무엇을 기억하고, 어떤 방식으로 기억되기를 원하는가'라는 전략적 질문에 대한 답변이었다. 즉 오래된 산업 유산을 박물관처럼 보존하는 대신, 그 유산을 오늘의 감각으로 재해석해 현재 도시의 정체성과 경쟁력을 강화하는 것이 이 프로젝트의 본질이다.

배터시 프로젝트는 단순히 템스강 남쪽의 미개발 부지를 복합 단지로 전환한 작업이 아니라, 도시 외곽이 새로운 중심으로 전환될 수 있음을 입증한 개발 전략의 탁월한 사례다.

발전소가 '도시 안의 도시'로 진화할 수 있었던 이유

배터시 프로젝트의 가장 중요한 전략적 특징은 산업 유산을 도시의 미래 발전을 주도하는 전략적 자산으로 전환했다는 점에 있다. 오랜 유산을 부동산과 도시 브랜드 가치를 높이는 핵심 자산으로 명확히 인식한 결과, 발전소를 상징하는 4개의 굴뚝과 붉은 벽돌 외관은 유지되었다. 반면 내부는 철저히 미래지향적인 공간으로 재구성되어 주거, 리테일, 문화 시설, 오피스가 조합된 복합 프로그램은 발전소의 역사적 골격을 보존한 채 미래의 생활 방식을 수용하는 '도시 안의 도시inner city within the city'로 진화했다.

무엇보다 이 복합적 구성은 단순히 기능에 기반해 기계적으로 구획을 나눈 것이 아니라, 방문자의 경험과 체류 동선을 중심으로 유기적으로 연결되도록 설계되었다는 점이 핵심이다. 오피스 로비는 자연스럽게 갤러리와 연결되고, 쇼핑몰 위로 주거 공간이 연속되며, 내부와 외부를 관통하는 보행

©김영아

1930년대 석탄 화력발전소였던 배터시 파워스테이션의 외관은 오늘날 런던 재개발의 상징적 무대가 되었다. 아르데코 양식의 벽돌 건물과 4개의 굴뚝은 산업 유산을 보존한 채 도시가 새롭게 소비되고 기억되는 방식을 전환하는 아이콘으로 기능한다.

▶ 배터시 파워스테이션의 내부는 발전소의 거대한 산업적 스케일을 그대로 유지한 채 글로벌 리테일과 라이프스타일 브랜드가 들어선 상업 공간으로 재탄생했다. 소비의 무대가 된 이 전경은 런던이 산업 유산을 단순히 보존하는 것을 넘어 도시 성장의 엔진으로 전환했음을 보여준다.

동선은 공간의 경계를 허물고 기능 간 교차와 소통을 활성화한다. 방문자는 배터시를 물리적 시설의 집합이 아니라, 연속된 체험 구조 속에서 하나의 통합된 경험으로 인식하게 된다.

배터시의 마스터플랜은 발전소 본체를 중심으로 공공성과 프라이빗 개발이 조화롭게 교차하는 구조다. 강변을 따라 조성된 공원과 산책로는 누구에게나 열려 있으며, 리테일 공간과도 자연스럽게 이어져 보행자의 일상적인 이동 경로가 자연스레 소비와 체험으로 전환되도록 유도한다. '도시가 누구를, 어디에서, 어떻게 머무르게 하고, 그 결과 어떤 감각의 지형을 만들 것인가'라는 전략적 목표 아래 공공 공간이 설계되었다.

이를 가장 잘 보여주는 사례가 건축 회사 포스터 앤 파트너스Foster & Partners와 윌킨슨에어WilkinsonEyre를 비롯해 프랭크 게리 등 세계적 건축가들이 참여한 주거 및 상업 유닛 프로젝트다. 배터시의 이 고급 주거 유닛은 단지 유명 건축가의 시그니처를 내세운 시각적 다양성을 더하는 것을 넘어 글로벌 고소득 소비층의 유입을 견인하는 전략적 거점으로 기능한다. 산업 유산의 정서와 현대적 고급 건축을 충돌 없이 공존하도록 설계한 이 조합은 배터시가 과거의 기억과 미래의 도시 자본 흐름을 하나의 공간 구조 안에 긴밀히 통합할 수 있음을 입증한 전략적 실험이기도 하다. 산업 유산의 역사성은 훼손하지 않으면서도, 도시 경쟁력과 글로벌 투자 매력도를 극대화할 수 있는 이중 구조를 설계한 것은 도시 전략적으로 매우 상징적인 사례다.

도시의 브랜드, 경험, 라이프스타일을 설계하다

배터시 프로젝트가 일반적인 도시재생을 넘어서는 이유는 이곳이 개별 부동산 개발 사업이 아니라, 도시의 경험 전체를 설계한 브랜드 플랫폼이기 때문이다. 도시를 기능의 집합이 아닌 삶의 방식과 소비 경험이 중첩된 구조로 파악한 배터시는 이를 감각적 언어, 정밀한 동선, 명확한 정체성으로 해석해냈다.

이를테면 발전소 내부에 들어선 상업 시설들은 단순한 리테일 매장이 아니라 공간 탐험이라는 '체험형 콘텐츠'를 판매하는 장소다. 고든 램지Gordon Ramsay의 플래그십 레스토랑을 비롯해 스타벅스 리저브의 커스텀 매장과 같은 특화된 리테일스토어, 애플의 영국 오피스 등 이곳은 입점 브랜드와 공간이 서로의 정체성을 증폭시키는 방식으로 설계되었다. 브랜드 선별 과정에서도 임대료 수익이나 단순한 유동 인구 효과보다는 '어떤 브랜드가 배터시라는 산업 유산의 맥락을 더 풍부하게 확장할 수 있는가'라는 질문을 중심에 두었다.

실제로 대부분의 매장은 배터시 고유의 미감, 재료, 역사성과 조화를 이루도록 공간 디자인을 세심히 조율했다. 매장의 레이아웃, 조명 설계, 고객 동선까지 모두 건축적 맥락에 따라 정밀하게 배치했고, 그 결과 리테일 공간은 공간의 스토리와 연속된 경험 흐름을 자연스럽게 체험하는 '이야기

▲
과거 터빈을 제어하던 배터시 발전소의 컨트롤 룸은 기존 산업 시설의 구조적 특성을 그대로 살려 독특한 리테일 공간으로 탈바꿈했다. 발전소 시절의 거대한 규모와 높은 천장을 활용한 이 공간은 쇼핑과 식음료가 어우러진 복합 문화 공간으로, 산업 유산과 현대적 소비 경험을 하나로 통합한 배터시 프로젝트의 핵심 전략을 보여준다.

▶
라파엘 비뇰리(Rafael Viñoly)가 작성한 배터시 발전소 재개발 마스터플랜 스케치. 기존 발전소의 상징적 굴뚝과 터빈홀 구조를 보존하면서도 주거, 상업, 문화 시설이 통합된 복합 단지로 전환하는 과정을 보여준다. 산업 유산의 물리적 특성을 현대적 도시 기능과 결합시키는 설계 전략이 구체적으로 드러나는 자료다.

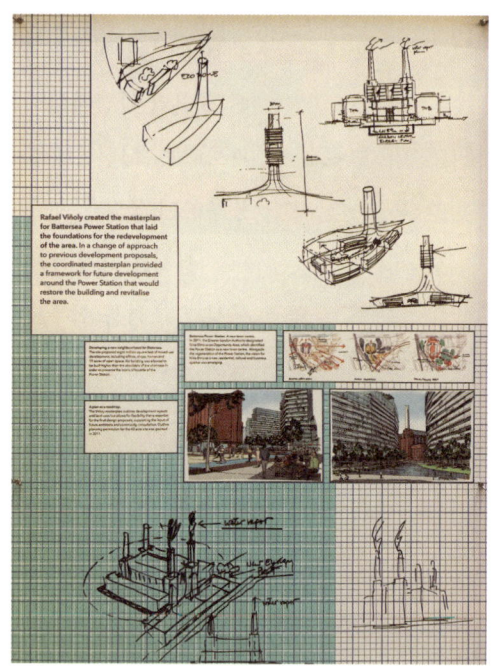

ⓒ김양아

를 따라 걷는 동선'이 되었다. 기존 쇼핑몰이 정해진 루트를 따라 이동하는 단선적 구조라면, 배터시는 방문자의 자율적인 움직임에도 공간의 흐름과 밀도가 끊기지 않도록 구성하여 경험의 질과 소비의 수준을 동시에 끌어올린다.

앞서 언급한 세계적 건축가들이 참여한 고급 주거 공간은 단지 프리미엄 주거의 기능을 넘어 도시 내부의 소비자 프로파일과 정체성을 안정화하고 도시의 라이프스타일을 정의하는 전략적 앵커anchor* 역할을 수행한다. 이 건물들은 고급 주거의 상징이자, 배터시 전체가 지향하는 감각적 라이프스타일을 대표하는 '코어 아키텍처'로서 작동한다.

이처럼 배터시는 '산업 유산의 보존'과 '프리미엄 라이프스타일의 설계'가 충돌하지 않고, 서로를 강화하는 방식으로 공존할 수 있음을 명확히 입증한 전략적 모델이다. 이 프로젝트는 산업, 문화, 브랜드, 소비자가 한 공간에서 어떻게 교차하며 상승 작용을 일으킬 수 있는지에 대한, 복합 개발의 진화를 대표하는 도시 전략 사례다.

• 전략적 앵커/앵커 테넌트(anchor tenant)는 본래 쇼핑몰이나 상업 시설에 핵심적으로 배치되는 매장을 의미하는 용어다. 일반적으로는 백화점, 대형 마켓과 같이 유동 인구를 끌어들이는 주요 매장을 지칭하지만, 도시 개발 프로젝트에서는 공간의 정체성과 경제적 가치를 명확히 설정하고 장기적인 운영 방향을 이끄는 핵심 시설을 의미하기도 한다. 이 글에서 앵커 테넌트는 단순히 경제적 중심지를 넘어 도시 전체의 정체성과 브랜드 이미지를 형성하고 이끌어가는 상징적이고 전략적인 시설을 뜻한다.

**인프라를 통해
외곽을
새로운 중심으로**

한때 배터시는 도시의 변두리였다. 템스강 남쪽 끝자락 도심과 강 사이에 동떨어져 있는 이 지대는 오랜 시간 런던 지도상에서 공백처럼 방치되어왔다. 하지만 도시 전략의 관점에서 볼 때 이러한 공백은 새로운 중심을 창출할 수 있는 잠재력을 의미한다.

◀

배터시 파워스테이션을 둘러싼 고급 주거 단지는 세계적인 건축가들이 설계에 참여해 런던 남서부의 스카이라인을 새롭게 정의한다. 단순한 주거를 넘어 투자와 상징 자산으로 기능하며, 산업 유산 재생 프로젝트가 어떻게 글로벌 자본과 도시 브랜드를 끌어들이는지를 보여준다.

배터시 프로젝트의 성공을 이끈 가장 중요한 전략적 결정은 바로 이 잠재력을 도시의 중심축으로 재정렬하는 교통 인프라 계획이었다. 특히 2021년 완공된 노던 라인 연장과 배터시 발전소역 Battersea Power Station 개통은 단지 교통망 확장의 차원을 넘어 도시 공간의 우선순위를 근본적으로 재조정한 계기였다. 새롭게 개통된 지하철 노선은 배터시와 런던 중심부를 직접적으로 연결했고, 강변 산책로와 도로망은 도시의 체류 흐름을 고려한 사용자 중심의 이동 경로 관점에서 면밀히 설계되었다.

교통 접근성이 높아지자 배터시 복합 단지는 고급 주거, 글로벌 리테일, 문화 행사, 기업 입지 유치 등 다중 기능이 집중되는 복합적 진입점 urban gateway이 되었다. 교통 접근성이 높아져 시간과 이동 경로의 장벽이 사라지자, 중심과 주변이라는 기존의 도시 이분법은 더 이상 유효하지 않게 되었다.

교통은 단순히 이동을 위한 물리적 인프라가 아니라 사람과 자본, 브랜드가 유입되는 흐름의 출발점이자, 도시의 구조와 정체성을 전략적으로 재설계하는 핵심 장치다. 템스강은 그간 런던의 도시 흐름을 양분하던 물리적 장벽이었지만, 배터시 프로젝트에서는 조망성과 이동의 순환성, 공간의 경험성을 높이는 감각적 인프라로 재해석되었다. 강변 산책로, 수상 교통망, 다리는 단순한 통행 경로를 넘어 도시적 체류 경험과 생활 방식을 설계하는 중심 요소로 작용했다. 그 결과 배터시는 단지 '가기 편한 곳'을 넘어 지속적으로 머무르고

싶은 도시 경험의 새로운 중심축으로 자리매김했다.

도시를 다시 짜는 2개의 전략, 배터시 vs. 허드슨 야드

'산업 유산을 어떻게 도시의 미래 자산으로 전환할 것인가.'

런던과 뉴욕은 이 도시 개발의 핵심 과제를 두고 전혀 다른 답을 내놓았다. 배터시와 허드슨 야드가 바로 그 전략적 차이의 상징이다.

배터시는 과거를 지우는 대신 산업 유산을 도시 중심부로 끌어들여 도시 서사의 핵심으로 재배치했다. 시간의 흔적은 제거해야 할 잔재가 아니라 도시의 정체성을 구성하는 전략적 자산이자, 현재의 감각과 기억을 활성화하는 서사의 토대였다. 이는 런던이라는 도시가 스스로 어떻게 기억되고 해석되길 원하는지 명확하게 드러내는 전략이다.

반면 뉴욕의 허드슨 야드는 과거를 지우고 그 자리에 완전히 새로운 도시를 구축했다. 철도 차량 기지가 있던 황무지에 플랫폼을 덮고, 초고층 오피스 빌딩과 럭셔리 쇼핑몰, 고급 주거 단지가 밀집된 새로운 스카이라인을 세우며 완전히 새로운 도시 풍경을 창출했다. 허드슨 야드는 과거를 미래의 이미지와 고밀도 자본, 글로벌 투자 구조로 빠르게 대체했다. 즉 도시 확장의 가능성을 공간의 규모와 개발 속도에서 찾았고, 기능과 수익 극대화를 중심에 둔 전략으로 도시 지형을 다시 썼다. 허드슨 야드는 도시재생이 아닌 말 그대로 '재건'의 전형이며, '과거는 지나갔다'라는 선언처럼 보이는 프로젝

◀

허드슨 야드는 초고층 전망대와 샴페인 패키지로 도시를 상품화하고, 배터시는 산업 유산을 재생해 라이프스타일 자본을 축적한다. 전략의 무게는 달라도, 결국 허드슨 야드에서의 한잔은 뉴욕이라는 도시 전체를 가장 값비싼 '메뉴판'에 올려놓는 장면이다.

트였다.

 이 두 프로젝트는 단지 공간의 쓰임뿐 아니라, 도시 설계가 어떻게 전혀 다른 철학과 전략으로 접근될 수 있는지를 보여주는 사례다. 배터시는 도시를 하나의 '스토리텔링의 구조'로 설계했다. 공간의 재료, 큐레이션 전략, 문화 콘텐츠, 방문자의 체류 경험까지 하나의 내러티브 안에서 정밀하게 조직한 체류자 중심의 감각적 경험이 설계의 출발점이었다.

 반면 허드슨 야드는 자본 시스템의 최적화된 모델이다. 기업 입지, 소비자의 이동 동선, 고액 자산가의 주거 패턴을 수직적이고 기능적으로 배치하며, 도시를 효율성과 투자 회수의 관점으로 조직했다. 전자가 '무엇을 기억하게 할 것인가'를 중심으로 설계했다면, 후자는 '어떻게 투자와 수익 구조를 극대화할 것인가'를 설계한 셈이다.

 배터시는 도시 설계의 핵심이 '왜 이 장소여야만 하는가'라는 질문에 있음을 명확히 전달했고, 허드슨 야드는 '무엇을 얼마나 효율적으로 채울 것인가'를 기준으로 도시를 구축했다. 다시 말해 배터시는 역사를 전략화한 도시, 허드슨 야드는 속도와 스케일을 구조화한 도시다.

한국의 도시들도 '복합 개발'이라는 이름 아래 빠르게 재구성되고 있다. 서울역 일대, 용산, 송도, 청라, 성수동까지, 도시의 외곽은 새롭게 브랜드화되고 중심축으로 부상 중이다. 그

어떤 방식으로 사람과 자본을 끌어들일 것인가

러나 여전히 공간의 기능을 나열하고 물리적 인프라를 확장하는 방식으로만 접근한다면, 그것은 단기적 투자 회수에만 치중한 불완전한 전략일 뿐이다. 배터시의 사례는 도시 개발이란 단지 새로운 장소를 만드는 일이 아니라, 사람들이 도시에 머무르며 자신의 일상을 소비하고 싶은 이유와 명분을 끊임없이 제공하는 작업이어야 한다는 점을 분명히 제시했다.

배터시 프로젝트가 실제로 사람과 자본을 끌어들이는 전략의 중심에는 '도시가 기억되는 방식'과 '지속 가능한 체류 경험'이 있었다. 이 프로젝트는 도시를 구성하는 건축물과 리테일, 주거의 개별적인 기능 배치가 아닌, 소비자와 투자자에게 반복적 방문을 유도하는 공간적 시나리오를 정교하게 기획했고, 이를 통해 일회적 방문이나 투자로 끝나지 않는 순환적 도시 자산 구조를 형성했다.

한국의 도시들이 앞으로 복합 개발을 계획할 때, 도시를 '무엇으로 채울 것인가'가 아니라 '어떤 감각과 스토리를 경험하게 할 것인가'를 핵심 전략으로 설정해야 하는 이유가 바로 여기에 있다.

배터시가 던진 메시지는 명확하다. 도시의 전략이란 공간의 기능을 단순히 배치하는 것을 넘어 사람들이 그 공간에 지속적으로 머물고 싶어 하고, 자본이 자연스럽게 유입될 수 있도록 경험의 구조를 정교하게 설계하는 일이다. 이것이 앞으로 한국의 도시 개발이 던져야 할 질문이자, 배터시가 우리에게 남긴 가장 본질적인 과제다.

| HafenCity & Elbphilharmonie |

하펜시티와 엘프필하모니, 도시를 브랜드로 설계하는 법

도시를 다시 그리는 일은 흔히 '복원'이라는 단어와 짝을 이룬다. 무언가를 되살리고, 지워진 시간의 흔적을 복구하는 과정이기 때문이다. 그러나 독일 함부르크의 하펜시티 HafenCity는 기존 도시재생의 언어로는 설명되지 않는다. 하펜시티는 유럽 최대 규모의 항만 재생 프로젝트이자, 함부르크의 정체성과 역할을 전략적으로 재구성한 사례다. 산업 기능을 잃은 항만의 골격을 지우지 않고, 그 위에 문화·주거·업무·공공 공간을 관계 중심으로 결합해 새로운 도시를 구축했다.

    과거 하펜시티는 항만 물류의 심장부였다. 벽돌 건물과 철제 구조물, 적재된 컨테이너들은 도시의 혈관처럼 물류를 순환시키며 도시의 경제를 책임졌다. 하지만 1960년대 이후 교통망의 발전과 산업 구조의 재편으로 항만은 기능을 상실했고, 오랜 세월 도시의 뒷모습으로 잊혔다. 그러던 하펜시티에 항만재생 프로젝트를 통해 새로운 가능성이 시작된 것은 1997년에 이르러서다.

    하펜시티의 혁신은 과거의 흔적을 지우지 않은 채 기존 구조 위에 도시의 미래를 레이어처럼 쌓아올린 방식에서 비롯된다. 무역 창고, 벽돌과 철, 적재된 컨테이너들이 도시의 등줄기를 이루던 오래된 항만의 거친 산업적 골격을 유지하면서, 그 위에 문화, 주거, 업무, 상업, 공공 공간을 층층이 결합하여 새로운 도시를 겹쳐 올렸다. 각각의 기능을 구역별로 나누지 않고 도시 내 활동과 흐름에 따라 관계 중심으로 연결하면서, 시간의 지층 위에 도시의 미래를 덧입히는 방식으로 재생의 스케일을 새롭게 보여준 것이다. 이 프로젝트는 노후 항만을 정비하는 수준이 아니라 도시의 심장부를 통째로 다시 조직한 것이며, 그 결과 하펜시티는 '기능적 분리'라는 전통적 도시 설계의 한계를 넘어 '공간 간의 관계'라는 전략적 디자인을 제시하는 모델로 자리 잡았다.

엘프필하모니, 예술이 도시를 바꾸는 방식

엘프필하모니 Elbphilharmonie는 건축이 도시를 어떻게 바꿀 수 있는지 가장 명확하게 보여주는 사례다. 과거 도시 외곽에 방치되었던 물류 창고 위로 도시의 핵심 가치를 담은 건축물이 들어서면서 함부르크의 공간적 위계와 이동 흐름을 완전히 바꾸어놓았다. 1963년, 함부르크는 카카오를 저장하는 창고였던 이곳에 도시의 새로운 상징이 된 '엘프필하모니'라는 강력한 건축적 메시지를 새겨넣었다.

이 프로젝트의 건축을 담당한 스위스의 건축 회사 헤르조그 앤 드뫼롱은 도시의 시간과 기능을 전환하는 전략적 프레임을 제시했다. 그들은 도시가 과거를 어떻게 끌어안아야 하는지를, 미래의 정체성을 어떤 방식으로 투영해야 하는지를 치밀하게 고민했다. 그 결과물이 바로 과거의 벽돌 구조물과 유리의 현대적 곡면이 만나는 강력한 건축적 대비다. 유리 파사드는 강물의 물결과 도시의 불빛을 끊임없이 반사하며 도시 전체를 아우르는 거대한 스크린 역할을 하고, 내부에서 울리는 음악의 진동이 건축물을 통해 도시 공간으로 자연스럽게 흘러나오도록 설계되었다. 즉 엘프필하모니는 과거의 구조 위에 단지 예술을 더한 것이 아니라, 도시 공간에서 예술을 경험하는 방식을 전면적으로 재편하는 출발점을 만들어냈다.

  엘프필하모니는 기능적으로 볼 때 콘서트홀이자 예술기관이지만, 도시 전략의 관점에서는 하펜시티 전체 프로젝트의 방향과 가치를 제시하는 전략적 구심점이자 앵커테넌트 Anchor Tenant*로 기능한다.

  엘프필하모니는 도시 외곽에 자리 잡은 일반적인 문화 시설들과 달리, 도시의 가장 안쪽에서 시민의 일상과 직접적으로 연결되며 예술을 도시의 중심부로 끌어들였다. 이곳은 공연이 없는 날에도 늘 사람들로 붐빈다. 누구에게나 개방된 플라자에서 시민들은 함부르크의 항구를 내려다보거나 내부의 전시 공간과 휴게 시설을 자유롭게 오간다.

  엘프필하모니는 무대와 관객, 내부와 외부, 특별한 이벤트와 일상의 경계를 없애고, 예술을 도시의 중심에 깊숙이 자리 잡게 하는 효과적인 공간 전략을 실현했다. 예술은 더 이

▶
옛 항만 창고 위에 얹힌 유리 파사드. 엘프필하모니는 함부르크의 과거와 미래를 동시에 비추는 도시의 아이콘이다. 산업 유산과 문화 시설을 결합한 이 건축은 단순한 공연장을 넘어 '예술을 통한 도시 브랜드 전략'의 상징적 성취다.

•
대형 복합 개발 프로젝트나 상업 시설 등에서 초기 투자와 브랜드 파급력을 통해 주변 개발을 유도하고 자산 가치를 끌어올리는 핵심 입점 요소. 쇼핑몰에 입점한 백화점, 복합 개발지구의 미술관, 공연장, 호텔 등이 이에 해당하며, 존재 자체가 다른 투자자와 기능을 끌어들이는 전략적 기반이 된다.

상 도시의 '외부에서 열리는 특별한 이벤트'가 아니라, 도시민의 일상에 내재된 상시적이고 자연스러운 경험이 되었다.

공공성을 강조한 문화 시설은 세계 곳곳에서 찾아볼 수 있다. 그러나 엘프필하모니의 차별성은 단순히 시설을 개방하거나 공공성을 높이는 차원을 넘어 예술적 가치를 강조하는 동시에, 도시의 일상적이고 공공적인 경험을 실질적으로 통합한 새로운 형태의 도시 공간으로 자리매김했다.

엘프필하모니라는 '문화적 앵커'의 경제적 파급력

엘프필하모니는 도시의 중심을 잡아주는 '문화적 앵커'이자, 도시 전체의 경제적 흐름을 재편하는 전략적 자산이다. 함부르크는 단일 건축물의 존재만으로도 문화와 경제, 공공성과 부동산이 긴밀히 연결되는 다목적 도시 개발의 새로운 시나리오를 쓸 수 있었다. 음악당 하나가 도시의 수익 구조를 바꿨다는 말은 결코 과장이 아니다. 실제로 엘프필하모니는 개관 이후 매년 수백만 명의 방문객을 끌어들이며 주변 호텔, 상업 시설, 레스토랑, 문화 소비를 연결하는 광범위한 경제 생태계를 만들어냈다.

여기서 중요한 점은 이 경제적 효과가 엘프필하모니 자체에만 머물지 않고, 하펜시티 전체로 퍼져나갔다는 것이다. 하펜시티는 엘프필하모니를 중심으로 고급 주거 시설과 더 웨스틴 호텔, 상업 시설, 공공 플라자에 이르는 다양한 공간이 서로를 견인하도록 설계된 도시 전략의 종합체다. 개별 시설마다 독자적인 수익 모델이 존재하지만, 엘프필하모니의 강력한 인지도와 도시민을 끌어들이는 설계의 중심성이 주변 다른 시설들의 활용도와 자산 가치를 실질적으로 높여준다. 이런 맥락에서 문화 시설은 투자를 촉진하고 경제 활동을 유도하는 출발점이며, 엘프필하모니는 '문화 시설 하나로 도시의 자산 구조를 근본적으로 변화시킬 수 있다'라는 가능성을 증명해냈다.

이 구조는 도시의 부동산 시장에도 직접적인 영향을 미쳤다. 엘프필하모니 개관 이후 하펜시티 일대의 고급 주거 수요가 크게 증가하면서 부동산 가치가 급등했고, 도시는 문화적 이미지와 경제적 브랜드 가치를 동시에 확보했다. 공연장이 티켓 수익에만 의존하지 않아도 지속 가능할 수 있는 이유가 바로 여기에 있다. 즉 문화 콘텐츠가 부동산과 도시 경제 전반을 견인하는 복합적 경제 모델을 형성한 것이다.

결국 하펜시티는 엘프필하모니라는 강력한 앵커 테넌트를 통해 예술과 문화가 도시의 경제적 잠재력을 어떻게 극대화할 수 있는지를 구체적으로 입증했다. 하펜시티는 문화와 경제, 공공성과 부동산이 서로를 견인하며 도시 전체의 가치를 끌어올리는 가장 정교하게 구조화된 복합 개발 모델로 자리 잡았다.

엘프필하모니가 들어선 이후 함부르크는 베를린, 뮌헨과 구별되는 '항구 위의 문화 도시'라는 독자적인 포지션을 갖게 되었다. 단일 건축물이 도시의 이미지를 바꾸는 데 그치지 않고, 글로벌 인식을 전환하는 강력한 전략적 자산이 될 수 있음을 입증한 셈이다.

    도시의 경계에 위치한 이 건축물은 도시에 들어서는 이들에게는 압도적인 첫인상을 남기고, 도시를 떠나는 이들에게는 오래도록 지속되는 기억을 새긴다. 시선을 정밀하게 제어하고, 방문객의 체류를 유도하며 도시 전체의 경험을 감각적 내러티브로 전환하는 엘프필하모니의 구조는 강력한 공간 경험이 도시 브랜딩을 어떻게 비약적으로 끌어올릴 수 있는지를 설계한 정교한 지침서와 같다.

▶ 하펜시티의 강변 주거 단지는 거대한 아이콘이 아닌, 일상의 도시 풍경을 재구성한다. 산업 항만의 흔적 위에 새로운 생활 기반을 쌓아 올린 이곳은 유럽 최대 재생 프로젝트가 도시의 일상과 어떻게 맞닿는지를 보여주는 사례다.

하펜시티 프로젝트가 특별한 이유는 문화와 경제, 공공성과 민간 투자가 서로의 영역을 침범하지 않고 동시에 작동하도록 전략적으로 설계되었다는 점이다. 엘프필하모니는 문화 시설임에도 불구하고 도시 전체의 자산 가치를 견인하는 중심축이 되었고, 하펜시티는 부동산 개발 모델임에도 예술과 문화적 요소를 전략적으로 핵심에 배치했다. 이 결합은 단순히 '복합'이라는 표현으로는 충분하지 않다. 도시를 구성하는 이질적인 요소들이 어떻게 하나의 전략적 체계 안에서 서로의 가치를 명확하게 강화할 수 있는지를 증명한 구조적 실험이었다.

    하펜시티 프로젝트를 주도한 하펜시티 함부르크사 HafenCity Hamburg GmbH는 공공과 민간의 이해관계를 조율하며

하펜시티 개발 전략, 도시를 다시 짜는 구조적 실험

©김양아

©김양아

단계적 부지 매각에서부터 기능 배치, 브랜드 유치, 투자 파트너십 설계까지 전체 과정을 일관되게 관리해왔다. 그 결과 엘프필하모니, 더 웨스틴 호텔, 고급 주거, 상업 공간, 공공 플라자 등 각기 다른 시설이 독자적인 수익 모델을 유지하면서도 상호보완적으로 도시 가치를 높이는 체계를 완성했다. 하펜시티의 핵심은 단지 기술적·조경적 접근이 아니라, 공간 활용과 자본 흐름을 동시에 설계한 구조적 사고방식 그 자체다. 이를 통해 도시의 공공적 기능과 상업적 수익성을 결합한 통합 도시 생태계를 구현했으며, 복합 개발의 범주를 넘어 도시 개발의 새로운 구조적 원리를 제시했다.

하펜시티의 실험은 함부르크라는 특정 도시의 성공담에 머물지 않는다. 이는 문화 자산을 경제 성장의 동력으로 전환하고, 역사적 공간을 미래지향적 브랜드로 재구성하는 데 있어 전 세계 도시들이 직면한 과제를 풀어내는 실질적 모델이다. 공공성과 수익성을 배타적 선택이 아닌, 상호 강화의 축으로 설계한 이 구조는 복합 개발의 한계를 넘어 도시를 '지속적으로 가치 상승이 가능한 브랜드'로 만드는 전략적 원리를 제시한다. 하펜시티가 남긴 가장 큰 유산은 건물이나 인프라가 아니라, 도시를 하나의 유기적 생태계로 설계하는 사고방식 그 자체다.

| Bjarke Ingels Group |

덴마크 BIG,
도시 설계의 논리를 바꾸다

'덴마크' 하면 자전거가 삶의 중심이 된 거리, 간결하고 실용적인 북유럽 디자인, 수변의 여유로운 풍경이 가장 먼저 떠오른다. 그러나 이러한 낭만의 이면에는 도시의 건축, 정책, 자본을 하나의 전략적 구조로 통합해 연결하는 철저한 설계적 사고가 숨어 있다. 그 흐름의 중심에 있는 존재가 바로 비야케 잉겔스 그룹, 즉 BIG Bjarke Ingels Group다. 덴마크에서 시작해 전 세계로 활동 무대를 넓힌 BIG는 단순히 아름다운 건축물을 만드는 집단이 아니다. 이들은 도시재생, 공공 인프라, 라이프스타일 변화, 부동산 가치 상승에 이르는 도시 전반의 모든 메커니즘을 설계한다. BIG의 접근법은 한 문장으로 압축할 수 있다.

'건축은 도시를, 도시는 비즈니스를 바꾼다.'

BIG의 모든 프로젝트는 이 명제를 명확하게 입증한다. 이들은 북유럽 특유의 공공성이라는 기초 위에서, 도시 공간을 구체적인 삶의 방식과 투자 가치로 연결하는 독창적 접근 방식을 구현해왔다. 디자인의 미학과 실용성, 정책적 목표와 경제적 수익성, 지속 가능성과 일상의 즐거움이라는 서로 상

©BIG

에잇하우스는 '건축=도시의 축소판'이라는 철학을 가장 선명하게 보여준다. 주거, 오피스, 상업 공간이 입체적으로 교차하는 구조는 단일 건물이 아니라 하나의 작은 도시처럼 작동하며, 덴마크가 지향하는 혼합 용도 개발의 전략적 모델을 제시한다.

▼

BIG의 에잇하우스는 자전거로 옥상까지 이어지는 경사형 구조를 통해 건축을 단순한 주거 단지가 아니라, '도시의 축소판'으로 제안한다. 주거를 넘어 도시적 기능을 포괄하는 새로운 생활 단지 모델이다.

©Ty Stange

충되기 쉬운 요소를 동시에 충족시키며, 도시가 어떻게 '경험을 기반으로 하는 비즈니스 플랫폼'으로 진화할 수 있는지를 증명했다.

에잇하우스가 보여주는 라이프스타일의 프로토타입

코펜하겐 외곽, 과거 습지였던 외레스타드Ørestad는 이제 '도시 실험의 전시장'으로 불린다. 덴마크가 국가적 차원에서 심혈을 기울여 조성한 이 신도시는 메트로가 중심을 관통하고, 혁신적 건축물들이 들어서면서 '어떻게 살아야 하는가'라는 질문에 대한 새로운 답을 제시하고 있다. 그 중심에 있는 것이 바로 BIG의 대표작인 '에잇하우스8 House'다.

이 건물은 숫자 '8'을 닮은 평면 위에 하나의 작은 도시처럼 기능하는 복합 생태계를 구현했다. 상업 시설, 오피스, 주거 공간이 입체적으로 결합돼 있으며, 건물 내 동선은 도시의 실제 생활 패턴을 그대로 반영한다. 하부에는 상점과 오피스가, 중간층에는 소형 주거 스튜디오가, 최상층에는 가족형 아파트가 자리 잡는다. 이 모든 공간은 옥상과 테라스 그리고 외부 경사로를 따라 끊김 없이 연결된다.

이 연결을 가능하게 하는 핵심 요소는 자전거다. 코펜하겐 시민들에게 자전거는 단순한 교통수단이 아니다. 일상의 필수적 라이프스타일이자 정체성이라 할 수 있으며, BIG는 이를 건축 설계의 중심축으로 삼았다. 주민들은 거리에서부터 자전거를 타고 건물의 비스듬한 경사로를 따라 10층까지 자연스럽게 올라가면서 상점과 카페를 지나고 이웃과 마주친다. 도시의 속도를 느끼고, 공간을 누리는 방식이 한 건물에 압축되어 있다.

에잇하우스는 건물, 도시, 사람 사이의 경계를 허물며 건축이 도시 인프라와 연속적으로 이어질 수 있다는 가능성을 보여준다. 이 연속성 덕분에 건물 내 유동 인구가 증가하고, 주거와 상업 시설이 서로의 가치를 증폭시킨다. 중요한 점은 이러한 효과가 도시계획적 접근이 아니라, 건축적 디테일로 구현된 복합 동선 설계를 통해 실현되었다는 것이다.

이곳의 진정한 가치는 단지 공간적 효율에 있지 않다. 주거, 업무, 상업 시설을 한 건물에 통합함으로써 '완결된 라이프스타일'을 제안하는 데 있다. 집 근처에 아이를 맡기고, 몇 걸음 떨어진 오피스에서 일하며, 저녁에는 단지 내 레스토랑에서 식사하는 삶. 모든 것이 하나의 동선 안에서 이뤄지는 올 인 원all-in-one 도시의 압축 버전이다.

무엇보다 에잇하우스는 입지나 면적이 아니라, '삶의 구조와 움직임'을 제안한 설계 방식 그 자체가 시장의 가치로 연결된 사례다. 건축이 제안하는 라이프스타일이 곧 시장에서 통용되는 가치가 되었다는 점에서 부동산 개발의 새로운 전략적 기준을 제시한 셈이다. 실제로 초기 분양은 빠르게 완료되었고, 임대 수익률 역시 지역 평균을 크게 상회했다. 건축적 실험이 도시 브랜딩을 거쳐 다시 실제 수익 모델로 연결된 것이다. BIG가 추구하는 '건축과 비즈니스는 함께 성장해야 한다'라는 원리가 현실로 구현된 사례다.

**코펜힐,
지속 가능성을
일상으로 전환한
도시 인프라의
결정체**

하얀 건물 옥상에서 사람들이 스키를 탄다. 연기가 피어오르는 굴뚝 아래에선 누군가는 하이킹을, 누군가는 클라이밍을 즐긴다. SF 영화 세트처럼 보이는 이 기이한 풍경은 코펜하겐 항만 지역의 에너지 시설 '코펜힐CopenHill'에서 펼쳐지는 실제 일상이다. BIG는 이 프로젝트에서 도시가 가장 숨기고 싶어 하는 기능(쓰레기 소각장)을 도시의 가장 매력적인 레저 플랫폼으로 완전히 탈바꿈시켰다. 폐기물 처리, 전력 생산, 지역 난방 공급이라는 필수적이지만 외곽으로 밀려났던 핵심 도시 인프라를 숨기기는커녕 오히려 가장 눈에 띄는 도시의 랜드마크로 드러냈다. 건물 옥상에는 사계절 이용 가능한 인공 스키 슬로프와 하이킹 코스가 펼쳐지고, 파사드 한쪽 벽면은 거대한 인공 암벽장으로 변모한다. 사람들은 이곳에서 스포츠와 여가를 즐기는 동시에 도시의 에너지 순환 프로세스를 직접 목격하고 체험하게 된다. 낙후된 인프라가 도시의 핵심 콘텐츠로 전환되는 순간이다.

BIG는 이 프로젝트를 '헤도니스틱 지속 가능성Hedonistic Sustainability의 결정체'라 부른다. 이는 지속 가능성을 절제나 불편함과 연결 짓지 않고, 오히려 즐거운 경험과 매력적인 콘텐츠를 통해 시민들이 자발적으로 환경과 지속 가능성을 체감하도록 하는 설계 철학이다. 코펜힐은 단순히 친환경 기능

◀
코펜힐의 외벽 클라이밍은 에너지 인프라를 시민의 일상적 즐길 거리로 전환한 상징적 장면이다. 환경 부담을 줄이는 설비가 놀이와 스포츠의 무대가 되면서 지속 가능성은 추상적 구호가 아닌, '직접 경험되는 도시 자산'으로 재정의된다.

▶
코펜힐은 쓰레기 소각장을 친환경 인프라와 여가 시설로 전환한 프로젝트다. 매끈한 파사드 위에 스키 슬로프와 등산로를 얹어 '도시 기반 시설'이 곧 '도시의 놀이터'가 될 수 있음을 증명한다.

©김양아

을 갖춘 건축물이 아니라, 시민들이 에너지 생산과 폐기물 처리 과정을 직접 보고 체험하면서 도시의 에너지 순환 구조를 일상의 한 부분으로 자연스럽게 받아들이도록 고안되었다. 내가 내놓은 쓰레기가 에너지로 전환되고, 그 위에서 스키와 레저를 즐기는 순간, 지속 가능성은 더 이상 추상적인 개념이 아니라 구체적인 삶의 방식이 된다. 도시는 이렇게 감각과 인식이 연결된 시스템으로 작동한다.

이 프로젝트는 공공 인프라에 대한 기존의 접근을 근본적으로 전환할 것을 요구한다. 일반적으로 폐기물 처리 시설이나 에너지 관련 인프라는 도시 외곽으로 밀려나 시민의 시야에서 숨겨져 왔지만, 코펜하겐은 이 시설을 도시 중심부에 과감히 드러내고 시민들이 그 작용 원리를 직접 체험하도록 만들었다. 이러한 접근은 도시 경제 측면에서도 강력한 파급력을 가져왔다. 주민들의 환경 의식 변화는 물론이고, 관광객 유입 증가, 주변 상권 활성화, 부동산 가치 상승으로 연결되는 실질적 수익 모델로 이어졌다. 기존에는 비용으로만 간주되던 공공 인프라가 코펜힐에서는 레저, 에너지, 환경, 경제적 수익이 공존하는 다층적 도시 플랫폼으로 재구성된 것이다. 이제 도시 인프라는 비용이 아니라 환경적 가치, 시민의 경험, 경제적 수익이 결합된 입체적 플랫폼으로 작용한다. BIG는 코펜힐을 통해 도시를 유지하는 가장 무미건조한 시설조차 도시 브랜드를 강화하는 강력한 콘텐츠이자, 명확한 경제적 자산으로 전환할 수 있음을 입증했다.

레고하우스, 브랜드와 도시가 교차하는 건축의 언어

덴마크 중서부의 작은 도시 빌룬Billund은 인구가 2만 명도 되지 않지만, 전 세계 어린이와 가족들에겐 매우 친숙한 이름이다. 바로 레고LEGO의 본사가 위치한 도시이기 때문이다. 이 도시를 한 기업의 본사 소재지에서 글로벌 창의 산업의 상징으로 바꿔놓은 것은 본사 건물이나 테마파크가 아니라, BIG가 설계한 '레고하우스LEGO House'다. 멀리서 보면 이 건물은 거대한 레고 블록을 겹겹이 쌓아올린 듯한 형상을 하고 있지만, 그 안에 담긴 설계는 단순한 외형적 오마주에 머물지 않는다. 레고의 핵심 가치인 창의성과 조립, 상상력이라는 철학을 구체적 건축 언어로 해석한 공간적 브랜드 전략이자, 브랜드의 정체성을 도시의 풍경에 녹여낸 사례다.

레고하우스 내부는 단순히 전시를 위한 시설이 아니라, 방문자의 이동과 체류 시간이 길어질수록 브랜드 경험의 밀도가 높아지도록 설계되어 있다. 어린이와 가족들은 이곳에서 직접 레고를 조립하고, 분해하고, 새로운 방식으로 재구성하며, 건물 전체를 하나의 놀이처럼 즐긴다. 특히 블록처럼 층층이 쌓인 옥상은 각기 다른 기능과 테마가 배치되어 있어 건물 전체가 브랜드의 핵심 철학을 건축적 구조로 번역한 결과임을 짐작하게 한다.

레고하우스는 단순한 체험형 시설의 범주를 넘어 브랜드와 도시의 경계를 허물고 서로의 가치를 증폭시키는 공간적 매개체다. 방문객은 단지 레고의 제품을 체험하거나 소비하는 데 머무르지 않고, 레고가 제안하는 창의적 사고방식으

©Rasmus Hjortshøj

◀

레고하우스는 거대한 레고 블록을 겹겹이 쌓은 형태로, 레고가 지향하는 놀이와 학습의 철학을 도시적 건축 언어로 번역한 상징적 건축물이다. 단순한 체험 공간을 넘어 레고가 도시적 아이콘으로 기능하는 방식을 증명하는 상징적 플랫폼이다.

로 도시를 새롭게 이해하고 경험하는 법을 자연스럽게 익히게 된다. 도시는 브랜드의 철학과 놀이 문화를 구현하는 무대가 되고, 브랜드는 다시 도시의 정체성을 새롭게 정의하는 문화적 자산으로 기능한다.

BIG는 레고의 핵심 가치를 건축이라는 물리적 형태를 통해 도시 경험으로 전환하고, 이를 통해 브랜드와 도시가 상호작용하는 새로운 모델을 제시했다. 빌룬은 이를 통해 '어린이 창의력의 수도'라는 독자적인 도시 정체성을 획득했고, 이 명확한 포지셔닝은 매년 수십만 명의 관광객을 끌어들이는 도시 경제 활성화 흐름으로 이어졌다. 규모는 작지만 세심하게 설계된 하나의 브랜드 공간이 도시의 정체성과 지역의 경제 구조까지 근본적으로 재편하는 가능성. 레고하우스는 바로 그 가능성을 현실화한 공간이다.

건축은 도시를, 도시는 비즈니스를 바꾼다

오늘날 세계 곳곳의 혁신적이고 실험적인 건축 스튜디오들의 활약 속에서 BIG가 특별히 돋보이는 이유는 도시 차원의 전략적 통합 솔루션을 설계한다는 데 있다. 도시계획의 일부에만 관여하거나, 개별 건축 프로젝트의 완성도에 집중하는 대부분의 건축가와 달리 BIG는 부동산, 인프라, 브랜드, 사용자 경험, 수익 모델 등 도시를 구성하는 모든 요소를 하나의 통합된 설계 언어로 재편한다.

BIG는 건물이 어떤 도시적 맥락 위에 구축되어야 하는 지부터 건물의 운영 방식, 사용자의 구성, 그들의 구체적 행동 패턴까지 하나하나 철저하게 설계한다. 도면 위의 공간적 계획을 넘어 실제 운영 모델과 시장의 흐름까지도 명확히 제시한다는 점에서, BIG는 도시 설계자이자 비즈니스 전략가의 역할을 동시에 수행한다. 이는 단지 건축가라는 범주를 넘어 개발자, 행정가, 투자자 등 다양한 이해관계를 하나의 목표로 조율하고 연결하는 새로운 형태의 협력적 조정자collaborative orchestrator®로서 기능한다는 뜻이다.

    BIG는 시 당국, 민간 디벨로퍼, 에너지 기업, 문화기관 등과 긴밀히 협업해 단일 프로젝트를 도시 전체 전략과 명확히 연결된 자산으로 발전시킨다. 에잇하우스, 코펜힐, 레고하우스 모두 도시의 맥락 속에서 상업적·문화적·환경적 가치를 재해석하고, 동시에 명확한 투자 수익과 사용자의 경험 가치를 입증했다.

    이들의 관점은 도시를 공간이 아닌, 하나의 라이프스타일 플랫폼으로 바라보는 사고에서 출발한다. 과거의 도시 전략이 유명 건축을 랜드마크로 삼아 관광객 유입에 집중했다면, BIG는 도시 전체를 시민의 생활 패턴과 연결된 통합된 경험 구조로 재편한다. 도시 내 이동 동선, 교통 인프라, 지역 상권을 정밀하게 연결한 이 통합 시스템은 도시를 사용자 중심의 비즈니스 환경으로 바꿔놓는다.

    이 모델은 이제 덴마크를 넘어 파리, 베를린, 런던 등으로 확장되고 있다. 이들 도시 역시 낙후된 산업 지역을 문

▶
수변에 앉아 햇살과 바람을 즐기는 사람들과 그 너머로 보이는 현대적 건축. 이 느긋함과 활력이 교차하는 장면이야말로 오늘날 덴마크 그리고 코펜하겐이 세계에 보여주는 생생한 도시의 초상이다.

●
도시 프로젝트의 기획, 설계, 실행 과정에서 다양한 이해관계자(개발자, 투자자, 행정기관, 시민 등)를 단순히 연결하는 데 그치지 않고, 각 주체의 목표와 기대를 명확한 전략적 방향으로 통합하여 프로젝트의 경제적·사회적·문화적 성과를 극대화하는 역할을 뜻한다. BIG는 개별 건축 프로젝트를 넘어 도시의 브랜드 가치 상승, 지속 가능성, 사용자 경험 개선과 같은 명확한 전략적 목표를 설정하고, 이를 달성하기 위해 이해관계자 간의 협력과 자원 배분을 효과적으로 조율한다는 점에서 '협력적 조정자'라 표현할 수 있다.

화·생활 거점으로 전환하며 유사한 접근법을 시도하고 있지만, 덴마크는 국가적 차원에서 도시를 브랜드화·수익화하는 실험을 가장 빠르고 일관되게 추진했다. BIG의 프로젝트는 작은 국가의 도시 전략이 어떻게 글로벌 도시의 미래 모델로 확장될 수 있는지를 보여주는 명징한 기준점이 되었다.

에잇하우스의 복합적 생활 모델, 코펜힐의 레저·환경 인프라, 레고하우스의 브랜드와 도시의 통합적 공간 등. 이들은 도시의 기능과 경험을 다시 설계하며 실질적인 경제적 파급력을 이끌었다. 이 모든 사례가 보여주는 핵심은 명확하다. 건축이 도시 운영의 구조와 원리를 근본적으로 바꾸고, 변화된 도시가 새로운 비즈니스 모델과 삶의 방식을 창출한다는 점이다. 주거와 인프라, 브랜드와 레저, 환경과 시민의 일상생활이 별개의 요소로 존재하는 것이 아니라, 하나의 도시 생태계로 긴밀히 연결되는 구조를 명확히 보여준 것이다.

'건축은 도시를, 도시는 비즈니스를 바꾼다'라는 명제는 더 이상 추상적 이론이 아니라, 덴마크와 BIG를 통해 실질적으로 구현된 도시 설계의 새로운 표준이다. 이것이 바로 덴마크식 도시 전략이 주목받는 이유이며, 덴마크라는 작은 나라가 도시 전략의 미래를 이끄는 이유다. BIG가 만들어낸 것은 단순한 건축물이 아니라, 미래 도시를 움직이는 시스템 그 자체다.

| LUMA Arles |

루마 아를, 랜드마크가 소도시의 미래를 바꾸는 방식

지중해의 햇살이 황금빛으로 내려앉는 남프랑스의 소도시 아를Arles. 빈센트 반 고흐Vincent van Gogh가 강렬한 색채와 빛을 화폭에 담았던 예술 도시이지만, 한동안 그 유산을 경제적 가치나 글로벌 인지도와 충분히 연결하지 못했다. 하지만 프랭크 게리가 설계한 복합 문화 공간 루마 아를LUMA Arles의 등장으로 상황이 달라졌다. 이곳은 하나의 랜드마크가 작은 도시의 정체성과 경제 구조를 어떻게 바꿀 수 있는지를 보여준다. 개관 이후 아를은 지역 경제 활성화와 글로벌 문화 네트워크 확장이라는 이중 변화를 맞으며, 역사적 예술 도시에서 현대 문화 실험의 무대로 재정립되었다.

프랭크 게리가 파리나 런던 같은 대도시가 아닌, 아를을 선택한 이유는 분명하다. 로마 원형극장과 수도교가 남아 있는 이 도시는 수세기 동안 변화를 수용해온 문명 교차점이다. 강렬한 햇살, 풍부한 자연환경, 지중해 특유의 개방성은 예술가들에게 지속적으로 영감을 제공해왔다. 최근에는 아를 국제 사진 축제Les Rencontres d'Arles를 통해 현대 사진 예술의 중심지로 부상하며 글로벌 창작자들이 모이는 문화 허브로 자리 잡았다.

프랭크 게리, 빌바오와 파리를 넘어선 새로운 도시 전략

프랭크 게리는 현대 건축을 이야기할 때 빼놓을 수 없는 이름이다. 그는 해체주의Deconstructivism를 대표하는 건축가로, 자유로운 곡선과 파격적인 형태를 통해 건축물을 하나의 거대한 조형 예술로 구현해왔다. 하지만 그의 진짜 강점은 형태적 파격에 머물지 않는다. 그가 완성한 랜드마크적 건물들은 도시의 정체성과 경제적 가치를 근본적으로 재편하는 강력한 파급력을 발휘한다.

대표적인 사례는 '빌바오 효과Bilbao Effect'로 유명한 빌바오 구겐하임 미술관이다. 쇠락한 산업 도시였던 빌바오는 프랭크 게리의 미술관 건립 이후 연간 수백만 명의 관광객을 끌어들이며 재생을 통한 문화적·경제적 부흥을 경험했다. 파리 루이비통 재단 역시 프랭크 게리의 전략적 건축이 지닌 파급력을 보여준다. 이미 예술과 문화의 메카로서 탄탄한 위상을 지닌 파리에 그의 혁신적 조형물이 들어서면서 브랜드와 도시가 시너지를 이루는 새로운 문화 허브가 탄생한 것이다. 루이비통 재단은 럭셔리 브랜드의 정체성에 혁신성을 접목함으로써 건축이 어떻게 대도시의 이미지를 한층 세련되고 현대적으로 재정의할 수 있는지 입증했다.

아를은 이 두 사례와는 전혀 다른 스펙트럼에 있다. 산업적 기반이 풍부했던 빌바오나 전 세계 문화 예술의 중심지

▶
루마 아를의 타워는 빈센트 반 고흐의 빛의 도시 아를을 현대 건축의 언어로 재해석한 아이콘이다. 역사와 예술, 도시와 브랜드 전략이 교차하는 이 실험적 건축은 아를을 세계 문화 지도에 새로이 각인시킨다.

ⓒ김양아

ⓒ김양아

◀
루마 아를의 전시장은 금속적 질감의 건축 언어와 대형 사진 작업이 어우러지며, 공간 자체가 하나의 예술 매체가 된다. 관객은 작품을 보는 것을 넘어 건축과 예술, 도시의 서사가 교차하는 순간을 직접 체험하게 된다.

◀
루마 아를의 옥상에서 내려다본 아를의 전경. 금속 패널로 이루어진 타워의 외피와 붉은 지붕이 이어지는 도시 경관이 극명한 대비를 이루며, 과거와 현재가 한 프레임 안에서 교차한다. 이는 루마 아를이 단순한 미술관을 넘어 도시 전체를 새로운 문화적 서사 속으로 끌어들이는 장치임을 보여준다.

인 파리와 달리, 아를은 인구 규모도 작고 과거 역사적 유산 외에 이렇다 할 도시 이미지나 브랜딩 요소도 존재하지 않았다. 따라서 루마 아를 프로젝트는 빌바오 효과와는 전혀 다른 방향에서 시작되었다. 프랭크 게리에게 주어진 과제는 또 하나의 랜드마크를 만드는 것이 아니라, 과거 예술 도시로서의 문화적 서사와 현대적 건축이 유기적으로 융합된 신개념의 도시 개발 모델을 제시하는 것이었다.

거장 프랭크 게리에게도 루마 아를 프로젝트는 새로운 도전이었다. 빌바오나 파리처럼 거대한 자본력이나 강력한 중앙정부 차원의 지원이 아니라, 비영리재단과의 협력으로 도시의 고유한 문화를 지역의 서사와 결합하여 건축적 언어로 풀어내야 했기 때문이다. 이는 건축가가 도시를 단지 설계의 대상으로 보는 것을 넘어 도시의 맥락과 미래를 정확히 읽어내는 고도의 통찰력을 발휘해야 함을 의미한다.

프랭크 게리는 이 작은 도시가 가진 역사적·예술적 DNA에 자신만의 해체주의적 미학을 결합해 '아를의 미래를 바꿀 수 있는 도시적 상징'을 만들고자 했다. 그 결과물이 바로 루마 아를의 핵심 건물인 '더 타워The Tower'다. 높이 56m에 달하는 이 구조물은 1만 1,000여 개의 스테인리스 스틸 패널로 뒤덮여, 빌바오나 파리에서 사용했던 금속성 조형 언어를 계승하면서도 남프랑스의 태양빛과 어우러져 하루에도 수차례 표정을 달리한다.

이 육중한 메탈 타워는 주변의 로마 유적과 중세 건축물

2022년 4월 아를에 문을 연 이우환 미술관은 한국 현대미술의 거장이 남프랑스의 역사적 도시와 만나는 장면을 상징한다. 아를이 더 이상 과거의 유산에 머무는 도시가 아니라, 동시대 예술의 중요한 무대이자 글로벌 문화 교류의 거점으로 확장되고 있음을 보여준다.

과 충돌할 법하지만, 의외의 조화를 이룬다. 빌바오에서 산업 시설을 걷어내고 구겐하임 하나로 도시 전체의 이미지를 재구성한 것과 달리, 아를에서는 역사적 유산과의 조화와 공존을 모색한다. 대도시 파리에서 루이비통이라는 글로벌 브랜드의 정체성을 극적으로 형상화하며 건축물을 도시의 새로운 상징으로 만든 것과도 결이 다르다.

실제로 프랭크 게리는 이 프로젝트에서 기존의 도시 문법에 정면으로 맞서기보다, 예술 전통과 지역성을 드러내며 그 위에 현대적 실험을 겹치는 방식을 택했다. 이는 도시 개발에서 하나의 건물이 모든 것을 대체하거나 흡수하는 것이 아니라, 이미 존재하는 '도시성cityness'에 새 활력을 불어넣는 협력 관계가 될 수 있음을 시사한다. 바로 이 지점이 프랭크 게리가 루마 아를 프로젝트를 통해 강조하는 차별점이다. 하나의 건축물이 도시의 과거를 지우거나 대체하지 않고, 오히려 기존의 도시적 자산을 더욱 돋보이게 하고 미래적 가치로 확장시키는 전략을 제안한 것이다.

**루마 아를,
랜드마크 이상의
도시 개발 전략**

루마 아를은 겉으로는 복합 문화 공간이지만, 실상은 '문화와 예술을 통한 도시 리브랜딩'을 목표로 한 전략적 도시 개발 프로젝트다. 대부분의 랜드마크는 단독으로는 도시 전체를 활성화하기 어렵지만, 도시의 맥락과 맞물려 작동할 경우 그 효과는 건물의 가치를 넘어 도시 전반의 동력을 만들어낸다.

과거 아를은 빈센트 반 고흐의 흔적, 로마 유적, 사진 축제라는 강력한 자산에도 불구하고 체류형 문화 콘텐츠가 부족해 '당일치기 관광지'로 인식됐다. 그러나 루마 아를의 등장은 상황을 180도 바꿔놓았다. 창작 공간, 국제회의 시설, 멀티플렉스 전시 공간이 결합된 이곳은 예술가, 연구자, 디자이너, 건축가 등이 장기 체류하며 협업하는 글로벌 교류 플랫폼이 되었다. 이는 단순한 랜드마크 건립과는 차원이 다른 변화다. 도시가 창작 인력과 프로젝트의 흐름을 상시적으로 받아들이면, 그 영향은 자연스럽게 지역 경제와 생활권으로 확산된다.

운영 주체인 루마 재단은 지역 예술가, 문화기관, 소상공인과 협력해 파급 효과를 극대화했다. 방문객에게 숙박과 식음 정보를 제공하고, 숨겨진 예술 자산을 발굴하는 투어 프로그램을 운영하며 도시 전체를 하나의 문화 단위로 묶어냈다. 빌바오 구겐하임이 관광객 유입을 통한 활성화를 꾀했다면, 루마 아를은 창조 생태계를 도시 내부에서 구축해 미래지향적 가치를 창출하는 운영 모델을 택했다.

루마 아를은 '작은 도시가 문화, 예술, 전략적 랜드마크 설계로 구조적 한계를 극복하는 방법'을 보여준다. 이는 빌바오 모델을 확장해 지역 고유의 문화 맥락, 창조적 협업, 지속가능한 생태계를 결합함으로써 도시재생의 가능성을 한층 넓힌 사례다.

5장. 뉴 럭셔리와 웰니스
제품에서 정서와 경험으로

전통적인 럭셔리는 '가격'으로 정해졌다. 그러나 오늘날의 뉴 럭셔리는 '감각', '철학', '맥락'으로 해석된다. 자극적이지 않고 절제된, 보여주기보다 느끼게 하는 새로운 럭셔리의 시대. 이 장에서는 고요하지만 강력한 럭셔리의 모델을 따라가 본다. 뉴 럭셔리는 웰니스가 되고, 웰니스는 럭셔리가 된다.

소호하우스, 파티가 아닌 커뮤니티를 파는 뉴 럭셔리 플랫폼

'소호하우스Soho House'를 처음 접하면 '부자들의 화려한 파티 클럽'이라는 이미지를 떠올리기 쉽다. 스타일리시한 루프탑과 셀러브리티 멤버, 세련된 이벤트가 이런 오해를 강화해왔다. 그러나 소호하우스는 단순한 사교장이 아니라, 창의적인 인물들이 교류하고 협업하며 형성하는 '창의적 커뮤니티'를 전략적 자산으로 삼는 브랜드다.

1995년, 런던에서 닉 존스Nick Jones가 창립한 소호하우스는 전통적·배타적 멤버십 클럽과 다른 비전을 제시했다. 경제적 지위가 아닌 예술, 디자인, 미디어, 음악, 패션, 영화 등 창의 분야의 활동과 기여도를 기준으로 회원을 선발하고, 금융권 거물이나 전통 엘리트를 배제했다. 핵심 가치는 회원들이 만들어내는 문화적·창의적 자산에 있었다.

이 확고한 비전 덕분에 소호하우스는 글로벌 럭셔리 시장에서 이례적인 성공을 거두었다. 배타적 공간을 넘어 창의적 커뮤니티를 통한 가치 창출로, '럭셔리'의 의미가 부와 지위에서 문화 자산과 정체성 공유로 이동하고 있음을 보여준 대표적 사례다.

호텔보다 프라이빗하고, 집보다 세련된 공간

소호하우스의 가장 큰 전략적 성과는 '집에서 떨어진 집Home Away from Home'이라는 정서를 글로벌 비즈니스 모델로 정교하게 구현한 것이다. 하지만 여전히 이 브랜드를 둘러싼 몇 가지 오해가 존재한다.

첫째, '돈 많은 사람들을 위한 공간'이라는 인식이다. 멤버십 비용은 결코 저렴하지 않지만, 진입 장벽의 핵심 기준은 경제적 지위가 아니라 창의적 배경과 업계 기여도다. 실제로 회원 대부분이 아티스트, 영화감독, 디자이너, 크리에이터 등 창의 산업 종사자이며, 소호하우스는 이들의 크리에이티브 작업과 협업 기회를 촉진하며 지속 가능한 '관계 중심 플랫폼'을 구축한다.

둘째, '화려한 파티 공간'이라는 이미지다. 루프탑 파티나 사교 이벤트는 일부일 뿐, 핵심 경쟁력은 창작과 협업을 위한 '자발적 교류'를 자연스럽게 유도하는 데 있다. 소호하우스는 영화 상영회, 문학 세미나, 디자인 워크숍 등 창의 콘텐츠 중심의 큐레이션을 통해 멤버들의 창의적 역량을 연결하고 활성화하는 '컬처 플랫폼'으로 작동한다.

셋째, '획일적 브랜드 톤'에 대한 오해다. 소호하우스 글로벌 확장 전략의 핵심은 '지역화'로, 각 도시의 지역적 맥락과 문화적 특성을 반영해 공간을 디자인한다. 뉴욕은 산업 감성을, 홍콩은 아시아적 모던함을 반영했다. 즉 브랜드의 방향성은 유지하되, 맥락과 정서를 현지화하는 전략으로 글로벌 럭셔리 시장에서 고유한 경쟁력을 확보한다.

마지막으로, '수익성이 불투명한 사업'이라는 시각이다. 고비용의 공간 운영과 제한적 멤버십으로 수익 창출에 어려움을 겪을 것 같지만, 이들은 멤버십 수익을 고객과의 '장기적 관계' 형성을 위한 전략적 진입점으로 설정한다. 클럽 운영을 통해 형성된 충성도 높은 고객층은 숙박, F&B, 이벤트 등으로 확장되고, 소호 홈, 카우쉐드와 같은 브랜드로 멤버들의 라이프스타일과 취향을 제품으로 연결하며 브랜드의 영향력을 일상의 영역으로까지 넓힌다.

이러한 다층적이고 정교한 구조는 사업의 수익성을 확보하는 수준을 넘어 향후 럭셔리 산업에서 요구되는 핵심 전략적 자산인 '커뮤니티와 브랜드 정체성'을 지속 가능한 형태로 구축한다. 소호하우스는 럭셔리의 기준이 공간이나 제품의 '희소성'에서 창의적 커뮤니티의 '연결성'으로 이동하는 흐름을 명확히 포착하고, 이를 수익과 브랜드 가치로 성공적으로 연결시킨 새로운 비즈니스 패러다임을 제시하고 있다.

새로운 실험, 소호프렌즈: '배타적 개방성'으로 고객층을 확장하는 소호하우스의 전략적 진화

소호하우스는 창립 초기부터 단 한 가지 질문을 끊임없이 고민해왔다.

'어떻게 하면 사람들을 더 특별하고 의미 있는 방식으로 연결할 수 있을까?'

소호하우스는 처음 문을 열었을 때부터 이 질문에 대한 답으로 특정 직업군, 까다로운 가입 심사, 높은 연회비를 통해 명확한 배타성을 설정했다. 바로 이 엄격한 '프라이빗 멤버십' 구조가 브랜드의 정체성과 희소성을 강화하며 글로벌 성장의 원동력이 되어왔던 것도 사실이다. 하지만 최근 소호하우스는 이 견고한 문을 아주 미세한 방식으로 열었다. 완전한 개방이 아니라, 전략적으로 설계된 '틈'을 만들어 더 많은 사람을 브랜드 생태계로 끌어들이기 시작했다. 그 새로운 전략적 시도가 바로 '소호프렌즈Soho Friends'다.

기존 소호하우스 멤버십이 엄격히 선별된 글로벌 네트워크와 클럽 공간 이용을 핵심 가치로 삼았다면, 소호프렌즈는 보다 넓은 고객층에게 브랜드를 체험할 수 있는 '경험 기반의 멤버십 모델'을 제안한다. 기존 멤버십의 연회비는 2,000달러를 훌쩍 넘는 반면, 소호프렌즈의 연회비는 130~150파운드 수준으로 책정되어 있다. 비용의 문턱을 현저히 낮추면서 소호하우스 호텔 예약, 카우쉐드 스파와 소호홈의 제품 이용 시 할인과 같은 특별한 혜택을 제공한다. 단순히 할인 혜택을 주는 것이 아니라, 소호하우스의 라이프스타일과 브랜드 경험을 새로운 고객층에게 전략적으로 노출시키고 있다는 의미다.

이는 매우 치밀하게 설계된 '배타적 개방성exclusive openness'의 전략적 구현이다. 소호프렌즈는 누구나 이용 가능한 호텔 예약 서비스가 아니라, 소호하우스가 그동안 구축해온 '창의적 커뮤니티'라는 가치와 브랜드 경험을 더 넓은 잠재 고객층에게 선별적으로 경험하게 한다. 즉 전통적인 소호하

소호하우스 베를린의 로비는 인더스트리얼한 거친 구조와 샹들리에, 아트워크가 공존하며 '회원제 사교 공간'의 감각을 시각화한다. 단순한 호텔 로비가 아니라, 도시의 창조 계층이 네트워크를 형성하고 문화를 교환하는 무대이자 소호하우스 브랜드가 구현하는 '라이프스타일 클럽'의 정체성을 상징적으로 드러낸다.

우스 멤버십의 장벽을 미세하게 낮추되, 브랜드의 핵심적인 정체성과 가치를 철저히 유지함으로써, 기존의 커뮤니티를 훼손하지 않고 완전히 새로운 고객층을 브랜드의 생태계로 끌어들이는 전략이다.

소호하우스가 운영하는 뉴욕, 바르셀로나, 런던, 홍콩의 호텔들은 단순히 스타일리시한 공간으로 정의할 수 없다. 하룻밤의 투숙조차 소호하우스라는 브랜드의 문화적 경험과 가치관을 명확히 체험할 수 있는 기회다. 호텔 내부의 세련되고 따뜻한 조명, 감각적으로 큐레이션된 가구와 예술품, 공간 안에서 자연스럽게 펼쳐지는 크리에이티브한 대화들은 소호하우스가 구축해온 문화적·정서적 자산의 일부다. 소호프렌즈는 바로 이 '문화적 자산'을 호텔이라는 공간을 통해 전략적으로 더 많은 사람에게 체험시키며 브랜드에 대한 강력한 감성적 연결을 유도한다.

중요한 점은 이 모델이 단지 고객층의 '양적 확장'을 목표로 하는 것이 아니라는 사실이다. 소호하우스가 추구하는 것은 '문화적 경험을 통한 충성도의 질적 확장'이다. 소호프렌즈를 통해 소호하우스를 경험한 고객들은 자연스럽게 브랜드의 감성과 철학에 공감하고, 결과적으로 멤버십으로의 전환율도 상승한다. 이것이 소호프렌즈의 전략적 핵심이다. 즉 브랜드의 핵심 가치는 그대로 유지한 채로 '경험의 진입장벽'을 낮춰 새로운 충성 고객층을 효과적으로 발굴하는 구조적 전략인 것이다.

소호하우스는 이 전략적 전환을 통해 럭셔리 비즈니스가 전통적으로 유지해온 배타성을 혁신적으로 재정의하고 있다. 무조건적인 개방도, 완고한 폐쇄성도 아닌, 정확히 계산된 전략적 개방을 통해 럭셔리 브랜드의 확장 가능성을 새롭게 증명하고 있는 것이다. 그런 점에서 소호프렌즈는 단순한 할인 프로그램을 넘어 럭셔리 브랜드가 시대 변화에 어떻게 창의적으로 대응하고 새로운 고객층과 지속 가능한 관계를 형성할 수 있는지를 보여주는 매우 정교한 전략적 시도라 평가할 수 있다.

**소호 홈,
공간의 경험을
라이프스타일로
확장하다**

소호하우스의 가장 강력한 전략적 자산은 단지 '좋은 공간'이 아니라, 그 공간 안에서 구현되는 '감각과 정서의 경험'에 있다. 계산하지 않은 듯 완벽하게 계산된 조명, 손때가 묻어 더 멋스러운 가죽 소파, 무심한 듯 배치된 예술 작품들. 소호하우스는 집보다 편안하지만 어디에서도 쉽게 찾을 수 없는 독창적인 감각을 바탕으로 철저히 의도된 형태의 '완벽한 비일상'을 만들어냈다. 소호 홈은 소호하우스에 대한 브랜드 경험을 클럽이나 호텔이라는 제한된 공간에서 해방시키고, 그들이 추구하는 라이프스타일을 제품화하여 비즈니스 모델로 확장한 전략적 사례다.

많은 사람이 호텔에서 경험한 안락한 침구나 공간의 질감을 집으로 가져가고 싶어 한다. 부드러운 리넨과 적당한 두

께의 이불, 사이드 테이블에 놓인 은은한 조명까지. 호텔은 우리가 잠시나마 완벽한 안락함을 누리는 공간이다. 그러나 대부분의 호텔 브랜드는 이 욕망을 어메니티나 MD 상품 같은 주변적 영역에 머물게 한다.

    소호하우스는 이 감각을 전략적 비즈니스로 전환했다. 소호 홈은 단순히 호텔에 놓인 가구나 오브제를 판매하는 것이 아니라, 소호하우스가 설계한 '머무르는 방식'과 '공간의 정서'를 하나의 제품군으로 제안한다. 따라서 소호 홈의 제품들은 광이 나는 완벽한 새 제품이 아니라, 오래 머물수록 사용자의 삶에 깊숙이 스며들어 '나의 것'이 되는 경험적 오브제들이다. 소파는 시간이 지날수록 멋스럽게 길들여지도록 디자인되었고, 침구는 호텔에서의 좋은 밤을 집에서도 누릴 수 있도록 섬세한 질감과 컬러를 갖췄다.

    소호하우스에서의 경험은 멤버십 클럽이라는 특성상 제한적이고 배타적이다. 그리고 사람들은 그 '제한된 경험'을 동경했다. 소호 홈의 고객들이 구매하는 것은 단순한 '가구'가 아니다. 소호하우스 뉴욕에서의 여유로운 저녁, 소호하우스 베를린에서 느낀 따뜻한 조명 아래의 편안함, 소호하우스 바르셀로나에서 경험한 지중해의 차분한 색감과 온기를 자신의 집에 이식하는 것이다. 말하자면, 소호 홈은 소호하우스 호텔과 클럽을 나서는 순간 끝나던 경험을 고객의 개인적 공간으로 자연스럽게 확장하는 전략이다. 이는 그곳에서의 경험을 일상으로 확장해 브랜드와 고객 사이의 정서적 관계를

▶ 소호 홈 런던은 소호하우스의 감각을 일상 공간으로 확장한 브랜드 플랫폼이다. 멤버십 공간에서 경험한 '소호하우스에서의 삶'을 집으로 가져가도록 가구와 오브제로 설계된 이곳은 단순한 인테리어 숍이 아니라, 브랜드 정체성을 라이프스타일 전반으로 확장하는 전략적 거점이다.

장기적으로 강화하는 핵심 전략으로 작동한다.

이제 럭셔리는 더 이상 소유의 개념이 아니다. 과거에는 유명 브랜드의 가구나 오브제를 집에 들여놓는 것이 곧 스타일이었다면, 이제는 제품이 아니라 그것이 제안하는 라이프스타일을 구매하는 시대로 변화했다.

비즈니스 모델 관점에서 소호 홈의 전략적 의의는 명확하다. 프라이빗 멤버십이라는 구조는 필연적으로 '성장의 한계'를 내포한다. 반면 경험을 제품화하는 것은 새로운 시장을 개척하는 전략적 전환점이 된다. 소호 홈은 호텔과 클럽에서의 경험을 더 넓은 고객층으로 확장하여 신규 시장을 창출하고, 소호하우스를 단순한 멤버십 클럽이 아니라 라이프스타일 중심의 브랜드 플랫폼으로 진화시키는 역할을 수행한다. 소호 홈은 결국 제한된 클럽 경험을 '일상 속 경험'으로 전환하여 브랜드가 소비자의 일상 깊숙이 스며들어 장기적으로 고객과 정서적 관계를 맺을 수 있는 전략적 교두보 역할을 수행한다.

소호하우스의 전략적 미래

소호하우스는 '집에서 떨어진 집'이라는 정서적 컨셉에서 출발해 글로벌 라이프스타일 플랫폼으로 진화를 거듭해왔다. 그리고 이 확장의 중심에는 언제나 '경험의 설계'가 있었다. 소호하우스의 목표는 단순히 지점을 늘리는 것이 아니라, 한 명의 멤버와 더 자주, 더 오래, 더 깊게 연결되는 것이다. 멤버십으로 유입된 사람은 상영, 세미나, 워크숍 같은 프로그램 속에서 머무르는 시간이 길어지고, 앱을 통해 드러난 취향과 이용 패턴은 개인화된 제안으로 이어진다. 그 경험은 숙박, F&B, 이벤트, 소호 홈, 카우쉐드까지 자연스럽게 확장된다. 소호프렌즈는 입구를 넓히고, 앱은 온·오프라인을 잇는 허브, 현지화는 도시별로 신선한 콘텐츠를 공급하는 토대가 된다.

소호하우스의 가장 강력한 자산은 화려한 파티가 아니다. 라운지 한쪽에서 우연히 시작된 대화가 예기치 못한 창의적 프로젝트로 자라나는 그 순간이다. 이런 순간이 많아질수록 충성도와 재방문율, 교차 이용이 늘고, 수익도 함께 성장한다. 규모가 커질수록 색이 옅어질 위험은 있지만, 소호프렌즈 같은 선별적 개방, 멤버십 레벨, 지점별 품질 관리로 균형을 잡는다. 결국 소호하우스는 공간을 판매하는 회사가 아니라, 창의적 관계의 인프라를 설계하고 이를 브랜드 가치로 전환하는 비즈니스다. '집에서 떨어진 집'은 단순한 수사가 아니라 치밀하게 설계된 운영 전략이며, 이 전략이 소호하우스를 오늘날 럭셔리의 새로운 기준으로 만들었다.

쿼르크, 일하는 공간의
럭셔리를 충족하는 방식

파리는 오랜 역사와 전통을 자랑하는 동시에 늘 혁신이 피어나는 도시다. 예술, 패션, 미식의 중심지로 알려졌지만, 한편으로는 미래 소비가 어떤 방향으로 흐를지 가장 먼저 감지하고 실험하는 무대이기도 하다. 이런 파리에서 '뉴 럭셔리'의 실험이 이루어지는 것은 당연한 일인지도 모른다. 그중에서도 공유 오피스라는 영역을 대담하게 재창조하는 브랜드가 눈에 띈다. 바로 '쿼르크KWERK'다.

세계 어디서나 볼 수 있는 코워킹 스페이스들과 달리 이곳은 '하이엔드 공유 오피스'라는 새로운 비즈니스 모델을 제시한다. 쿼르크가 말하는 '하이엔드'의 본질은 개인적 취향과 감각 그리고 내면적 가치에 투자한다는 의미에 가깝다. 하이엔드 소비자가 추구하는 정서적·예술적 만족, 프라이버시와 편안함 그리고 '나만을 위한 품격'을 일상의 업무에서도 경험하게 하는 것이 목표다.

본질적 효용과 감각적 만족을 함께 추구하는 하이엔드 소비자

'공유 오피스' 하면 오픈형 공간, 활발한 네트워킹과 커뮤니티 등 활기찬 분위기가 떠오를 것이다. 실제로 공유 오피스 산업은 오랜 시간 동안 비용 절감과 협업의 가치를 앞세워 이러한 이미지를 구축해왔고, 창업과 네트워킹에 최적화된 모델로 자리 잡으며 각광받아왔다.

그러나 이러한 모델에는 근본적 한계가 존재했다. 고급스러움을 추구하는 하이엔드 소비자들에게는 '공유'라는 단어가 담고 있는 개방성과 대중성의 이미지가 오히려 걸림돌이 된 것이다. 비즈니스 기밀 유지가 필수적인 개인 사업자나 경영인, 자산 관리나 법률 등 프라이버시가 중요한 전문직 종사자 그리고 조용하면서도 감각적이고 품위 있는 환경을 추구하는 하이엔드 수요층에게 기존의 공유 오피스는 지나치게 '개방적'이고 '복잡한' 공간으로 비춰졌다.

파리의 쿼르크는 바로 이 시장의 틈새를 명확히 포착했다. 쿼르크가 탄생하게 된 배경에는 공동 창립자이자 건축가인 알베르 앙젤Albert Angel의 독창적인 디자인 철학이 자리 잡고 있다. 건축과 예술 그리고 럭셔리의 결합에 관심을 가져온 그는 전 세계를 다니며 '왜 공유 오피스는 늘 개방적이고 대중적이어야만 하는가'라는 의문을 품었다. 그는 이러한 고민을 해결하기 위해 철저한 프라이버시와 폐쇄성을 기본 원칙으로 삼되, 필요할 때는 네트워킹과 교류도 가능한 '하이엔드 공유 오피스' 모델을 구상했다. 그 결과 탄생한 것이 파리 중심부에 위치한 쿼르크다.

이 공간이 추구하는 본질은 업무 효율과 프라이버시를 완벽하게 보장하면서도, 감각적이고 미학적인 만족감을 누릴 수 있게 하는 것이다. 따라서 쿼르크의 디자인은 고급 호텔 라운지를 연상시키는 세련된 인테리어와 엄선된 예술적 오브제, 조화로운 색채가 어우러져 공용 공간조차 마치 독립된 섬처럼 느껴지도록 철저히 기획되었다.

알베르 앙젤은 이 세밀한 설계를 통해 '공유하지만 어디까지나 개인의 프라이버시와 미적 품위를 철저히 지켜주는 방식'이라는 쿼르크만의 독특한 컨셉을 완성해냈다. 바로 이 지점이 하이엔드 소비자의 니즈를 공략하는 데 주효했다. 빌딩 전체를 사용하는 초호화 사무실이나 전용 공간을 마련하는 건 부담스럽고, 도심 한복판에서 즉각적이고 편리하게 이용 가능한 프리미엄 서드 스페이스third space(제3의 공간)를 원하는 고소득 소비층에게 큰 호응을 얻은 것이다. '혼자만의 고요와 완벽하게 통제된 질 높은 환경'을 뉴 럭셔리 소비자의 핵심 욕구로 파악하고, 이를 비즈니스 전략의 중심으로 설정한 쿼르크는 큰 성공을 거두었다.

쿼르크 메신, 프라이버시와 개방감이 공존하는 럭셔리의 정점

쿼르크가 최근 개관한 다섯 번째 지점인 쿼르크 메신Kwerk Messin은 '쿼르크가 표현할 수 있는 가장 럭셔리한 공간'이라는 목표 아래 설계되었다. 이곳은 알베르 앙젤이 한국의 세계적인 설치미술가 서도호의 작품 세계에서 영감을 얻어 거대한 공간 속에 개인의 서사를 섬세하게 담아내는 독창적인 디자인 언어를 제안했다. 서도호가 투명한 천과 금속 프레임 등으로 '집'이라는 개인적 공간과 개방성을 동시에 전시하는 실험을 해왔듯, 쿼르크 메신 또한 개인의 프라이버시를 철저히 보호하는 동시에 공간 전체에 은은한 개방감을 부여하는 대조 요소를 전략적으로 전면 배치했다.

이러한 공간적 컨셉은 특히 에밀리오 푸치Emilio Pucci의 컬러풀한 텍스타일과 로셰 보보아Roche Bobois의 모던한 가구 디자인과 만나면서, 고급 오트 쿠튀르 살롱을 방불케 하는 감각적인 무대로 완성되었다. 가구와 인테리어 소품은 마치 예술 작품처럼 정교하게 큐레이션되어 있으며, 개인의 업무 공간과 예술적 디스플레이가 서로 충돌하지 않고 완벽히 공존하도록 충분한 공간적 여유가 제공된다.

쿼르크 메신의 고객들은 이처럼 정교하게 구성된 세련된 환경 덕분에 단순히 회의를 하거나 업무를 보는 것을 넘어 '예술과 패션이 융합된 럭셔리'를 일상적으로 경험할 수 있게 된다. 쿼르크 메신은 업무 공간과 예술적 감각을 완벽히 결합함으로써, 업무를 수행하는 동시에 마치 예술 갤러리에 머무르는 듯한 고차원적 경험을 제공한다. '어차피 일해야 한다면 그 시간을 어떻게 더 품격 있고 창의적인 감각으로 채울 수 있을까'를 고민하는 하이엔드 소비자들에게 완벽한 대안을 제시한 것이다. 뉴 럭셔리 소비자에게 삶의 모든 순간은 감각적 만족을 추구할 수 있는 기회이기에, 일하는 공간조차

©김양아

©KWERK

◀
쿼르크 메신의 로비는 공유 오피스라기보다 하이엔드 호텔이나 아트 스페이스에 가까운 감각으로 설계되었다. 대리석과 조명 그리고 건축적 디테일이 결합된 이 공간은 단순한 업무 장소가 아니라, 브랜드 정체성으로 '럭셔리한 생산성'을 드러내는 무대다.

▼
쿼르크 메신 오피스에 설치된 서도호의 작품은 '집'과 '공간의 기억'을 현대적으로 재해석하며, 개인적 경험과 집단적 정체성이 교차하는 순간을 상징한다. 이 작업은 공유 오피스라는 기능적 장소에 예술적 깊이를 더해 일과 삶, 개인과 공동체의 경계를 확장된 감각으로 사유하게 한다.

예술적 미학으로 정밀하게 구성한 쿼르크 메신의 제안에 즉각적으로 반응하는 것이다.

소호하우스 같은 프라이빗 멤버십 클럽들이 주로 사교, 예술, 문화적 교류를 위한 커뮤니티라면, 쿼르크는 업무 중심의 전문성과 편의성을 극대화한다는 점에서 차별화된다. 즉 이곳에서 공간의 본질적 목적은 '일을 하는 곳'이며, 멤버들 간의 교류 역시 비즈니스 성과와 개인 업무 효율성을 높이는 데 집중된다.

소호하우스가 '창의적이고 문화적인 교류'를 위한 공간이라면, 쿼르크는 업무를 매개로 필수적인 인맥과 고급 정보를 공유하는 비즈니스 라운지에 가깝다. 멤버들은 업무 아이디어를 논의하거나, 고가의 예술품이나 스페셜 이벤트 등의 정보를 교환하고 동료를 사귀는 등 다양한 방식으로 교류하지만, 어디까지나 프라이버시가 철저히 보장된 환경 내에서만 이루어진다. 오로지 '커뮤니티'에 방점이 찍힌 기존의 공유 오피스 및 프라이빗 커뮤니티, 멤버십 클럽과는 분명히 선을 그으면서도 하이엔드 소비자의 은밀한 네트워킹 욕구를 영리하게 충족시키는 전략이다.

아울러 쿼르크는 특정 집단이나 업계를 위한 폐쇄적 커뮤니티를 지향하지 않고, '소수 정예'라는 프리미엄 이미지를 유지하면서도 다양한 분야의 전문가들을 폭넓게 수용한다. 예술, 건축, 패션, 금융, 컨설팅 등 서로 다른 분야의 하이엔드 소비자들이 프라이버시가 완벽히 보장된 공간에서 높은 업무 집중도를 추구한다는 공통된 욕구로 이곳을 찾는다. 이는 뉴 럭셔리 소비자가 지향하는 정서적 충족감과 사회적 자부심을 오피스 공간에서까지 경험하게 만든다는 점에서 의미가 있다.

웰워킹, 일과 웰니스를 결합한 하이엔드 경험

쿼르크에서 가장 차별화된 공간 중 하나는 바로 웰워킹Well-working이다. 겉으로는 럭셔리 피트니스 클럽을 연상시키지만, 본질은 건강한 라이프스타일과 업무 시너지를 극대화하는 '통합 웰니스 플랫폼'이다. 알베르 앙젤이 구상한 웰워킹의 핵심 가치는 멤버들이 일하는 동안에도 신체적·정신적 균형을 잃지 않도록 최적의 환경을 제공하는 데 있다. 업무 스트레스를 완화하는 요가나 명상 프로그램은 물론이고, 전문적인 개인 트레이닝과 식단 관리, 심리 상담까지 종합적으로 지원함으로써, 이곳에서 일하는 경험 자체가 곧 웰니스를 실현하는 과정으로 설계한 것이다.

웰워킹의 인테리어와 시설 수준은 기존 럭셔리 피트니스 클럽을 뛰어넘는다. 서도호의 작품에서 영감을 받은 조형물과 에밀리오 푸치의 텍스타일 디테일이 공간 곳곳에 더해져, 운동 중에도 예술적 감각과 고급스러운 분위기의 시각적 즐거움을 누릴 수 있도록 한다. 조명과 음향 시스템은 개개인의 운동 루틴과 컨디션에 따라 세밀하게 맞춤 설정되며, 완벽한 프라이버시가 보장되는 프라이빗 공간도 함께 제공된다.

◀
쿼르크 생토노레 오피스의 외관. 파리 럭셔리 리테일 중심지 한복판에 들어선 이 지점은 공유 오피스를 단순한 업무 공간이 아니라, 도시의 브랜드적 맥락 속에서 재정의하려는 전략을 보여준다. 일하는 장소이면서 동시에 파리의 감각과 상징 자본을 흡수하는 무대가 되는 셈이다.

◀
쿼르크 생토노레의 웰워킹 공간. 업무와 웰니스의 경계를 허물고, 신체적·정신적 회복을 동시에 설계한 이 공간은 '하이엔드 공유 오피스'라는 정체성을 가장 직관적으로 구현한다. 일하는 방식 그 자체를 라이프스타일로 격상시키려는 쿼르크의 전략이 담겨 있다.

쿼르크 메신의 미팅룸. 대리석 패턴의 테이블과 과감한 색채 대비가 어우러진 이 공간은 단순한 회의실을 넘어 하이엔드 오피스의 정수를 보여준다. 업무의 효율뿐 아니라, 품격과 감각을 동시에 설계하는 쿼르크의 브랜드 전략이 구현된 장면이다.

즉 웰워킹은 업무 공간에서도 미학적이고 편안한 환경 속에서 건강을 지속적으로 관리한다는 뉴 럭셔리의 핵심 가치를 완벽하게 구현한, 쿼르크만의 '하이엔드 웰니스 경험'이다.

    웰워킹이 전달하는 메시지는 현대적 라이프스타일의 다양한 생활 요소가 일상 속에서 어떻게 유기적으로 결합되어야 하는지에 대한 명확한 해답이기도 하다. 뉴 럭셔리 소비자들이 진정으로 원하는 것은 적절한 업무와 운동, 휴식이 아름답고 편안한 환경에서 이어지는 라이프스타일이다. 웰워킹은 바로 이 니즈를 정확히 포착하여 럭셔리와 웰니스를 업무와 긴밀히 연결된 생활 양식으로 제시한다. 업무 중에 언제든 명상이나 스트레칭으로 몸과 마음을 회복하고, 개인 트레이너나 영양사와 수시로 소통하며 자신의 몸과 마음에 꾸준히 투자할 수 있다. 웰워킹에서는 뉴 럭셔리가 추구하는 '자기 보상과 개인적 성장'의 욕구가 업무 활동과 완벽히 융합되어 실질적인 삶의 질로 전환된다.

호스피탈리티와 워크플레이스가 융합된 뉴 럭셔리

새로운 비즈니스 모델로서 쿼르크가 보여준 가장 중요한 시사점은 단지 '고가의 공유 오피스도 시장에서 통한다'라는 사실을 보여주는 것이 아니다. 핵심은 그동안 양립할 수 없다고 여겨졌던 '공유'와 '프라이버시'라는 개념이 완전히 새로운 방식으로 결합했다는 점이다. 모든 것을 공개하고 개방적으로 공유하던 전통적 공유 오피스 모델을 뒤집어, 프라이버시와 개인주의를 보장하면서도 필요한 순간에는 가치 있는 네트워킹과 교류까지 허용하는 새로운 공간 개념을 제시한 것이다.

앞으로 공간 비즈니스는 점차 세분화되고, 소비자의 다양한 라이프스타일과 취향을 섬세하게 반영하는 방향으로 진화할 것이다. 밀레니얼 이후 세대가 공유 경제와 디지털 네트워킹에 친숙해졌다고 해서 모두가 반드시 개방적이고 활발한 협업 공간을 원하는 것은 아니기 때문이다. 쿼르크의 모델은 공유 오피스가 단지 저렴한 사무실 대여나 열린 협업을 유도하는 것에서 벗어나, 고급스럽고 독립적인 업무 환경을 제한된 멤버들이 함께 공유하는 프리미엄 형태로 확장 가능하다는 사실을 보여준다.

장기적으로 보면, 쿼르크가 제안한 '폐쇄성을 보장받는 공유 모델'은 독자적인 시장으로 자리 잡을 가능성이 매우 높다. 이러한 모델은 처음엔 소수의 하이엔드 고객들을 위한 니치 마켓처럼 보일지 몰라도, 실제로는 프라이버시와 폐쇄성을 갈망하는 다양한 계층을 폭넓게 흡수할 수 있는 잠재력을 갖추고 있다. 특히 IP(지적재산권) 보호와 보안 유지가 핵심인 스타트업, 고급 컨설팅 업계, 연예·문화 산업 종사자 등 정보 민감도가 높은 분야와 고액 자산가 및 유명 인사들의 소규모 비즈니스 혹은 도심에 제2의 '프라이빗 오피스'를 원하는 다국적 기업 임원들에게 최적화된 솔루션이 될 수 있다.

더욱이 공유 경제가 성숙기에 접어들면서 똑같은 컨셉

의 코워킹 스페이스는 이미 레드오션이 된 상황이다. 쿼르크와 같은 하이엔드 모델은 시장 포화 상태에서도 명확한 차별성을 확보하고, 공간 브랜드가 가질 수 있는 '희소가치'를 극대화하는 성공적인 사례로 평가받을 수 있다.

결국 쿼르크는 공유 오피스 시장을 '대중적이고 보편적인 운영 모델'과 '소수에게만 허용되는 프라이빗 모델'로 양분하고, 후자의 영역에서 독보적인 브랜드 포지셔닝을 구축했다. 쿼르크는 기존의 멤버십 클럽이나 사교 클럽과 달리, 처음부터 일을 위한 공간이라는 뚜렷한 목적성을 가지고 있다. 그러나 업무라는 필수적이고 현실적인 영역을 럭셔리라는 감각적이고 심미적인 가치와 결합해 소비자에게 완전히 새로운 형태의 경험을 제공한다는 점이 가장 큰 전략적 차별점이다. 이는 향후 하이엔드 공간 비즈니스가 지향해야 할 중요한 단서다.

예술적 감각으로 절제된 인테리어와 철저히 관리된 프라이버시가 만나 탄생한 쿼르크의 '조용한 호화로움quiet luxury'은 오늘날 '럭셔리'가 얼마나 섬세하고 지적인 형태로 진화하고 있는지를 여실히 드러낸다. 파리는 늘 그렇듯, 많은 사람이 앞으로 나아가고자 하는 길을 가장 우아하고도 과감한 방식으로 열어 보이고 있다. 뉴 럭셔리 소비자에게 중요한 것은 이제 더 이상 '보이는 화려함'이 아니라, 일상 속에서 얼마나 깊이 있게 '절대적인 사적 자유와 감각적 만족'을 구현할 수 있는가다. 쿼르크는 공간과 예술, 웰니스의 정밀한 융합을 통해 바로 이 질문에 대한 가장 명료하고 매력적인 해답을 제시하고 있다.

| Saint Laurent Sushi Park |

생로랑 스시파크,
생로랑이 다시 쓴 럭셔리의 새로운 문법

2025년 2월 21일, 파리 생토노레 거리의 생로랑 플래그십 스토어 안쪽에 '생로랑 스시파크Saint Laurent Sushi Park'라는 이름의 레스토랑이 조용히 문을 열었다. 이들은 럭셔리 브랜드가 으레 시도하는 화려한 공간 확장의 공식과는 처음부터 다른 길을 택했다. 입구에는 생로랑의 로고 대신 작은 황동 플래그 하나만 걸려 있고, 내부는 제품을 연상시키는 것도, 브랜드의 직접적 상징도 없이 극도로 절제된 무드를 유지하고 있다.

최근 몇 년간 많은 럭셔리 브랜드가 미식 카테고리를 통해 브랜드의 외연을 넓혀왔다. 구찌는 미슐랭 셰프 마시모 보투라Massimo Bottura와 협업해 '구찌 오스테리아Gucci Osteria'를 열어 화려한 이탈리아 감성을 식탁에 펼쳐냈고, 루이비통은 파리의 슈발 블랑Cheval Blanc 호텔에 세계적인 셰프인 아르노 동켈Arnaud Donckele이 운영하는 '플레니튜드Plénitude'를 입점시켜 글로벌 감도를 과시했다. 디올은 '디올 카페Dior Cafe'를 주요 플래그십에 배치해 우아한 미학을 일관되게 확장하고 있으며, 프라다와 샤넬 역시 시각적 상징과 공간 연출을 결합한 미식 공간으로 브랜드 정체성을 전달하고 있다. 이들은 공통적으로 브랜드의 시각 언어를 구현하는 무대로서 미식 공간을 활용하며 고객 접점을 넓히고 제품과의 연결성을 강화하는 전략을 택했다. 레스토랑과 카페는 브랜드를 '보여주는' 무대이며, 고객은 그 안에서 브랜드를 즉각적으로 '소비'하게 된다.

모두가 '브랜드가 주도하는 무대'를 설계할 때, 생로랑은 정반대의 방향으로 움직였다. 그들이 선택한 파트너는 LA 웨스트할리우드의 작은 스시 레스토랑 '스시파크Sushi Park'였다. 간판 하나 없이 조용히 자리한 이곳에서는 오직 오마카세만을 내놓는다. 예약조차 쉽지 않다. 그러나 비욘세Beyonce, 저스틴 비버Justin Bieber 등 글로벌 셀럽과 미식 애호가들 사이에서 '선택받은 이들의 장소'로 인식된 이 작은 레스토랑은 일종의 '선망의 경험'으로 축적되며, 조용히 위시리스트의 정점에 올랐다.

생로랑은 이곳을 그대로 파리의 중심으로 옮겨왔다. 스시를 선택한 이유는 명확하다. 재료 선별, 준비 과정, 서빙 속도까지 모든 것이 치밀하게 통제되는 이 음식은 생로랑이 추구해온 완벽성과 정제된 긴장감을 가장 정교한 방식으로 재현해내는 전략적 미장센이었다. 즉 생로랑은 스시라는 매개체를 '통제된 정교함'이라는 브랜드의 핵심 가치를 가장 압축적으로 구현하는 전략적 언어로 선택한 것이다.

2008년, 마크제이콥스Marc Jacobs의 서울 플래그십 론칭을 준비하며 회사의 배려로 이탈리아와 일본에서 당시 글로벌 럭셔리 브랜드가 시도하고 있던 다양한 브랜드 공간 전략을 직접 살펴볼 기회를 얻었다. 밀라노의 아르마니 호텔Armani Hotel Milano, 도쿄의 불가리 카페BVLGARI Cafe 그리고 샤넬 긴자의 베이지 도쿄Beige Tokyo까지 하나하나 눈에 담을 수 있었다. 글로벌 럭셔리 브랜드의 한국 진출 프로젝트를 총괄하며 다양한 브랜드 경험을 축적해왔던 내게도, 그때의 여정은 공간을 통해 브랜드를 확장하는 전략적 설계가 어떻게 소비자의 감각과 인식 구조를 재편할 수 있는지를 이해하는 결정적 계기가 되었다.

특히 샤넬이 알랭 뒤카스Alain Ducasse와 협업해 선보인 베이지 도쿄는 단순한 미식 공간을 넘어 브랜드의 추상적 철학이 '미식'이라는 일상의 감각을 통해 가장 강력하고 명확하게 구현되는 과정을 정교하게 시연한 압도적인 사례였다. 접시 하나의 디테일과 밀도, 서비스의 흐름, 공간을 채우는 사운드까지. 그곳에는 단순히 '브랜드를 소비하는 공간'을 넘어 브랜드의 철학을 일상에서의 감각적인 경험으로 정교하게 번역하려는 전략적 의도가 명확히 담겨 있었다. 나는 그곳에서 머리로만 이해했던 '럭셔리 브랜드의 라이프스타일 확장'이라는 개념이 단지 제품 카테고리를 넓히는 데 그치지 않고, 소비자의 일상을 의도적으로 재구성하는 구조적 접근임을 비로소 명확히 체감할 수 있었다.

그 후 수많은 럭셔리 브랜드가 '미식'이라는 방식을 통해 각각의 브랜드가 추구하는 라이프스타일의 외연을 넓혀왔다. 그중에서도 생로랑 스시파크는 관계의 방식, 감정의 거리, 기억의 깊이를 전혀 다른 방식으로 설계할 수 있음을 보여주며 새로운 방향으로 외연을 넓혀가고 있다.

제품이 사라진 공간에서 브랜드가 각인되는 방식

생로랑 스시파크에 들어선 순간 가장 먼저 느낀 감정은 약간의 당혹감이다. 럭셔리 브랜드의 공간이라면 당연히 존재할 것이라 예상했던 요소들이 철저히 배제되어 있다. 내부는 차갑게 느껴질 만큼 정갈하고, 공간을 채우고 있는 것은 정적과 최소한의 조도 그리고 생로랑 특유의 극단적으로 절제된 미감뿐이다.

이곳에서 생로랑은 브랜드를 드러내지도, 직접적으로 말하지도 않는다. 그러나 아이러니하게도 바로 이 의도적 부재를 통해 브랜드의 존재감은 더욱 강력하고 명확해진다. 검정과 회색, 어두운 톤의 원목으로 채워진 공간에 조명은 오직 테이블 위, 셰프의 손끝에서 만들어지는 작은 초밥 한 점에만 집중된다. 고객의 시선은 자연스럽게 최소한의 요소로만 집중되고, 모든 감각은 정확히 의도된 한 가지 경험으로 향한다. 생로랑이 이곳에 남겨둔 것은 브랜드의 제품이나 로고가 아닌, 철저하게 설계된 브랜드의 태도뿐이다.

생로랑은 극단적인 절제미를 바탕으로 고객이 머무는 시간과 공간 내에서의 시선 이동 그리고 감각의 흐름까지 세밀하게 설계하고 통제함으로써 브랜드가 의도한 경험을 명

생로랑 스시파크의 내부. 중앙에 놓인 거대한 원목 조각 작품은 자연이 빚어낸 질감과 형태를 그대로 드러내며 절제와 강렬함이 공존하는 생로랑 미학의 정수를 보여준다. 이곳은 생로랑의 크리에이티브 디렉터 안토니 바카렐로(Anthony

©Kristen Pelou/Saint Laurent Sushi Park

Vaccarello)의 비전 아래 2024년 파리에 문을 연 디자인 서점 '바빌론(Babylone)'에 이어 전개된 글로벌 확장 전략의 일환으로, 생로랑의 문화적 발자취를 미식의 영역으로까지 확장시킨 상징적 공간이다.

확히 구현한다.

    음식을 내는 방식 또한 생로랑의 철학과 정확히 맞물린다. 오마카세, 즉 모든 선택을 셰프에게 맡기는 방식은 고객의 자율성을 철저히 배제한 채 셰프(혹은 브랜드)가 정한 순서대로 식사의 흐름을 완벽히 주도한다. 이 과정에서 고객의 감각은 브랜드가 의도한 방향으로 움직이며, 고객은 수동적이되, 더욱 깊은 몰입 속에서 브랜드를 경험하게 된다. 섬세한 디테일, 정교한 칼질, 정확히 계산된 타이밍. 스시파크에서 제공되는 음식은 생로랑의 제품은 아니지만, 그 위에 얹어진 디테일과 정제된 기술은 생로랑이 추구하는 장인정신과 완벽주의를 가장 상징적인 형태로 구현한다. 생로랑의 가방을 들거나 옷을 입지 않고도, 고객은 이 식사 과정을 통해 생로랑이 추구하는 미학과 브랜드 철학을 명확하게 체감한다.

    공간 설계 역시 이러한 전략적 감각을 명확히 구현하고 있다. 좌석은 16석 이하로 엄격히 제한되며, 테이블 간격은 지나치다 싶을 정도로 넓게 유지된다. 다른 테이블의 고객과 시선이 부딪히지 않도록 설계된 이 구조는 생로랑이 강조해 온 '배타성'과 '긴장감'을 공간의 물리적 구조로 명확히 번역한 것이다. 이곳은 브랜드와 고객이 일대일로 마주하며 완벽히 선별된 시간을 공유하는 공간이다.

    생로랑 스시파크의 접근 방식은 이러한 전략의 정점을 단적으로 드러낸다. 예약은 브랜드의 직접 초대 혹은 일반 레스토랑보다 한정된 경로로만 가능하다. 이와 같은 제한성은

· 브랜드가 직접적으로 자신을 노출하거나 설명하지 않더라도 고객이 '접근할 수 없음' 그 자체에서 가치를 느끼고, 스스로 갈망하고 탐색하게 만드는 전략적 설계 방식. 정보의 부족, 제한된 접근성, 선택된 경험을 통해 브랜드는 자신을 소비의 대상이 아닌, 열망의 대상으로 위치시킨다. 생로랑 스시파크는 이 구조를 통해 브랜드 경험을 '제공하는 것'이 아니라, '얻게 되는 것'으로 전환시킨다.

·· 모두에게 열려 있는 고급스러움이 아니라, 선별된 소수만이 접근할 수 있도록 설계된 제한 구조를 통해 브랜드의 상징성과 정서적 영향력을 강화하는 전략. 접근성은 줄이고 선망성은 높이며, 브랜드에 대한 소유보다는 열망과 몰입을 설계하는 방식에 가깝다. 생로랑 스시파크는 이 구조를 가장 정밀하게 실현한 사례로, '접근 가능성'이 아닌 '접근 불가능성'을 가치로 전환한다.

방문 자체를 하나의 특권으로 전환하며, 브랜드가 설계한 '의도된 비가시성'은 선택된 이에게만 허락된 정서적 권한으로 작동한다. 이것이 곧 생로랑이 구축한 '선망의 구조aspirational structure'·의 핵심이다. 이 선망의 구조는 생로랑이 오랜 시간 구축해온 배타적 럭셔리exclusive luxury·· 전략의 가장 정교하고 밀도 높은 구현이다.

생로랑이 정의하는 럭셔리는 모두를 향한 친절한 초대가 아니라, 극소수의 선택된 소비자에게만 허락된 배타적 경험이자 특권이다. 생로랑 스시파크는 이 철학을 가장 극단적이고도 정교하게 구현한 장소다. 의도적으로 복제가 불가능하고, 물리적으로 확장할 수도 없으며, 공개적으로 접근조차 허용하지 않는다. 그러나 바로 이러한 제한성을 통해 생로랑 브랜드의 상징적 가치는 더욱 희소하고 강력한 형태로 굳어진다.

생로랑은 이 전략을 통해 브랜드 확장의 새로운 공식을 제시한다. 바로 '확장하지 않음으로써 더욱 강하게 확장되는 역설'이다. 생로랑이 구축한 이 공간은 접근이 어려울수록, 경험이 반복되지 않을수록 브랜드의 가치를 더 선명하고 강력하게 전달한다. 극도의 제한성과 배타성을 유지하며 브랜드의 정체성과 태도를 더욱 강하게 심화하는 이 역설적 전략은 기존의 '확장 중심' 브랜드 전략과 명백히 구분되며, 생로랑 브랜드의 상징적 권위를 한층 더 견고히 확립한다.

생로랑은 스시파크에서 기존의 모든 상업적 연결고리를

©Saint Laurent Sushi Park

생로랑 스시파크의 미학을 집약해 보여주는 셰프의 스시 한 점. 이곳에서 사용하는 모든 테이블웨어는 한국 작가 김대영의 작품으로, 생로랑 공식 홈페이지에서 판매 중이다. 셰프 피터 박(Chef Peter Park)의 오마카세는 브랜드의 패션적 감성과 정교한 미식 세계가 교차하는 순간으로 구현되어 미식 경험을 넘어 생로랑 브랜드 경험 그 자체로 확장된다.

> 브랜드가 제품이나 메시지를 직접적으로 노출하지 않고, 고객 또한 구매나 소비의 목적 없이 브랜드와 접촉할 수 있는 비상업적 관계 공간. 이 지대에서는 브랜드의 '판매 의도'와 고객의 '소비 목적'이 배제되고, 브랜드가 설계한 정서의 질감과 태도에 대한 직접적 체험만 남는다. 생로랑 스시파크는 이 구조를 통해 브랜드가 상품이 아닌, 관계의 방식으로 기억될 수 있다는 사실을 보여준다.

과감히 제거했다. 이곳에서 고객은 브랜드의 제품을 보지도, 구매하지도 않는다. 오직 공간의 감도와 분위기 그리고 접시 위에 놓인 미감 속에서 브랜드의 철학을 감각적으로 체화할 뿐이다. 생로랑은 이 미식 공간을 판매 목적 없이 고객과 브랜드가 감각적·정서적으로 교감할 수 있는 '정서적 중립 지대emotional neutral ground'로 설정했다. 이곳은 고객이 브랜드를 스스로 해석하는 공간이지, 브랜드가 고객을 설득하는 공간이 아니다.

생로랑이라는 이름은 제품도, 노골적인 메시지도 없이 더 깊고 선명하게 기억된다. 이것이야말로 생로랑 스시파크가 다른 럭셔리 브랜드의 미식 공간과 근본적으로 다른 지점이다. 브랜드를 직접 드러내지 않고 의도적으로 감춤으로써, 럭셔리의 정의를 새롭게 쓰고 있다. '의도된 비가시성'이 오히려 브랜드 가치를 정교하게 확장할 수 있다는 사실을 증명한 것이다.

앞으로 럭셔리 브랜드들은 이 전략적 언어를 점점 더 따르게 될 것이다. 제품보다 정서를 판매하고, 고객의 기억과 감정을 설계하는 일이 품질이나 디자인만큼 강력한 자산이 되는 흐름 속에서, 생로랑 스시파크는 그 가능성을 실현해 보였다. 생로랑 스시파크는 단순한 미식 공간이 아니라, 브랜드와 고객의 관계가 제품 중심에서 경험 중심으로 이동하는 럭셔리 리테일 진화의 뚜렷한 전환점이라 할 수 있다.

| Third Space |

서드 스페이스, 도시인의 삶을 재설계하는 웰니스 모델

런던은 복잡하고 분주하다. 이 도시는 금융과 비즈니스의 허브이며, 창의적이고 역동적인 문화가 24시간 내내 교차하는 글로벌 메트로폴리스다. 그런 런던의 중심부, 지하철역과 고층 빌딩 사이에서 사람들은 예상치 못한 공간과 마주한다. 바로 '서드 스페이스Third Space'다. 언뜻 보면 고급스러운 헬스장이지만, 도시인의 생활 구조와 소비 습관 전반을 정교하게 재설계하는 종합적인 '도시형 웰니스 플랫폼'에 가깝다.

과거 런던에서의 럭셔리는 고급 호텔의 애프터눈 티나 미슐랭 스타 레스토랑 같은 미식 체험으로 정의되곤 했다. 그러나 최근 런던의 럭셔리는 '자신의 몸과 마음에 대한 정밀한 투자'라는 새로운 개념으로 빠르게 재정의되고 있다. 서드 스페이스는 그 전환의 중심에 있다. 운동 이상의 건강한 라이프스타일을 지향하는 사람들에게 이 공간은 일상 속에서 누릴 수 있는 가장 세련되고도 현실적인 형태의 럭셔리다.

서드 스페이스의 전략이 런던에서 효과적인 이유는 이 도시 특유의 밀도 높은 긴장감 때문이다. 도시 생활이 주는 스트레스와 긴장감은 역설적으로 웰니스에 대한 강렬한 열망을 키운다. 즉 런던의 분주한 삶의 속도와 끊임없는 압박이 서드 스페이스가 제안하는 웰니스의 가치를 더욱 절실하고 존재감 있게 만든다.

서드 스페이스가 기존의 다른 웰니스 시설들과 결정적으로 다른 점은 도시의 긴장과 에너지를 부정하지 않고, 오히려 적극적으로 활용한다는 데 있다. 사람들은 이 공간에서 도시의 압박감을 단순히 떨쳐내기보다는, 그 긴장감을 전략적으로 관리하고 균형을 찾도록 설계된 환경 속에서 최적의 신체적·정신적 퍼포먼스를 만들어낸다. 서드 스페이스는 런던이라는 도시 환경을 그대로 받아들이면서도 그 안에서 가장 효과적인 웰니스 솔루션을 제공한다.

서드 스페이스가 런던이라는 글로벌 도시의 독특한 커뮤니티 성격과 긴밀히 연결되어 있다는 점 역시 중요한 전략적 요소다. 런던은 국제적인 전문가 집단, 글로벌 기업의 핵심 인력, 창의적인 젊은층이 혼재된 도시다. 서드 스페이스는 이 다양한 사람들을 운동뿐 아니라 소셜 커뮤니티와 비즈니스 네트워킹까지 통합된 플랫폼으로 묶는다. 업무와 생활의 중간 지대에서 소통과 휴식 그리고 네트워킹이 동시에 이루어지는 '제3의 공간 Third space'으로 런던이라는 도시의 라이프스타일에 자연스럽게 스며들었다.

런던 소호에 자리한 서드 스페이스. 단순한 피트니스 클럽을 넘어
웰니스와 라이프스타일을 결합한 도심형 프라이빗 멤버십 공간으로 기능하며,
런던의 일상 속에서 새로운 럭셔리 웰니스의 기준을 제시한다.

도시가 만든 웰니스, 런던이라는 실험실

서드 스페이스를 제대로 이해하려면 세련된 공간이나 고급 시설 너머를 봐야 한다. 런던이라는 도시의 독특한 구조와 맥락이 이 비즈니스 모델의 탄생과 성장을 어떻게 가능하게 했는지, 그 배경을 함께 파악하는 것이 중요하다.

런던은 세계에서 가장 빠르게 움직이는 도시 중 하나다. 세계 금융의 중심지이자 다양한 문화가 끊임없이 충돌하고 교차하는 메트로폴리스로서, 이곳은 일과 휴식의 경계 없이 끊임없는 자기 관리self-care를 요구한다. 평균 출퇴근 시간이 1시간 이상인 환경에서, 시민들이 도시 외곽으로 나가지 않고도 도심 내에서 효과적으로 몸과 마음을 회복할 수 있는 공간을 필요로 하게 된 것은 자연스러운 귀결이다. 이러한 환경에서 도심형 웰니스 산업의 번성은 필연적이었다.

런던의 공간 활용 방식 또한 주목할 필요가 있다. 런던은 오래된 역사적 건축물과 현대적인 빌딩이 유연하게 공존하며 끊임없이 변화하는 도시다. 도심 한가운데 위치한 옛 은행 건물과 창고, 공공시설들은 기존의 정체성을 유지하면서도 새로운 용도를 유연하게 수용해 현대적인 공간으로 탈바꿈했다. 서드 스페이스는 이러한 런던의 유연성을 적극적으로 활용했다. 리젠트 스트리트Regent Street에 위치한 유서 깊은 금융기관의 건물을 현대적 웰니스 공간으로 탈바꿈시키고, 시티 오브 런던City of London의 버려진 상업 시설을 세련된 프리미엄 휴식처로 전환하며 도시의 과거와 현재를 동시에 품었다.

런던 시민들의 소비 패턴 또한 서드 스페이스의 성공을 견인했다. 런던은 물질적 소비에서 경험적 소비로의 전환이 가장 빠르게 이루어진 도시 중 하나다. 금융권의 엘리트, 미디어 전문가, 크리에이티브 산업 종사자 등 도심의 프로페셔널들은 이미 '자기 자신에게 투자하는 것'이 가장 발전된 형태의 럭셔리라는 사고방식을 내면화하고 있었다. 이들은 사회적 지위를 과시하는 물질적 소비보다는 꾸준한 자기 관리와 의미 있는 교류에 더 높은 가치를 둔다. 서드 스페이스는 바로 이러한 사람들의 요구를 정확히 겨냥하여 신체적·정서적 건강과 소셜 커넥션을 동시에 충족시키는 이상적인 공간으로 자리 잡았다.

공간이 곧 웰니스가 되는 서드 스페이스의 감각 설계

서드 스페이스의 공간은 감각적 몰입을 통해 사람들의 신체와 감정을 즉각적으로 전환시키는 역할을 한다. 북적거리는 거리와 빌딩 숲 사이로 문을 열고 들어서는 순간, 도시의 소음은 사라지고 고요하고 부드러운 빛과 공기만이 온몸을 감싼다. 이곳의 모든 요소는 회원들의 감각 경험을 북돋는 데 맞춰져 있다. 예컨대 러닝머신이나 프리웨이트 같은 운동 기구 주변의 간접 조명은 사용자의 시야를 방해하지 않으면서 집중력을 높이고, 바닥과 벽면에 사용된 방음 소재는 기계음과 발소리로 인한 스트레스를 최소화한다. 이 모든 장치가 운동의 순간에 완벽히 몰입할 수 있도록 돕는다.

서드 스페이스는 단지 운동을 위한 공간이 아니다. 운동 이후의 휴식과 회복까지 섬세하게 설계된 환경을 제공한다. 서드 스페이스의 라운지는 운동 공간보다 한층 낮은 조명과 느린 템포의 음악 그리고 신체를 부드럽게 감싸는 가구로 구성되어 있다. 고강도 운동을 마친 회원들은 이곳에서 긴장을 풀고, 건강한 음식과 음료를 즐기며 자연스럽게 일상의 무게를 내려놓게 된다. 이렇게 운동의 긴장과 휴식의 이완이 조화롭게 연결되면서, 서드 스페이스는 단순한 피트니스 클럽 이상의 웰니스 공간으로 거듭난다.

서드 스페이스가 특히 강조하는 개념은 '퍼포먼스 웰니스performance wellness'다. 이는 단순히 아름다운 몸매를 만드는 데 머물지 않고, 전반적인 신체 능력을 향상시키고 건강을 관리해 웰니스에 기여하는 데 목적을 둔다. 이를 위해 서드 스페이스는 공간 자체를 '퍼포먼스 증폭 장치'로 활용한다. 최적화된 온도와 습도, 동선 배치, 음악, 조명은 운동 성과를 극대화하고, 나아가 회원들이 자신들의 신체와 정신 상태에 오롯이 집중하도록 돕는다.

또한 이곳은 운동을 매개로 자기 자신을 발견하고, 사람들과 교류하며 삶의 질을 지속적으로 향상시키는 공간을 지향한다. 이는 공간의 디자인과 구성 방식 그리고 프로그램 배치에서 명확히 드러난다. 서드 스페이스는 러닝머신, 웨이트 트레이닝, 그룹 클래스 같은 피트니스 클럽의 기본 프로그램뿐 아니라 운동 전후의 행동과 감정 상태까지 정밀하게 설계

서드 스페이스 메이페어 앞에서 담소를 나누는 회원들. 2025년 7월 기준 런던 전역에 12개 지점을 둔 서드 스페이스는 각 지역의 맥락에 따라 공간과 운영 방식을 달리 설계한다. 특히 메이페어 지점은 다른 지점에 비해 회원 규모는 작지만, 1인당 이용 면적을 넉넉히 확보해 높은 충성도를 유지하는 전략적 모델로 기능한다.

©김앙아

서드 스페이스 메이페어(사진 위)의 내부 시설과 서드 스페이스 소호 1층에 자리한 '내추럴 푸드(natural food)' (사진 아래). 모든 지점에서 운영되는 내추럴 푸드는 회원의 운동 목적과 건강 상태에 맞춘 맞춤형 푸드를 즉석에서 제공하며, 브랜드의 핵심 차별화 요소로 작동한다. 실제 상담을 통해 확인한 바로는 개인의 신체 데이터를 정밀 분석해 운동과 영양을 결합한 통합 프로그램을 제시하는 점이, '월 회비 이상의 가치'를 체감하게 만드는 서드 스페이스의 핵심이다.

했다. 예컨대 회원들은 퇴근 후 고강도의 피트니스 세션에 참여한 뒤, 스파 공간이나 명상실로 이동해 긴장을 푼다. 이후 라운지에서 건강한 음식과 음료를 즐기며 휴식을 취하고, 다른 회원들과도 자연스럽게 교류한다. 이 흐름 안에서 고객은 서드 스페이스를 단순한 피트니스 시설이 아닌, '일상적이고 반복적인 삶의 중심 공간'으로 인지하게 된다.

이 모든 것은 고객의 행동과 동선, 시간 흐름까지 정밀하게 설계한 결과다. 서드 스페이스는 운동 프로그램 외에도 건강 관련 세미나, 라이프스타일 워크숍, 영양 컨설팅 같은 부가 서비스를 제공해 회원과의 유대감을 강화하고, 고급스러운 '사교의 무대'를 조성해 회원들 간의 교류를 유도한다. 라운지 공간은 운동 후 휴식뿐 아니라, 비슷한 관심사를 가진 이들이 교류할 수 있는 세련된 사교장으로 기능한다. 또한 주말 이벤트나 특별 강좌, 유명 셰프와의 컬래버레이션 디너 등을 개최해 이곳을 새롭고 매력적인 공간으로 인식시키며, 회원들의 소속감과 충성도를 높인다. 회원들은 자신이 이 공간에 쓴 시간과 비용이 건강과 휴식, 사회적 연결이라는 가치 있는 투자로 돌아온다고 느끼며, 이러한 만족감은 장기적인 충성 고객 확보로 연결된다.

결과적으로 서드 스페이스의 진정한 강점은 웰니스와 사교, 문화적 경험을 단일 공간 안에서 유기적으로 결합하여 새로운 형태의 라이프스타일 플랫폼을 구축했다는 점이다. 단순한 피트니스 클럽을 넘어 사람들의 소비 습관과 관계 형성 방식까지 정교하게 설계한 이 전략이 서드 스페이스를 경쟁 브랜드와 근본적으로 차별화된 위치에 올려놓았다.

서드 스페이스가 이끄는 도심 웰니스의 미래

앞서 살펴보았듯 서드 스페이스의 전략적 가치는 도시인의 삶과 웰니스를 하나의 라이프스타일 플랫폼으로 통합해 고객과의 장기적인 관계를 구축하는 방식에 있다. 기존 웰니스 시장이 운동이나 휴식을 개별적 서비스로 제공하는 데 그쳤다면, 서드 스페이스는 고객의 신체와 정신, 생활 습관과 커뮤니티 관계까지 철저히 데이터 기반으로 연결하여 통합된 플랫폼을 설계했다.

이러한 전략적 접근은 서드 스페이스의 독보적인 경쟁력으로 이어진다. 시설과 서비스는 모방할 수 있지만, 고객의 라이프스타일 데이터를 기반으로 구축된 고도화된 개인화 시스템과 통합 웰니스 관리 플랫폼은 쉽게 따라 할 수 없는 전략적 진입장벽이 된다. 서드 스페이스는 이를 통해 고객의 충성도를 극대화하고, 장기적인 관계를 구축하며 지속 가능한 비즈니스 모델을 확보했다.

서드 스페이스의 멤버십 비용은 2025년 7월 기준 월 305파운드(한화 약 56만 원)로, 런던 내 프리미엄 피트니스 클럽들과 유사한 수준이다.* 그러나 경쟁 브랜드가 주로 시설이나 운동 프로그램에 초점을 맞추는 반면, 서드 스페이스는 고객의 일상 전반을 아우르는 종합적인 라이프스타일 큐레

• 'Joining fee'라 불리는 초기 등록 비용 200파운드가 별도로 부과되지만, 이 중 100파운드는 클럽 내 라운지나 카페에서 사용할 수 있는 크레딧으로 전환된다.

이션을 제공하며 명확히 차별화된 전략을 보여준다. 즉 단순한 운동 시설을 넘어 고객에게 '삶의 방식'이라는 새로운 형태의 럭셔리를 제안하며, 브랜드의 가치를 일상 속에서 자연스럽게 체득하게 만드는 플랫폼으로 자리 잡았다.

앞으로 도시는 더 밀집되고 복잡해질 것이다. 그럴수록 서드 스페이스 같은 '종합적 웰니스 플랫폼'의 전략적 가치는 더욱 선명해질 가능성이 크다. 소비자는 단순한 운동이나 휴식 공간을 넘어 스트레스 관리, 사회적 교류, 정서적 안정을 동시에 충족하는 통합형 공간을 원하게 될 것이다. 서드 스페이스는 이러한 요구를 선제적으로 포착해 도시 한복판에서 사람들의 일상을 가장 세련되고 깊이 있게 변화시키는 방식으로 '새로운 럭셔리'를 구현한다.

이곳에서 고객은 운동과 식사, 휴식, 교류 등을 하나의 유기적 흐름 속에서 경험하며, 그것이야말로 '진정한 럭셔리'임을 깨닫는다. 이제 도시 웰니스는 단순한 트렌드를 넘어 도시인의 삶을 근본적으로 재설계하는 강력한 전략 자산이 되었다. 서드 스페이스는 이 시장을 개척하고 선도하며, 글로벌 도시들이 지향해야 할 웰니스 산업의 기준을 제시한다. 그들이 판매하는 것은 단순한 공간이 아니라, 삶의 방식과 정교하게 설계된 일상의 경험이다. 바로 이 점에서 서드 스페이스는 도시 웰니스 산업의 미래를 주도하는 확실한 주인공으로 자리매김할 것이다.

| Lartisien |

라티시엔, 정보가 아닌 감도를 설계하는 플랫폼

'라티시엔Lartisien'은 2007년 프랑스에서 설립된 럭셔리 호텔 전문 OTAOnline Travel Agency다. 전 세계 1,000여 개의 고급 호텔과 파트너십을 맺고 있으며, 그중 약 400곳은 자체 큐레이션 기준에 따라 '엄선된 호텔 컬렉션'으로 선별해 고객에게 제공된다.

라티시엔만의 차별화 포인트는 고객의 정서와 취향을 기반으로 여정 전체를 설계하는 '감각 기반 큐레이션 브랜드'라는 점이다. 우선 고객마다 전담 컨시어지Guest Experience Manager, GEM가 배정돼 항공과 숙소 예약은 물론이고, 여행 목적과 감정 상태에 따른 맞춤형 제안을 한다. 이 서비스는 편의성을 넘어 고객의 컨디션과 정서적 욕구에 기반한 '감정 설계'로 진화하고 있으며, 덕분에 업계 평균을 상회하는 평점과 전환율을 기록하고 있다.

오늘날 여행자들은 단순히 휴식이나 관광을 목적으로 숙소를 찾지 않는다. 그들은 숙소 선택을 통해 자신의 라이프스타일과 정체성 그리고 정서를 섬세하게 표현하는 '경험의 큐레이터'가 되기를 원한다. 특히 하이엔드 소비층에게 객실의 크기나 브랜드는 그다지 중요하지 않다. 그들에게 중요한 것은 공간이 자신만의 취향과 감각, 즉 개인적 안목과 정서에 얼마나 정교하게 부합하느냐다. 그들에게 여행은 일탈이 아니라 감정의 리셋이며, 공간은 단순한 배경이 아니라 정서적 동반자다.

라티시엔은 바로 이 지점을 공략해 '감도 기반 큐레이션 브랜드'로 진화했다. 그들은 숙소를 제공하는 것이 아니라, 소비자의 정서적 니즈를 정확히 포착해 정서적 풍경을 설계하고 제안한다. 누구나 발견할 수 있지만, 모두가 공감하거나 도달할 수는 없는 곳. 이것이 라티시엔이 정의하는 럭셔리 여행의 새로운 지평이다.

큐레이션의 진화, 정보가 아닌 감도를 설계하다

디지털 여행 플랫폼은 지난 20여 년간 세 단계의 진화를 거쳐왔다. 정보 중심의 1.0시대와 감각 중심의 2.0시대를 지나 현재 우리는 안목과 해석이 중심이 되는 3.0시대에 진입하고 있다. 이 변화는 단순한 기술의 발전이 아니라, 여행이라는 경험을 바라보는 소비자 관점의 전환에 따른 것이다.

1.0시대의 대표 주자는 부킹닷컴Booking.com과 호텔스닷컴Hotels.com 같은 대형 OTA였다. 이들은 정보의 객관성과 가격 비교의 효율성을 내세워 여행 예약의 대중화에 성공했다. 그러나 무한히 늘어난 선택지는 오히려 '결정의 피로'를 가져왔고, 소비자들은 점차 직접 고르기보다 믿을 수 있는 큐레이

터의 역할을 기대하기 시작했다.

2.0시대에는 타블렛 호텔Tablet Hotels과 미스터 앤 미세스 스미스Mr & Mrs Smith 같은 큐레이션 브랜드가 등장했다. 이들은 디자인 중심의 고급 호텔을 엄선하고, 미슐랭과의 제휴 등을 통해 큐레이션의 신뢰성을 강화했다. 그러나 이들의 선정 기준은 여전히 객관적이며 시설 중심적인 평가에 머물렀고, 고객의 정서적 취향과 여행 목적, 개인적 감정의 흐름까지 깊게 읽어내지는 못했다. 한마디로 '좋은 호텔'을 제안했지만, '나에게 맞는 호텔'을 찾아주지는 못했던 것이다.

이 한계를 극복하며 등장한 것이 바로 트래블 3.0시대다. 이제 플랫폼은 고객의 취향을 단지 '기록'하고 '분류'하는 단계를 넘어 고객의 정서적 목적을 적극적으로 '해석'하고 '기획'하는 역할을 수행한다. 특히 정서적 공감과 정교한 개인화를 중요시하는 하이엔드 소비층과 만나면서, 단순한 숙소 예약을 넘어 고객의 감정 구조를 파악하고 개인의 일상적 흐름에 최적화된 공간을 제안하는 '정서 기반 플랫폼'으로 진화하기 시작했다. 이는 기술의 발전이 아니라, 감각과 인식의 진화다.

이 흐름 속에서 라티시엔은 '럭셔리 트래블 3.0'의 대표적 인터페이스로 자리매김하고 있다. 라티시엔은 더 이상 호텔 자체를 추천하지 않는다. 대신 고객 개개인의 감정 곡선, 여행의 목적, 일상의 속도와 패턴을 섬세하게 읽고, 이를 바탕으로 가장 적합한 '감각적 설계값'을 조율하여 이야기가 있라티시엔은 '럭셔리 트래블 3.0'을 상징한다. 단순히 고급 호텔이나 프로그램을 나열하는 것이 아니라, 개인의 정서 상태와 삶의 맥락에 맞춘 이야기가 있는 여행을 제안한다. 이로써 여행은 소비재가 아니라, 감각과 기억을 설계하는 경험으로 전환된다.

는 여행을 제안한다. 라티시엔은 단순히 '선택된 호텔 목록'을 나열하는 브랜드가 아니라, 소비자의 내면 세계를 정확히 반영한 '정서적 장면'을 큐레이션하는 브랜드다.

이러한 전략은 라티시엔의 디지털 플랫폼 구조에도 그대로 반영되어 있다. 고객은 더 이상 호텔의 가격이나 위치 같은 객관적 요소를 검색하지 않는다. 대신 '이번 여행을 통해 어떤 상태가 되고 싶은가'라는 질문에 답한다. 라티시엔의 알고리즘은 고객의 감정 상태, 이동 패턴, 여행의 목적 등을 종합적으로 해석해 하나의 시나리오를 제안한다. 그 시나리오는 호텔이라는 물리적 공간을 설명하는 것이 아니라, 고객의 감정을 섬세히 감싸는 문장으로 시작된다. '서정적인 소설 속의 한 장면 같은 침실', '긴장을 풀어주는 잔잔한 물소리와 은은한 아로마'와 같은 표현이다. 이는 정보가 아닌 감도와 정서, 고객 내면의 일상적 감정 흐름에서 출발하는 큐레이션 방식이다.

결국 라티시엔의 큐레이션이 제안하는 것은 '공간을 선택하는 방법'이 아니라, '개인의 삶의 서사를 설계하는 방식'이다. 같은 파리의 호텔이라도 누군가는 시인의 잔향이 느껴지는 살롱의 분위기 때문에 선택하고, 누군가는 정원이 내려다보이는 욕조와 아침 햇살이라는 구체적인 요소 때문에 선택한다. 라티시엔은 이렇게 고객의 감각 언어 sensory grammar* 를 세밀히 수집하고 해석해 가장 적절한 정서적 장면을 제안한다.

●
고객이 공간, 빛, 온도, 질감, 속도 등 다양한 감각 요소에 반응하는 고유한 방식과 선호의 결. 브랜드가 감각을 설계할 때 참고해야 할 소비자만의 정서적 리듬과 미적 반응 구조를 의미한다. 이는 단순한 취향을 넘어 '감정이 작동하는 방식'을 읽는 일종의 비언어적 문법이다.

이 전략은 공간 추천뿐 아니라 콘텐츠의 강약과 타이밍을 결정할 때도 적용된다. 브랜드 기획자로서 유럽과 한국을 오가며 소비자의 정서적 패턴을 관찰해온 나에게 '정서적 타이밍'은 콘텐츠 기획의 가장 핵심적인 좌표였다. 아무리 정교한 기획이라도 고객의 감정적 속도보다 지나치게 앞서거나 뒤처지면 몰입이 일어나지 않는다. 라티시엔은 이 타이밍을 세심히 관찰하고, 고객 개개인의 감정적 속도에 따라 감각의 밀도를 조율하는 데 공을 들인다. 그래서 고객들은 라티시엔을 단순한 큐레이션 플랫폼이 아니라, '정서적으로' 자신을 이해해주는 브랜드로 인식한다. 이로써 라티시엔은 큐레이션을 넘어 개인의 정서를 연출하고 감각을 설계하는 브랜드로 기능한다. 바로 이것이 라티시엔이 '럭셔리 트래블 3.0'의 미래로 주목받는 이유다.

수익 구조의 재정의, 큐레이션에서 비즈니스로

전통적인 OTA는 가능한 한 많은 호텔을 노출시켜 클릭과 예약 건수를 최대화하고, 이를 통해 중개 수수료를 얻는 방식으로 수익을 창출한다. 관건은 트래픽과 전환율이며, 리스트에 올라온 호텔은 언제든 대체 가능한 상품에 불과하다. 반면 라티시엔은 호텔이라는 공간 자체를 판매하지 않는다. 이들이 판매하는 것은 '공간을 해석하는 방식'이다. 말하자면 라티시엔은 '해석의 안목'을 유료화한 브랜드다. 실제로 라티시엔 플랫폼에는 검색창이 없다. 목적지, 가격, 등급과 같은 객관적 필터 대신, '이번 여행을 통해 어떤 상태가 되고 싶은가'를 질문한다.

이러한 구조가 가능한 이유는 라티시엔이 큐레이션을 하나의 독립된 서비스로 전환했기 때문이다. 라티시엔은 프라이빗 멤버십 기반으로 운영되며, 고객마다 전담 컨시어지가 배정된다. 컨시어지는 고객의 감정 상태, 삶의 맥락, 취향 이력, 여행 목적 등을 기반으로 하나의 '정서적 시나리오'를 설계하고, 그 안에 가장 적합한 공간을 배치한다. 이 모델에서는 호텔이 목적이 아니라, 고객의 내러티브에 부합하는 하나의 감각적 장치로 기능한다.

나아가 컨시어지는 고객의 정서적 흐름과 취향 패턴을 장기적으로 기억하고, 다음 여정을 선제적으로 제안하기도 한다. 계절, 기분의 변화, 동반자의 유무 등 다양한 변수에 따라 구성된 정기 구독형 큐레이션 콘텐츠를 통해 고객의 감도와 지속적으로 교감한다. 단순히 일회성 예약을 돕는 것이 아니라, 고객과 함께 '진화하는 취향의 여정'을 설계하는 방식이다. 기존의 OTA가 추구해온 '효율적 선택'과는 정반대의 전략이다. 라티시엔은 한 번의 예약보다는 '지속 가능한 감도 설계'를 중심으로 한 '관계 기반 수익 구조 relational revenue model'●를 구축했다.

이러한 브랜드 철학은 호텔과의 파트너십 구조에도 그대로 반영된다. 라티시엔은 입점 신청을 받지 않으며, 자체 기준에 부합하는 호텔에 입점을 직접 제안한다. 브랜드의 철

● 고객의 일회성 구매 전환에 집중하는 것이 아니라, 정서적 신뢰를 바탕으로 장기적인 관계를 형성하고 반복적인 큐레이션 접점을 만들어내는 수익 구조다. 고객의 정서적 특성, 소비 패턴, 여행의 목적을 장기적으로 기억하고 축적하여 지속인 경험 설계를 통해 수익을 창출한다. 기존 OTA가 수많은 선택지 중 '최적'을 찾는 방식이라면, 라티시엔은 고객의 정서적 맥락에 따라 '의미 있는 하나'를 설계해 제안하는 전략을 사용한다.

학에 진정으로 공감하는 호텔만이 파트너십을 맺을 수 있다. 이 공감대가 있기 때문에 단순한 유통 채널로서가 아니라 호텔과 '공동 해석자'로서 전략적 큐레이션 프로세스를 구축하는 것이 가능해진다.

이 구조는 곧 수익성과 직결된다. 라티시엔 고객의 1인당 평균 여행 지출액은 일반 OTA 고객의 2.5배에 달한다. 이는 단지 객실 가격 때문이 아니다. 감정 설계, 전담 컨시어지, 큐레이션 콘텐츠 등으로 이루어진 통합된 경험에 프리미엄을 지불하는 고객의 의지를 반영한 수치다. 고객은 이제 '좋은 호텔'이 아니라 '나를 이해해주는 브랜드'에 비용을 지불한다.

지난 10여 년간 유럽과 한국을 오가며 수많은 브랜드 전략을 기획하고 관찰하며 얻은 결론은 하나였다. '나를 가장 정확하게 해석하는 브랜드'만이 지속적인 충성도를 만들어낸다는 것. 더 많은 정보를 제공하는 브랜드가 아니라, 고객을 더 깊이 이해하는 브랜드가 결국 강력한 신뢰와 충성도를 얻는다.

라티시엔은 그 원칙을 가장 섬세하고 감각적으로 구현한 사례다. 이들의 핵심적인 전략적 강점은 '무엇을 보여줄 것인가'보다 '무엇을 보여주지 않을 것인가'를 정확히 아는 그 절제의 감각에 있다. 라티시엔은 큐레이션의 양이 아니라 해석의 정확성을, 객실의 객관적 사양이 아니라 그 공간이 정서적으로 수행할 수 있는 역할에 대한 명확한 안목을 가진 브랜드다. 라티시엔은 이 전 과정을 브랜드의 핵심 가치로 삼고 있으며, 이는 단지 여행 산업을 넘어 '감각 기반 소비 경제' 전체의 새로운 전략 모델로 확장될 가능성을 지닌다.

결국 라티시엔의 전략은 '더 많은 고객'이 아니라, 더 깊이 이해할 수 있는 고객과의 지속 가능한 관계에 있다. 확장성에서는 한계가 있을 수 있지만, 프리미엄 시장에서는 오히려 이런 밀도 높은 관계가 압도적인 재이용률과 충성도로 이어진다. 라티시엔은 '검색→선택→예약'이라는 기존 OTA의 공식을 과감히 버리고, '해석→공감→설계'라는 전혀 다른 프로세스를 구축했다. 이 수익 모델은 단순한 OTA 혁신이 아니라, 해석을 유료화한 고감도 설계 플랫폼이라는 새로운 비즈니스 템플릿을 제시한다.

이제 라티시엔은 '럭셔리 호텔 추천 플랫폼'이라는 틀로는 정의할 수 없는 브랜드다. 가격, 크기, 희소성 같은 전통적 럭셔리 기준이 의미를 잃어가는 시대에, 라티시엔은 '해석의 브랜드'로서 럭셔리의 새로운 정의를 만들어가고 있다. 정보가 아닌 감정, 효율이 아닌 안목을 중심으로 소비자의 삶에 가장 깊이 관여할 수 있는 구조를 정제된 형태로 구현해낸 전략적 전환점이자, 향후 럭셔리 시장이 지향할 하나의 모델이다.

6장. LVMH, 미래를 설계하는 감각의 제국

LVMH는 감각과 경험, 공간과 시간에 투자하며 '소비 그 너머'를 설계해온 '감각의 제국'이다. 그들은 럭셔리, 예술, 문화, 라이프스타일을 유기적으로 결합해 '오감 만족'이라는 기치 아래 새로운 소비 가치를 창출해왔다. 이 장에서는 럭셔리의 정점에서 미래 소비를 구상하고 실현하는 LVMH의 실험을 통해 감각의 제국이 어떻게 형성되는지를 추적한다.

| Cheval Blan |

LVMH의 하이엔드 호텔 '슈발 블랑'의 전략적 환대

LVMH의 하이엔드 호텔 '슈발 블랑Cheval Blanc'은 기존의 럭셔리 호텔과 명확한 경계선을 그으며 출발한다. 슈발 블랑의 전략적 핵심은 '초개인화hyper-personalization'다. 이는 호스피탈리티 비즈니스의 본질적 가치였던 '환대'의 개념 그 이상의, 고객을 브랜드 전략의 중심으로 끌어들이는 전략이다.

전통적 럭셔리 호텔들이 호화로운 인테리어, 탁월한 서비스 품질, 다양한 편의 시설을 갖추는 데 집중했다면, 슈발 블랑은 고객 개개인의 라이프스타일과 취향을 세밀하게 분석해 정교한 경험을 미리 설계하는 데 전략적 방점을 찍는다. 고객의 개인적 배경과 선호 데이터를 기반으로, 고객이 호텔에 발을 들이는 순간부터 떠날 때까지의 모든 여정을 미리 설계하는 이 접근 방식은 기존의 '맞춤형 서비스'를 뛰어넘어 개인의 정서적 욕망까지 관리하는 차세대 럭셔리 전략이다. 이를 위해 LVMH는 그룹이 보유한 엄청난 양의 고객 데이터를 면밀히 분석하고, 그룹 내 방대한 브랜드 포트폴리오를 고객 경험 전반에 유기적으로 결합하는 방식으로 초개인화 전략의 정교함을 높인다.

▶ 파리 퐁네프 인근에 자리한 슈발 블랑의 외관. 아르데코 양식의 석조 파사드를 보존하면서 현대적으로 재해석한 이 건축은 단순한 럭셔리 호텔을 넘어 LVMH의 파리 도심 전략을 상징하는 거점으로 기능한다.

©김양아

이 거대한 럭셔리 그룹이 초개인화 전략을 통해 궁극적으로 추구하는 목표는 명확하다. 단순한 제품 판매를 넘어 브랜드가 지닌 정서적 가치를 고객의 삶에 지속적으로 각인시키는 것이다. LVMH의 관점에서 럭셔리의 본질은 이제 더 이상 제품 그 자체가 아니다. 오히려 브랜드가 제공하는 지속적이고 총체적인 '감정적 몰입'이 럭셔리의 핵심으로 자리 잡았다.

그동안 럭셔리 산업은 철저히 제품 중심으로 성장해왔다. 명품 가방, 시계, 보석 등 물리적 오브제들이 럭셔리를 정의하는 전부였고, 제품의 희소성과 탁월한 품질이 시장을 주도했다. 하지만 오늘날의 소비자들은 루이비통의 가방이나 디올의 드레스를 소유하는 것만으로는 충분한 만족을 느끼지 못한다. 이들은 브랜드의 철학과 미학, 역사에 깊이 공감하며 이를 자신의 정체성과 연결 짓기를 원하고, 일상과 여행, 휴식과 여가의 모든 순간에 걸쳐 브랜드와 긴밀하게 상호작용하기를 바란다. 전통적인 제품 중심의 접근 방식으로는 소비자의 이 같은 정서적 욕망을 충족시키기에 근본적인 한계가 있다.

LVMH는 이러한 시장의 변화를 누구보다 빠르고 예리하게 포착했다. 방대하게 확장된 LVMH의 제품 포트폴리오는 이미 포화 상태에 가까워 새로운 제품군을 추가하는 전략으로는 더 이상 의미 있는 성장을 담보할 수 없었다. 브랜드의 지속 가능한 성장을 위해서는 제품 중심적 사고를 넘어 고객의 일상 전체를 브랜드 경험으로 채우는 전략적 전환이 필요했다. 이 새로운 전략적 구조를 구현하기 위한 LVMH의 명확한 해답이 바로 '호스피탈리티'였다.

슈발 블랑은 이러한 LVMH의 전략적 전환을 가장 명료하게 보여주는 사례다. 슈발 블랑은 단순히 고급스러운 숙박 시설이나 탁월한 서비스를 제공하는 데 그치지 않고, 고객이 브랜드의 세계관에 완벽히 몰입할 수 있도록 공간과 경험을 세밀하게 설계한다. 슈발 블랑 파리에 머무는 고객은 LVMH가 구축한 다양한 브랜드가 하나의 정교한 미학적 세계관 아래 유기적으로 결합된 총체적 경험을 하게 된다.

초개인화된 서비스로 완성하는 호스피탈리티

파리의 랜드마크였던 역사적 건축물 사마리텐La Samaritaine 백화점을 재해석한 슈발 블랑 파리는 단순히 역사적 장소를 복원하는 차원을 넘어 도시의 정체성과 고객 개개인의 취향을 전략적으로 연결하는 새로운 공간 모델을 실현했다. 예를 들어 호텔 내 디올 스파에서는 고객의 피부 상태와 기호를 정밀하게 분석해 맞춤형 트리트먼트를 제공하고, 레스토랑에서는 고객의 식습관과 알레르기 정보까지 사전 분석해 개별화된 메뉴를 구성한다. 이는 고객 자신이 호텔 경험의 '중심'이라는 사실을 지속적으로 환기시키는 초개인화 전략의 구체적인 실행 사례들이다.

호스피탈리티 관점에서 슈발 블랑의 전략적 차별성은

◀
슈발 블랑 파리의 로비. 럭셔리 브랜드 호텔답게 아트 컬렉션과 디자인 가구가 어우러져 단순한 환영 공간이 아닌, LVMH의 미감과 철학을 체현하는 문화적 무대로 기능한다.

▲
슈발 블랑 파리 7층에 자리한 레스토랑 르 뚜뜨 파리(Le Tout-Paris). 아르데코에서 영감을 받은 컬러풀하면서도 세련된 인테리어가 돋보이며, 탁 트인 파리 전경과 어우러져 도시적 우아함과 활기를 동시에 경험하게 한다.

분명하다. 기존의 최고급 호텔들이 서비스의 일관성, 신속성, 전문성을 경쟁 우위로 삼았다면, 슈발 블랑은 고객의 미래 요구를 미리 예측하고 선제적으로 대응하는 역량을 가장 중요한 차별화 요소로 설정한다. 이러한 전략의 기반이 되는 것은 LVMH가 구축한 광범위한 고객 데이터, 정교한 VIP 네트워크 그리고 다층적 브랜드 포트폴리오를 통합적으로 운용할 수 있는 전략적 역량이다. 단일 브랜드이거나 정형화된 운영 모델을 가진 여타 경쟁자들이 따라잡을 수 없는 구조적 경쟁 우위를 만드는 핵심이 여기에 있다.

이 전략은 호텔과 고객 간의 관계 자체를 근본적으로 재정의한다. 슈발 블랑의 투숙객은 단순히 잘 설계된 객실이나 프리미엄 서비스를 제공받는 수준을 넘어 호텔이 자신의 라이프스타일과 습관을 완벽하게 이해하고 있음을 실감하게 된다. 즉 호텔에 머무는 내내 고객 스스로가 자신이 가장 특별하고 중요한 존재로 대접받는다는 감정적 만족감을 깊이 체험하는 것이다.

나는 럭셔리 산업의 수많은 고객 접점과 브랜드 경험을 기획하고 분석하며, 브랜드 충성도를 결정짓는 가장 중요한 변수는 '고객이 기대하지 못한 감동을 얼마나 예측 가능한 방식으로 제공할 수 있느냐'에 있음을 거듭 확인해왔다. 이러한 관점에서 슈발 블랑의 초개인화 전략은 기존 럭셔리 호텔 브랜드들이 관성적으로 답습해온 서비스 운영 방식을 근본부터 뒤집는 정교하고 혁신적인 '정서적 설계emotional engineering'로 평가할 수 있다.

슈발 블랑의 또 다른 전략적 강점은 공간 내부에서 LVMH 산하 브랜드들이 형성하는 '유기적 연결성'이다. 루이비통, 디올, 불가리, 지방시 등 주요 브랜드가 호텔 내 공간과 서비스 곳곳에 세심하게 배치되어, 개별 브랜드의 경험을 넘어 전체 브랜드 포트폴리오를 하나의 완성된 미학적 세계로 통합적으로 제시한다. 고객이 호텔에 머무는 동안 LVMH의 다양한 브랜드를 하나의 유기적 생태계로 인식하게 만드는 것이 바로 슈발 블랑의 궁극적 목표다.

즉 슈발 블랑은 고객으로 하여금 럭셔리를 단순히 소유하는 것을 넘어 자신이 '럭셔리의 중심'이라는 감정적 몰입을 경험하게 하는 전략적 공간이다. 이러한 점에서 슈발 블랑은 LVMH 그룹 전체의 호스피탈리티 전략 안에서 독보적인 위치를 차지하며, 향후 럭셔리 호스피탈리티 산업이 나아가야 할 명확한 방향성을 제시한다.

슈발 블랑은 호스피탈리티의 미래가 서비스의 표준화와 정형화된 품질 관리가 아닌, 고객 개개인의 정서적 욕망을 정밀하게 예측하고 관리하는 '초정밀 맞춤형 경험hyper-personalized experience'에 달려 있음을 명확히 선언한 사례다. 이는 럭셔리 시장의 고객 충성도 유지 전략을 새로운 차원으로 끌어올리는 혁신적인 접근법이며, 고객 스스로가 자신을 '특별한 개인'으로 인지하도록 만드는 감정적 몰입의 정점이라 할 수 있다.

루이비통 호텔, 공간을 통해 브랜드 헤리티지를 구현하다

2026년 파리에 개관 예정인 '루이비통 호텔Louis Vuitton Hotel'은 슈발 블랑과 함께 단순한 숙박 시설이 아닌, LVMH가 추구하는 럭셔리 철학과 미학을 고객이 가장 직접적이고 지속적으로 체험할 수 있도록 치밀하게 설계된 무대다. 고객들은 이곳에서 제품을 구경하는 것이 아니라, 브랜드의 철학을 자신의 일상 속에서 깊이 체화하는 경험을 하게 된다. LVMH가 그룹 내 가장 상징적인 브랜드인 루이비통의 이름을 걸고 직접 호텔을 개관하는 전략적 이유도 바로 여기에 있다.

루이비통 호텔의 전략적 방향성은 슈발 블랑과는 또 다른 지점에 있다. 슈발 블랑이 고객 개개인의 취향에 초점을 맞춘 초개인화 서비스와 그룹 내 브랜드 간의 유기적 연결성을 핵심 경쟁력으로 삼았다면, 루이비통 호텔은 LVMH 그룹의 상징인 루이비통이라는 브랜드 자체의 역사와 헤리티지 그 자체를 호텔이라는 공간 전체에 구현하여 고객에게 브랜드를 생생히 경험하도록 하는 데 방점을 찍는다.

호스피탈리티의 본질은 단순히 편안한 숙박이나 세심한 서비스를 제공하는 것을 넘어선다. 성공적인 호스피탈리티 브랜드는 자신만의 고유한 분위기와 정서를 창출하며, 공간 전체를 하나의 완결된 서사로 완성해야 한다. 루이비통 호텔은 이를 극대화한 사례다. 투숙객은 단순히 호텔에 머무는 것이 아니라, 루이비통의 브랜드 역사를 공간적으로 구현한 환경 속에서 브랜드의 철학과 정서를 생생히 체험하고, 그 세계관에 깊이 몰입하게 된다.

이를 위한 구체적 전략이 호텔 내에 마련될 아틀리에다. 실제 장인들이 제품을 제작하는 공방 형태의 아틀리에가 루이비통 호텔 내부에 들어설 예정이며, 투숙객은 객실에서 내려와 아틀리에에서 가죽 제품의 제작 과정을 직접 지켜보고, 장인들과 소통하며 원하는 경우 자신의 이름이나 이니셜을 새긴 맞춤형 제품을 주문할 수도 있다. 호텔을 벗어나지 않고도 루이비통의 장인정신과 정통성을 생생하게 접하며, 브랜드의 가치와 깊은 정서적 관계를 맺을 수 있는 것이다.

또한 루이비통 호텔은 '예술적 협업'을 전략적으로 활용하여 공간 내 브랜드의 헤리티지를 더욱 풍성하게 만든다. 제프 쿤스Jeffrey Koons, 쿠사마 야요이Kusama Yayoi, 다니엘 뷔랑Daniel Buren 등 세계적인 아티스트들과 협업해온 루이비통의 전통을 그대로 호텔 내부로 옮겨와 특별히 제작된 예술 작품을 전시함으로써, 투숙객이 브랜드의 예술적 유산과 문화적 가치를 더욱 밀도 높게 경험하도록 유도할 계획이다.

루이비통 호텔은 이러한 방식으로 브랜드의 역사, 장인정신, 예술적 유산을 공간의 모든 디테일에 정교하게 새겨넣는다. 투숙객은 호텔에 머무는 내내 루이비통의 전통과 혁신, 장인정신과 끊임없이 상호작용하며, 브랜드가 추구하는 가치들이 공간 곳곳에 얼마나 깊숙이 녹아 있는지를 몸과 마음으로 체감하게 된다. 즉 루이비통 호텔은 단순한 환대의 공간을 넘어 브랜드의 철학과 정서를 물리적 공간을 통해 고객의 의식 속에 깊고 선명하게 각인시키는 강력한 '공간적 브랜딩 플랫폼'으로 기능한다.

이는 기존 럭셔리 브랜드들이 호텔 비즈니스를 단지 브랜드 확장의 부가적 수단으로 여겼던 것과는 차원이 다른 접근이다. 아르마니나 불가리 호텔이 브랜드의 미학을 인테리어와 서비스에 반영하는 데 그쳤다면, 루이비통 호텔은 브랜드의 장인정신과 문화적 유산을 호텔 내에서 고객과 직접 상호작용하는 경험적 플랫폼으로 진화시킴으로써 럭셔리 시장의 공간 전략에 전례 없는 깊이와 입체성을 더하고 있다.

▶
파리 샹젤리제 거리에 건설 중인 루이비통 호텔. 이는 단순한 럭셔리 호텔이 아니라, 파리의 상징적 거리 한가운데에서 브랜드의 위상을 공간으로 구현하려는 전략적 프로젝트다.
세계 최고의 유동 인구와 관광객이 모이는 이 입지는 루이비통이 '패션 하우스'를 넘어 도시 자체를 브랜드 무대로 확장하려는 의도를 가장 분명히 보여준다.

생태계 전략, LVMH가 호텔을 만드는 진짜 이유

LVMH가 호텔 사업에 진출한 본질적 목적은 수익 다변화가 아니다. 이미 방대한 글로벌 네트워크와 충분한 제품 포트폴리오를 가진 이 그룹이 호텔 브랜드 하나를 추가로 운영한다고 해서 극적인 매출 상승이 일어나지는 않는다. LVMH가 실제로 얻고자 하는 전략적 이점은 브랜드들의 '정서적 자산'을 통합적으로 관리하는 것이다. 개별 브랜드가 독립적으로 소유했던 고객 정서와 기억을 호텔이라는 '공간 플랫폼'을 통해 하나의 일관된 서사로 연결하여 고객과 LVMH 그룹 전체 간의 지속 가능한 정서적 연결고리를 구축하는 전략이다.

슈발 블랑과 루이비통 호텔의 내부 구조를 전략적 관점에서 살펴보면, 왜 이 호텔들이 LVMH의 전체 브랜드 전략에서 결정적 역할을 하는지 더욱 선명해진다. 루이비통 부티크, 디올 스파, 불가리 주얼리 라운지, 샹동 샴페인 바 등 LVMH

©김양아

산하 주요 브랜드들이 호텔 내부에서 유기적이고 정교하게 연결되어 있는 이유는 고객이 개별 브랜드를 분절적으로 경험하는 것이 아니라, LVMH가 정밀하게 설계한 '라이프스타일 아키텍처Lifestyle Architecture'*라는 통합된 정서적 세계관 안에서 이를 자연스럽게 받아들이도록 만들기 위함이다.

예를 들어 슈발 블랑의 투숙객은 객실에서 깨어나 루이비통의 개인 맞춤형 서비스로 하루를 시작해 오후에 디올 스파에서 휴식을 취하고, 저녁에는 불가리 주얼리 라운지를 둘러본 뒤 샹동의 샴페인을 마시며 하루를 마무리한다. 결과적으로 호텔에 머무는 행위 자체가 LVMH 브랜드의 전체 생태계를 고객이 직접 살아보는 몰입적 체험이 되는 것이다. 이것이야말로 LVMH가 호텔이라는 공간 플랫폼을 통해 궁극적으로 이루고자 하는 '정서적 자산 관리'의 본질적 목표다.

LVMH가 호텔을 통해 구축하려는 이 정서적 생태계 전략은 경쟁사들이 쉽게 모방할 수 없는 구조적 경쟁 우위를 창출한다. 케어링 그룹이나 리치몬트Richemont같은 럭셔리 경쟁 그룹들은 여전히 개별 브랜드 단위에서 소비자와의 접점을 유지하는 전략에 머물러 있으며, 전통적인 럭셔리 호텔 체인들 역시 브랜드 간 융합이나 통합된 정서 경험을 제공하는 데 있어 구조적인 한계에 직면해 있다.

반면 LVMH는 각 브랜드의 개성과 독립성을 유지하면서도, 호텔이라는 공간을 활용해 소비자가 브랜드 간의 경계를 거의 느끼지 못한 채 자연스럽게 하나의 유기적 세계로 인식

•
개별 브랜드가 제공하는 제품과 서비스를 단순히 병렬적으로 배치하는 것이 아니라, 고객의 하루 일과와 동선, 공간 경험 속에서 자연스럽게 연결하여 전체 브랜드 포트폴리오가 하나의 일관된 정서적 흐름으로 느껴지도록 설계하는 브랜드 전략 개념을 의미한다. 특히 호스피탈리티 분야에서는 호텔이라는 물리적 공간을 통해 각 브랜드의 서비스와 제품이 고객의 일상과 행동 패턴에 맞춰 긴밀히 연결되는 구조로 구현된다.

하게 하는 정교한 공간적 장치를 만들어냈다.

**전 세계에
'LVMH 생태계'를
구축하겠다는 야심**

슈발 블랑과 루이비통 호텔의 또 다른 전략적 가치는 글로벌 도시를 거점으로 빠르게 확장 가능한 생태계 플랫폼이라는 데 있다. 이미 파리에서 그 효용성을 입증한 슈발 블랑은 뉴욕, 도쿄, 두바이 등 세계 주요 럭셔리 허브로 속도감 있게 확장될 예정이다. 2026년 개관을 앞둔 루이비통 호텔 역시 유사한 전략적 로드맵을 통해 전 세계 핵심 도시로 진출할 가능성이 높다.

이 호텔들이 도심의 핵심 구역에 자리 잡는 순간, 도시 전체가 하나의 'LVMH 생태계'로 재편되는 강력한 네트워크 효과가 나타날 가능성이 크다. 슈발 블랑과 루이비통 호텔은 단순히 럭셔리 소비를 위한 숙박 시설을 넘어 도시의 쇼핑, 미식, 예술과 전시라는 주요 소비 영역을 하나의 연결된 경험적 순환 구조로 재설계한다. 이를테면 뉴욕 맨해튼, 도쿄 긴자, 두바이 다운타운 중심부에 슈발 블랑 또는 루이비통 호텔이 들어설 경우, 고객은 호텔을 허브 삼아 주변의 브랜드 매장과 부티크를 방문하고, 호텔 내에서 미식과 예술, 전시를 경험하며 하루를 마무리할 것이다. 이 과정에서 호텔은 도시 관광 여정의 단순한 종착지가 아닌, 도시 전체의 경험을 하나의 연결된 서사로 만들어주는 전략적 플랫폼으로 작동한다.

이는 기존의 단편적인 브랜드 경험이나 홍보 차원을 넘

어 도시의 럭셔리 소비 생태계 자체를 LVMH의 관점에서 재구성하는 고도의 전략적 시도다. 나아가 도시 내 럭셔리 상권의 구조와 흐름을 바꾸고, 부동산 가치 및 도시 브랜드의 글로벌 이미지를 근본적으로 변화시키는 실질적이고 강력한 파급력을 발휘하게 된다.

이렇듯 도시와 브랜드 그리고 고객의 일상적 라이프스타일까지 그룹의 철학과 정서 안에서 유기적으로 통합해 하나의 '라이프스타일 생태계'를 구축하는 것이야말로 LVMH가 호텔 사업을 통해 실현하려는 궁극적 비전이다.

내가 오랜 시간 럭셔리 산업의 공간 전략을 기획하고 분석하면서 가장 인상 깊게 주목한 LVMH의 날카로운 전략적 통찰이 바로 여기에 있다. 이는 럭셔리의 본질을 제품과 매장이라는 전통적이고 물리적인 경계 너머로 확장하여 도시 전체를 자신들의 브랜드 철학과 정서적 가치가 살아 숨 쉬는 하나의 연장선으로 전환시킨 과감한 공간 전략이다.

이러한 행보는 글로벌 럭셔리 시장이 직면한 가장 근본적인 질문, 즉 '무엇이 고객의 충성도를 장기적으로 유지할 수 있는가'에 대한 LVMH의 명확한 대답이기도 하다. 결국 LVMH의 호텔 전략은 단순히 호스피탈리티라는 영역을 개척하는 데 그치지 않는다. 도시와 공간, 브랜드와 고객의 일상적 감각을 긴밀히 연결하고 통합하여 럭셔리 비즈니스의 본질을 재정의하는 현시대의 가장 명확하고 세련된 전략적 선언이다.

| La Samaritaine |

사마리텐, 도시와 브랜드의 경계를 허문 랜드마크

2021년 6월, 사마리텐 백화점은 16년간의 휴점을 마감하고 파리에 다시 화려하게 부활했다. 150년 이상 된 이곳을 되살린 프로젝트의 목적은 단순히 오래된 백화점을 복원하는 것이 아니었다. 사마리텐의 재탄생은 브랜드가 도시를 변화시키고, 도시가 브랜드의 정체성을 재정립하는 '공진화co-evolution'* 전략의 가장 명확한 사례다. LVMH는 이 공간을 통해 도시를 소비의 단순한 배경이 아니라, 브랜드가 의도한 정서적 경험이 펼쳐지는 전략적 무대로 재구성했다. 럭셔리 산업의 미래가 제품에서 도시적 공간 전략으로 확장된 이 시대에 사마리텐은 그 출발점에 서 있다.

사마리텐은 단순한 하이엔드 백화점의 범주를 넘어 파리 럭셔리 소비 문화의 중심이자, 도시의 과거와 미래가 교차하는 상징적 랜드마크로 자리 잡았다. 1869년에 처음 문을 연 사마리텐은 벨 에포크 시대의 아르누보·아르데코 건축 양식을 집약한 아이코닉한 장소였지만, 2005년에 안전 문제로 폐점한 이후 오랜 시간 방치되며 파리 도심에서 그 존재감을 상실했다. 2001년에 사마리텐을 인수한 LVMH는 처음부터

• 서로 다른 요소가 상호작용과 피드백을 통해 함께 진화하는 현상을 뜻한다. 도시 개발적 관점에서 공진화는 브랜드가 도시의 공간과 문화를 전략적으로 변화시키면, 그렇게 변화된 도시는 다시 브랜드의 이미지와 정체성에 직접적인 영향을 미치는 상호 순환적 구조를 의미한다. LVMH는 사마리텐 프로젝트를 통해 파리 도심을 브랜드 경험과 미학적 가치를 담은 전략적 무대로 재설계했고, 이렇게 변화된 도시의 정체성과 이미지가 LVMH의 럭셔리 가치를 한층 더 높이는 공진화 전략을 실현했다.

이 프로젝트를 단순한 건축 복원이 아닌, 현대 도시의 맥락과 브랜드의 철학을 긴밀하게 결합한 전략적 복합 개발로 접근했다. 이 전략의 핵심은 '역사적 헤리티지의 보존'과 '현대적 감각의 공존'이었다.

본관의 고유한 외관과 내부 구조는 철저히 보존하는 한편, 일본의 건축 사무소 산아SANAA가 설계한 물결 형태의 유리 외벽을 더해 현대적 감각을 강조했다. 이 새로운 외벽은 건물 내부 전체에 풍부한 자연광을 유입시키고 센 강변의 도시 풍경을 내부 공간과 시각적으로 연결하면서, 건축이 도시적 맥락과 끊임없이 대화하는 구조로 재탄생했다. 전통과 첨단이 공존하는 이러한 접근 방식은 단지 과거의 기억을 보존하는 것이 아니라, 현재와 미래를 관통하는 강력한 '공간적 서사'로 진화했다.

내부 공간 역시 기존 백화점의 상품 중심 구조에서 벗어나 브랜드가 제안하는 라이프스타일을 전면에 내세운 전략적 플랫폼으로 전환되었다. 상품 진열 위주의 전통적 백화점 동선은 철저하게 배제하고, 방문자가 브랜드의 서사와 철학을 경험하고 그 흐름 속에 자연스럽게 몰입할 수 있도록 정교한 스토리텔링 동선이 구축되었다. 특히 6층 전체를 감싸는 유리 돔 아래 마련된 휴식 공간은 파리 도시 풍경을 백화점 내부로 끌어들이며, 프라이빗한 쇼핑과 공공적 일상을 공간적으로 연결하는 역할을 수행한다.

새롭게 태어난 사마리텐은 단지 쇼핑만을 위한 공간이

아니다. 슈발 블랑, 프라이빗 스위트, 미슐랭 레스토랑, 루프 탑 바, 디올 스파, 현대미술 갤러리까지, 라이프스타일 전반을 아우르는 프로그램이 하나의 공간에서 입체적으로 연결된다. 즉 사마리텐은 파리라는 도시의 정체성과 LVMH의 미학적 세계관이 유기적으로 결합된 서사가 펼쳐지는 무대이자, 소비자의 일상과 감정 구조에 정서적으로 깊숙하게 접속하는 통합적 브랜드 플랫폼으로 진화했다.

파리라는 상징 자본을 지속 가능한 경험으로 만들다

사마리텐 프로젝트가 공개되었을 당시, 미디어와 대중의 관심은 전설적인 백화점의 화려한 부활과 슈발 블랑 개장이라는 표면적 성과에 집중되었다. 그러나 이 프로젝트의 진정한 가치는 단순한 공간 복원에 있지 않았다. LVMH는 파리라는 도시가 가진 역사적 맥락과 문화적 정체성에 브랜드 경험을 정교하게 결합하여 도시의 일상적 경험과 브랜드 철학이 서로를 강화하는 통합적 공간 구조를 설계했다. 사마리텐은 파리의 역사적 유산과 현대적 럭셔리를 구현하며, 도시와 브랜드 간의 전략적 상호작용을 가능하게 하는 핵심적 연결 지점으로 거듭났다.

이 맥락을 정확히 이해하려면 지난 20여 년간 LVMH가 전개해온 글로벌 확장 전략을 보다 깊이 살펴볼 필요가 있다. LVMH의 글로벌 성장은 단순히 브랜드 포트폴리오의 확장이나 제품 라인의 다변화가 아니라, 도시와 공간을 활용해 브랜

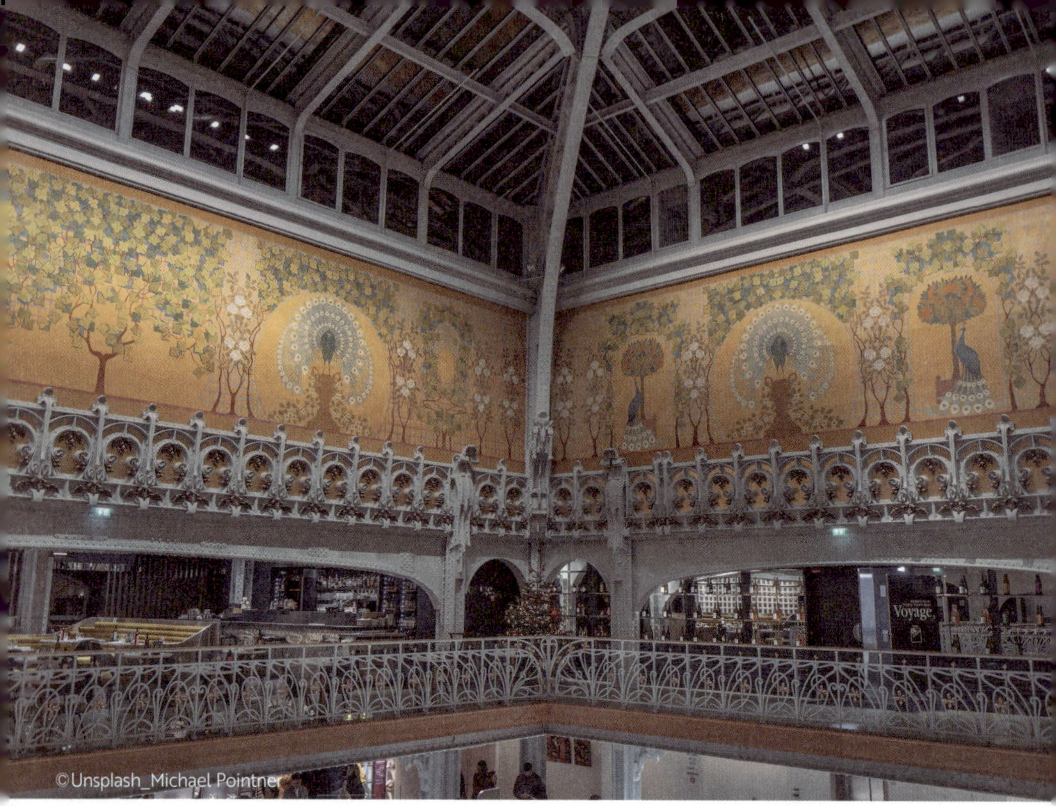

©Unsplash_Michael Pointner

©Unsplash_Francesco Zivoli

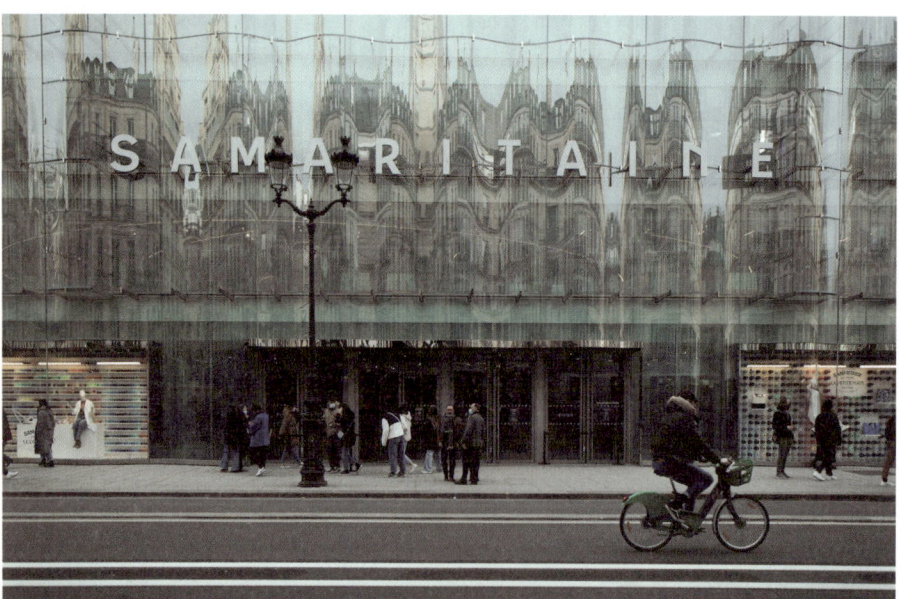

◀

사마리텐 내부의 돔 천장. 20세기 초 아르데코 양식의 벽화와 장식을 보존하면서도 현대적 감각의 리테일 공간과 결합해 과거의 유산을 오늘날의 소비 경험으로 재해석했다. 이는 LVMH가 '역사적 건축을 브랜드 전략의 무대로 전환하는 방식'을 가장 직접적으로 보여주는 사례다.

◀

일본의 건축 사무소 산아가 설계한 사마리텐의 외관. 물결치는 유리 파사드가 인상적이다. 파리 도심의 역사적 맥락을 비추어내면서도 현대적 감각을 더한 이 입면은 사마리텐이 과거와 현재를 잇는 '유동하는 도시의 상징'임을 보여준다.

©Unsplash_Michael Pointner

사마리텐의 1층 유리 돔 아래 펼쳐진 매장은 패션, 리테일, 예술이 교차하는 LVMH식 '체험형 백화점'의 전략을 시각적으로 드러낸다. 단순한 소비 공간을 넘어 파리 도심 한가운데에서 브랜드가 설계한 문화적 무대를 구현한다.

드를 소비자의 삶과 정서적 구조에 장기적으로 결합시키는 전략적 재설계였다. 이 전략의 핵심 수단이 '도시'와 '공간'을 결합한 복합 개발mixed-use development이었으며, 사마리텐은 이러한 전략이 가장 명확하게 구현된 대표적인 사례다.

LVMH의 도시 공간 전략은 크게 두 가지 축으로 구축된다. 첫째는 소비자와 브랜드의 관계를 제품 판매라는 일회성 행위에서 벗어나 지속 가능한 감정적 경험으로 확장하는 것이고, 둘째는 도시가 지닌 역사적·문화적 맥락을 전략적으로 활용해 소비자의 정서적 구조에 장기적으로 접근함으로써 경쟁 우위를 확보하는 것이다. 사마리텐 프로젝트는 이 두 전략적 축이 완벽히 교차하는 지점이다. 파리라는 도시의 상징적 가치를 LVMH의 정체성과 유기적으로 연결하고, 브랜드의 정서적 서사를 도시의 일상적 경험 속에 통합시킨 복합적 플랫폼이 바로 사마리텐이다.

왜 하필 파리인가? 이 질문에 대한 답은 명확하다. 파리는 단순히 LVMH가 성장해온 근거지가 아니다. 이 도시는 전 세계적으로 명품, 예술, 문화적 가치를 가장 강력하게 상징하는 곳이며, LVMH 브랜드의 글로벌하고 고급스러운 이미지를 뒷받침하는 가장 본질적이고 강력한 상징 자본symbolic capital*이기 때문이다. 그러나 그동안 LVMH가 보유한 정서적 브랜드 자산은 파리의 역사적 장소나 실질적인 도시 공간과 직접 연결되지 못한 채 추상적인 이미지로만 존재해왔다. 사마리텐은 바로 이 추상적 브랜드 이미지와 파리의 구체적이고 역

• 프랑스 사회학자 피에르 부르디외(Pierre Bourdieu)가 제안한 개념으로, 경제적 가치나 물질적 자산을 넘어 특정 집단이나 장소가 가진 역사적·문화적·사회적 가치와 인지도를 의미한다. 브랜드 전략에서 상징 자본은 브랜드가 특정 도시나 공간이 가진 긍정적 이미지와 상징성을 활용해 소비자 인식을 강화하고, 브랜드의 무형적 가치를 높이는 데 전략적으로 사용된다. 파리의 역사성과 문화적 명성은 LVMH에게 더없이 중요한 상징 자본이다.

사적인 공간 사이의 간극을 메우기에 최적의 장소였다.

　　1869년에 처음 문을 연 사마리텐은 벨 에포크 시대 파리의 문화적 풍요로움과 역사적 정체성을 고스란히 간직한 상징적 공간이다. 동시에 단순한 유산의 보존을 넘어 현대 도시의 변화된 생활 양식과 글로벌 소비자가 요구하는 새로운 경험의 기준을 흡수할 수 있는 유연성도 갖추고 있었다. 즉 LVMH에게 사마리텐 프로젝트는 파리라는 도시의 상징 자본을 브랜드의 전략적 자산으로 전유appropriation*하는 가장 효과적인 수단이었다. LVMH는 이 공간에 브랜드의 정서적 내러티브를 전략적으로 배치함으로써, 고객이 쇼핑이나 숙박을 넘어 파리의 역사적 기억과 브랜드가 제안하는 감각적 세계관을 동시에 경험할 수 있는 허브를 구축했다.

　　바로 이 지점에서 LVMH는 단순한 브랜드를 운영하는 입장을 넘어 도시 공간에 대한 서사를 전략적으로 직접 설계하고 통제할 수 있는 전략적 권한을 확보한다. 사마리텐이라는 도시의 상징적 유산을 브랜드만의 독점적인 정서적 자산으로 변환하고, 이를 고객의 일상적 감정 구조에 장기적으로 내재화시키는 강력한 구조를 만들어낸 것이다. 단일 브랜드의 공간 전략이 도시의 역사적 가치와 구조적 위상을 이렇게 근본적으로 재구성한 전례가 거의 없었다는 점에서 사마리텐 프로젝트는 브랜드가 '도시적 패러다임'을 선도적으로 재편한 최초의 전략적 사례라고 볼 수 있다.

● 도시 개발적 맥락에서는 브랜드가 특정 도시의 역사성, 장소성, 문화적 가치를 전략적으로 채택하고 활용해 브랜드 정체성을 강화하거나 차별화하는 행위를 뜻한다. 이는 브랜드가 도시의 기존 가치를 단순히 차용하는 것을 넘어 브랜드 고유의 맥락과 의미로 재해석하여 독점적인 정서적 자산으로 전환하는 과정이다. LVMH가 사마리텐 프로젝트를 통해 파리의 역사적·문화적 유산을 브랜드의 정체성과 내러티브에 전략적으로 통합한 것이 전유의 대표적 사례다.

**도시라는 공간을
전략으로 활용하다**

사마리텐 프로젝트는 도시 구조와 브랜드의 서사를 연결하는 방식을 재정의하고, '복합 개발'의 개념 자체를 근본적으로 바꾸었다는 점에서도 의미가 있다.

기존의 복합 개발이 상업 시설과 주거, 오피스 같은 서로 다른 용도를 물리적으로 결합하는 것에 그쳤다면, LVMH는 이 개념을 '브랜드 경험'의 전략적 관점에서 새롭게 정의했다. LVMH는 도시를 단순한 물리적 배경이 아닌, 브랜드의 철학과 감정적 서사가 펼쳐지는 무대로 전환하고자 했다. 그 결과 사마리텐 프로젝트는 서로 다른 기능을 나란히 배치하는 병렬적 접근에서 벗어나 도시의 문화적 맥락과 브랜드의 정체성을 하나의 유기적인 경험 구조로 통합한 새로운 전략적 생태계를 구축했다.

쇼핑, 호스피탈리티, 미식, 예술은 단지 각각의 목적을 위해 독립적으로 존재하는 것이 아니라, 브랜드의 세계관과 정서적 서사 안에서 정교하게 연결된다. 소비자는 개별 매장을 방문하거나, 숙박과 식사를 단순히 소비하는 차원을 넘어 도시 공간 전체를 브랜드 경험의 유기적 연장선으로 인식하게 된다. 즉 사마리텐은 단발적인 소비 행위를 위한 쇼핑 공간이 아니라, 브랜드의 역사와 철학을 도시적 경험 속에서 소비자의 일상과 긴밀하게 결합시키는 문화적 무대다.

이 전략의 중심에 자리한 슈발 블랑은 사마리텐 프로젝트에서 특히 중요한 의미를 지닌다. 단순한 고급 숙박 시설의 범주를 넘어 호텔이 위치한 파리라는 도시의 문화적 자산을 브랜드 정체성과 긴밀히 연결하여 고객과 브랜드 간의 장기적 정서적 유대를 구축하는 핵심적 매개체로 작동한다. 사마리텐이 기존 복합 개발 모델과 본질적으로 차별화되는 핵심은 문화와 예술을 부가적 요소가 아닌, 브랜드 정체성을 확장하고 소비자의 감정적 몰입을 극대화하는 핵심 전략 자산으로 설정했다는 데 있다. 건물 곳곳에 설치된 현대미술 작품과 디자인 오브제, 정기적인 전시와 퍼포먼스는 브랜드의 감각적 세계를 입체적으로 전달하는 중요한 매개가 된다. 도시의 미감과 브랜드의 철학이 하나의 공간적 서사로 통합된 이 공간에서 사람들은 쇼핑이나 휴식을 넘어 도시 자체에 깊이 연결되는 입체적 몰입을 경험한다.

리테일의 접근 방식 역시 근본적인 변화를 거쳤다. 상품 판매 중심의 전통적인 리테일 구조에서 벗어나 콘텐츠 중심의 감각적 경험 설계로 진화한 것이다. 글로벌 럭셔리 브랜드와 파리의 로컬 브랜드, 전시 공간, 미식 프로그램이 사마리텐이라는 하나의 정교한 콘텐츠 생태계 안에서 유기적으로 결합되며, 소비자는 상품 구매뿐 아니라 브랜드가 제시하는 역사와 철학, 도시적 정체성을 내면화한다.

결과적으로 사마리텐은 복합 개발의 기준 자체를 새롭게 정의했다. 단순한 기능의 병치를 넘어 도시가 가진 고유한 정체성과 소비자의 감정적 욕망을 정밀하게 연결한 통합적이고 지속 가능한 경험 구조를 구축했다. 이를 통해 LVMH는 브랜드의 소유주/운영자라는 기존의 포지션을 넘어 도시 공간의 정서적 구조를 설계하고 소비자의 감각을 장기적으로 점유할 수 있는 '감각의 연출자affective curator'*라는 새로운 전략적 지위를 확보하게 되었다. 사마리텐 프로젝트는 이러한 전략적 전환의 상징적 서막이자, 럭셔리 브랜드가 도시라는 공간을 활용하여 소비자와 어떤 방식으로 새로운 경험 질서를 구축할 수 있는지를 보여주는 강력한 선언이다.

사마리텐의 성공은 도시가 더 이상 브랜드 경험의 단순한 배경이 아니라, 브랜드와 소비자의 장기적인 정서적 관계를 구축하는 핵심 공간으로 전환할 수 있음을 실질적으로 증명한다. 고객이 슈발 블랑에 머물고, 백화점에서 쇼핑을 즐기며, 미식과 예술 전시 프로그램을 경험하는 일련의 과정은 단순한 소비 행위를 넘어 파리라는 도시와 LVMH의 브랜드 세계관을 동시에 내면화하는 경험이다.

　LVMH는 사마리텐 프로젝트를 통해 도시를 브랜드 철학과 정서적 경험의 일부로 명확히 설계하며, 도시 개발 시장의 경쟁 기준 자체를 근본적으로 재정의했다. 도시 개발의 경쟁력은 더 이상 입지나 물리적 구조, 건축 소재의 고급스러움 같은 전통적 요소에 머물지 않는다. 이제 경쟁은 소비자가 브랜드와 도시 안에서 얼마나 깊고 지속적인 정서적 몰입을 경험하는지에 따라 결정된다.

　사마리텐은 이 기준을 최초로 명확히 제시하고, 도시 자

사마리텐을 통해 LVMH가 도시에 일으킨 게임 체인지

●
도시 개발 및 브랜드 전략 맥락에서 '감각의 연출자'란 브랜드가 소비자에게 전달하고자 하는 정서와 감각적 경험을 공간 내에서 정교하게 설계하고 통제함으로써, 소비자의 감정 구조를 장기적으로 점유하고 관리하는 주체를 뜻한다. 즉 브랜드가 단순히 상품이나 서비스를 제공하는 것을 넘어 도시 공간 전체를 브랜드 고유의 정서적 경험으로 설계하고 소비자의 감정적 연결을 적극적으로 이끌어내는 전략적 역할을 수행하는 것이다. 사마리텐 프로젝트에서 LVMH는 도시적 공간을 통해 소비자의 감정을 세밀하게 큐레이션하는 감각의 연출자로서의 지위를 확보했다.

센 강변 파리 도심 항공뷰. 사마리텐 복합 개발은 단순한 백화점 재개장이 아니라. 파리 중심부의 도시적 균형을 다시 짜는 전략적 프로젝트였다. 상업, 문화, 관광, 숙박을 결합한 이 복합 개발은 파리를 '역사적 도시'에서 '경험의 도시'로 재정의하는 상징적 거점으로 작동한다.

©Unsplash_Maurice Sahl

체가 브랜드의 확장된 경험 공간이자, 정서적 연결 자산으로 활용될 수 있음을 입증했다. 브랜드의 감각적 가치가 도시의 일상과 직접 연결되도록 설계된 이 전략은 도시재생의 기준과 패러다임 자체를 바꿔놓았다.

궁극적으로 이는 도시 자체가 브랜드화되고, 브랜드가 도시의 정체성을 새롭게 규정하는 출발점이다. 이 프로젝트가 럭셔리 산업과 도시 개발의 '게임 체인저'로 평가받는 이유는 도시 공간 자체를 브랜드가 소비자와 관계를 구축하고 유지하는 가장 강력한 전략적 자산으로 활용했기 때문이다.

이 같은 전략적 접근은 도시 개발 시장의 경쟁 기준을 완전히 재정의하게 될 것이다. 사마리텐 프로젝트는 브랜드와 도시가 서로를 지속적으로 재정의하며 성장하는 새로운 '브랜드-도시 관계' 법칙을 설계한 최초의 제도적 선례다. 향후 도시 정책과 공간 전략, 리테일 구조 전반에 근본적인 영향을 미칠 수 있다는 점에서, 이는 단일 프로젝트를 넘어 글로벌 럭셔리 및 도시 개발 산업의 구조적 질서를 재편하는 전략적 혁신 사례로 해석되어야 한다.

앞으로 LVMH가 뉴욕, 도쿄, 런던 등 글로벌 주요 도시에서 '사마리텐 전략을 어떻게 확장하고 구체화할 것인가'는 명품 브랜드들이 도시 공간을 경쟁적 자산으로 재편하는 새로운 기준으로 작동할 것이다. 사마리텐은 바로 그 전략적 출발점이며, 럭셔리 비즈니스의 기존 경쟁 원칙과 도시 개발의 게임을 근본적으로 재편한 최초의 선례로 기억될 것이다.

| Luxury Residence |

럭셔리 레지던스,
고객의 삶을 브랜드화하는 실험

LVMH의 럭셔리 레지던스는 호텔에서 한발 나아가 고객의 삶 전체를 브랜드 전략적 자산으로 통합하려는 시도다. 즉 소비자가 브랜드를 소유하는 존재를 넘어 브랜드의 미학과 철학 안에서 살아가는 존재로 전환되도록 유도하는 LVMH의 가장 진화된 전략적 접근이라 할 수 있다.

루이비통, 펜디, 불가리 같은 브랜드들이 선보이는 레지던스는 높은 가격의 부동산이나 고급스러운 인테리어를 제공하는 수준을 넘어 브랜드의 완성된 세계관을 고객의 실제 일상에 구현하는 역할을 수행한다. 브랜드의 역사, 장인정신, 예술적 취향을 주거 공간의 디테일에 집약함으로써 고객은 물리적 부동산을 넘어 정서적 부동산emotional real estate*을 소유하게 된다. LVMH의 럭셔리 레지던스 전략은 고객이 일상적 습관과 정서적 기억 속에서 브랜드를 끊임없이 재생산하고 각인시키는 기반이 된다는 점에서 '정서적 부동산'이라는 개념을 가장 구체적으로 구현한 사례라 할 수 있다.

이러한 전략적 전환의 궁극적인 목적은 고객의 브랜드 충성도를 '시간적·공간적 연속성'이라는 관점에서 관리하는

* 물리적 공간이나 자산에 더해 브랜드가 고객의 일상적 생활과 기억에 장기적으로 자리 잡아 고객이 브랜드에 감정적 몰입과 소속감을 느끼도록 만드는 전략적 개념이다. 특히 럭셔리 시장에서는 제품의 기능이나 품질만으로는 차별화가 어렵기 때문에 고객의 삶과 감정에 깊이 스며들어 장기적인 관계를 구축하는 능력이 브랜드의 핵심 경쟁력으로 떠오르고 있다.

데 있다. 기존의 제품 중심 럭셔리 비즈니스는 소비자와 브랜드의 접점이 제품을 구매하거나 사용하는 순간에 한정되었지만, 레지던스 전략은 고객이 일상적으로 살아가는 모든 순간에 브랜드가 개입하고 몰입할 수 있도록 설계한다. 고객이 잠에서 깨어나 식사를 하고 휴식을 취하는 모든 활동이 브랜드의 미학과 헤리티지로 채워진 환경 속에서 이루어지도록 설계된 것이다. 그 결과 고객의 브랜드 경험은 삶의 전반에 걸쳐 끊임없이 확장되고 재생산된다. 브랜드가 제공하는 세계관은 고객의 일상적 행동과 습관에 깊이 각인되고, 고객과 브랜드의 관계는 소비의 영역을 넘어 생활 양식 전체를 공유하는 구조로 발전한다. 고객과 브랜드 간의 관계가 단편적인 소비에서 정서적 일체화로 진화하는 것이다.

이러한 전략은 럭셔리 브랜드가 소비자와 소통하는 방식을 근본적으로 재편할 것이다. 앞으로 럭셔리 시장은 제품 판매량이나 브랜드의 인지도 같은 전통적인 지표만으로는 경쟁력을 측정하지 않게 될 것이다. 대신 브랜드가 고객의 삶 속에 얼마나 깊숙이 침투하여 장기적이고 지속 가능한 정서적 관계를 구축할 수 있는지에 따라 성패가 갈릴 것이다. 이 변화를 가장 명확하게 보여준 것이 LVMH의 럭셔리 레지던스 프로젝트다. LVMH는 고객의 라이프스타일 전체를 브랜드 자산으로 전환하고 있으며, 이는 럭셔리 업계를 넘어 부동산, 호스피탈리티, 도시 개발 전반을 아우르는 새로운 시장 질서를 만들어낼 잠재력을 지니고 있다.

펜디 까사의 명암, 글로벌 성공과 한국 시장의 전략적 한계

'펜디 까사Fendi Casa'는 LVMH 그룹이 럭셔리 레지던스 시장을 본격적으로 타진한 첫 사례다. 패션 하우스로 시작한 펜디Fendi는 가구와 인테리어 영역으로 브랜드를 확장하며 '펜디 까사' 라인을 선보였고, 이후 밀라노, 마이애미, 두바이 등 글로벌 럭셔리 허브 도시에서 연이어 성공적인 레지던스 프로젝트를 전개했다. 펜디 까사가 세계적인 성공을 거둔 핵심 요인은 단순히 가구의 품질이나 소재의 고급스러움 때문만이 아니다. 펜디 까사는 브랜드 고유의 헤리티지와 미학적 아이덴티티를 주거 공간 전체에 녹여내 인테리어를 넘어 '생활양식 전체를 설계하고 판매하는' 혁신적인 럭셔리 모델을 제시했다.

펜디 까사의 글로벌 성공 요인은 크게 세 가지로 요약할 수 있다. 첫째, 펜디 까사는 가죽, 원목, 금속과 같은 프리미엄 소재를 사용해 이탈리아 특유의 장식미를 구현하면서도, 브랜드의 역사와 정체성을 체험할 수 있는 '살아 있는 브랜드 갤러리' 형태로 공간 전체를 설계했다. 둘째, 가구 판매를 넘어 호텔급 컨시어지와 프라이빗 서비스를 접목해 고객이 일상 속에서 브랜드의 철학과 미학을 지속적으로 체화할 수 있는 정교한 형태의 몰입형 거주 환경을 제공했다. 셋째, 밀라노, 마이애미, 두바이 같이 '상징 자본symbolic capital'*이 높은 도시를 전략적 입지로 선택함으로써, 레지던스 구매 자체를 단순한 부동산 거래가 아닌, '문화적이고 사회적인 포지셔닝'의 일환으로 승격시켰다.

●
이 책에서 말하는 '상징 자본'이란 지리적 입지나 부동산 가치 이상의 문화적 함의를 지닌 자산을 뜻한다. 예를 들어 밀라노, 마이애미, 두바이와 같은 도시는 '고급스러움', '예술성', '선망의 대상'이라는 상징 자본을 지니고 있다. 이들 도시에 있는 펜디 레지던스는 단순히 부동산 소유를 넘어 특정 미학과 계층적 문화 자산을 소비자가 자신의 정체성에 편입시키게 하는 배경이 된다. 즉 상징 자본이 높은 도시에 거주한다는 것은 곧 '내 삶이 어떤 문화적 맥락 안에 있는지'를 한층 명확히 규정할 수 있다는 의미다.

그러나 글로벌 무대에서 강한 존재감을 입증한 펜디 까사가 유독 한국 시장에서는 고전을 면치 못하고 있다. 표면적으로는 높은 가격 장벽이나 시장의 특수성 때문으로 보일 수 있지만, 그 이면에는 본질적인 전략적 판단 미스와 현지 문화와의 부정합성이 존재한다.

첫 번째 실패 요인은 펜디 까사가 제시하는 이탈리아적 미학과 한국 주거 문화 사이의 근본적 미스매치다. 펜디 까사의 디자인은 과감한 장식과 유려한 곡선미, 볼륨감 있는 대형 가구가 특징인 이탈리아 미학을 기반으로 하며, 이러한 디자인은 넓고 개방적인 유럽형 공간에서 그 가치를 발휘한다. 실제로 가죽, 원목, 금속을 섬세하게 조합한 펜디 까사의 고급스러운 라인은 해외 VIP 고객층에게 높은 평가를 받았다. 그러나 한국 시장에서는 이러한 미감이 아파트 중심의 주거 환경과 충돌하며 본연의 설득력을 잃었다.

펜디 까사는 '이탈리아 감성'을 강조하는 데 집중한 나머지, 한국의 실주거 방식의 특성과 공간 구조, 실생활의 미감에 대한 깊이 있는 로컬라이징 전략을 간과했다. 글로벌 시장의 성공 요소를 무비판적으로 이식하는 것이 아니라, 한국의 구체적인 주거 맥락과 환경, 소비자의 라이프스타일을 면밀하게 반영한 정교한 디자인 전략이 반드시 함께 설계되어야만 한다.

두 번째 실패 요인은 '최고가' 포지셔닝의 이유를 설득하지 못한 로컬 마케팅 전략의 실패다. 펜디 까사가 한국 시장에 처음 선보인 레지던스 프로젝트는 평당 최고가를 목표로 한 선분양 모델로 시작됐다. 하지만 '역대급 가격'이라는 설정에 상응하는 명확한 가치 전달이 뒤따르지 못했다는 점이 가장 치명적인 문제였다. '왜 펜디라는 이름만으로 수억 원의 프리미엄을 지불해야 하는가'라는 소비자의 질문에 명확하고 설득력 있는 답변을 제시하지 못한 것이다.

특히 주거 공간은 사적이고 장기적인 투자 영역이므로 소비자들이 확신을 가질 수 있도록 가격에 상응하는 명확한 브랜드 경험과 가치를 제시해야 한다. 그러나 펜디 까사는 브랜드 철학과 일상 욕구 사이의 연결점을 구체적으로 보여주지 못했다.

펜디 까사는 분양관과 신라호텔 쇼케이스를 통해 실제 펜디 까사 가구로 공간을 연출하는 시도를 했지만, 브랜드 제품을 보여주는 것에 그쳤을 뿐, 고객들이 브랜드의 철학과 헤리티지를 자신의 일상 속에서 어떻게 경험하고 내재화할 수 있는지를 명확히 전달하지 못했다. 한국 소비자들은 주거 공간의 가치를 평가할 때 위치, 학군, 인프라 같은 실질적이고 기능적인 요소를 최우선으로 고려한다. 그러나 펜디 까사는 한국 주거 환경과 라이프스타일을 정밀히 분석하지 않은 채 글로벌 브랜드의 명성에만 의존했고, 그저 '명품 가구가 들어간 비싼 집'이라는 피상적이고 단편적인 인상만을 남기고 말았다.

세 번째 실패 요인은 펜디 까사가 한국 시장에서 채택

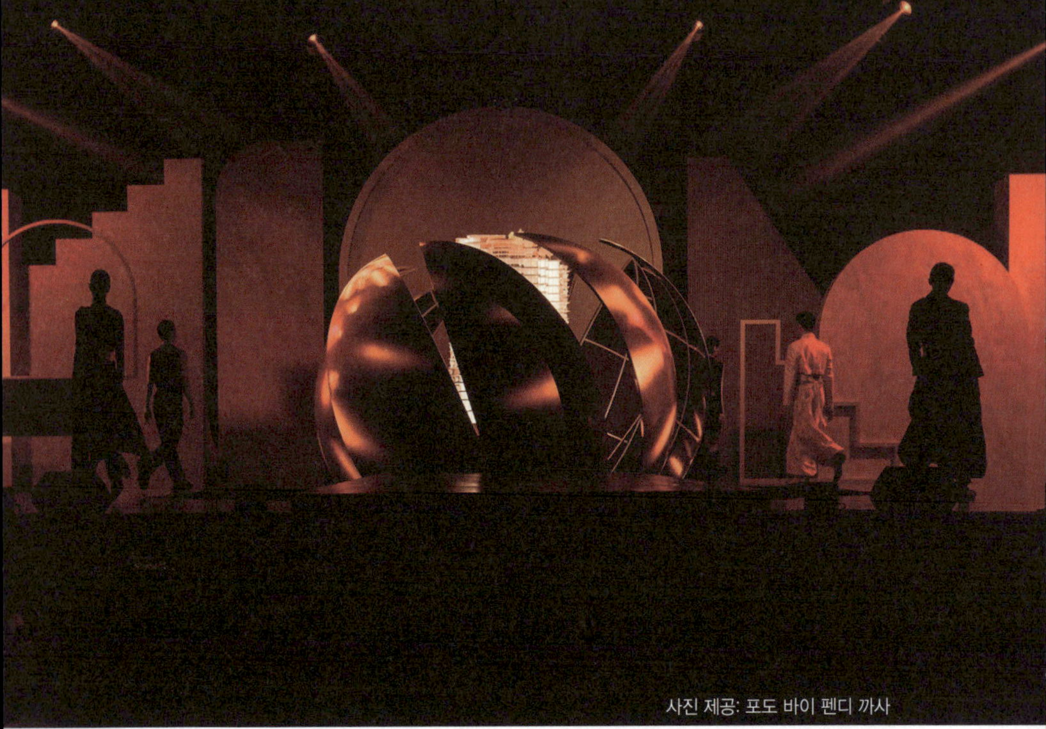

사진 제공: 포도 바이 펜디 까사

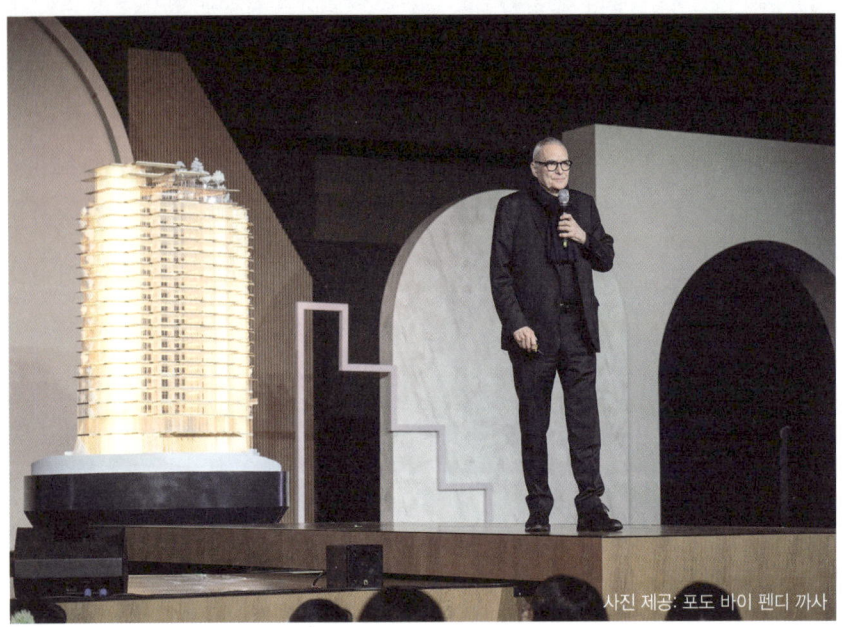

사진 제공: 포도 바이 펜디 까사

신라호텔에서 열린 펜디 까사의 한국 론칭 이벤트 현장. 무대에는 펜디 까사 레지던스 모형이 전시됐고, 건축가 도미니크 페로(Dominique Perrault)가 기자들을 대상으로 프로젝트의 철학과 디자인을 설명했다. '한국 최초 럭셔리 브랜드 레지던스'라는 타이틀로 화려하게 브랜딩했지만, 정작 시장에서 입증된 실체와 실행력은 그 기대에 미치지 못했다.

> 높은 경제력뿐 아니라 고급 취향, 문화적 자본, 삶의 질에 대한 민감성을 갖춘 새로운 고소득 소비자층을 말한다. 미국의 도시경제학자 엘리자베스 커리드핼킷(Elizabeth Currid-Halkett)은 저서 《야망계급론(The Sum of Small Things)》에서 물질적 부유함을 넘어 문화적·감각적 자본을 중요하게 여기는 새로운 계층인 '선망 계층'을 최초로 조명했다. 이들은 과시를 위해서가 아니라 '나답게 사는 것', '감각과 취향의 정제된 구조'를 통해 브랜드를 받아들이며, 공간에서 경험한 바를 자신의 정체성으로 흡수한다. 따라서 가격보다 자신의 취향과 세계관을 어떻게 반영하는지를 중심으로 소비를 결정하고, 로고 노출이 아니라 브랜드가 제안하는 철학과 라이프스타일이 생활에 정교하게 구현되는지를 세심히 판단한다. '감각 자본'을 소비의 핵심 동기로 삼는 이 계층은 럭셔리 시장의 미래 핵심 고객층으로 주목받고 있다.

한 '선분양 구조'와 '최고가 전략'이 지닌 근본적 리스크를 제대로 관리하지 못한 데 있다. 펜디 까사의 '선분양+평당 최고가' 모델은 브랜드 프리미엄만으로 수익성을 극대화할 수 있다는 가정을 전제로 했지만, 오히려 브랜드의 실질적 가치 전달이 뒷받침되지 않으면 심각한 역효과가 발생할 수 있음을 명확히 보여준 사례가 되었다.

한국 소비자들은 부동산 가격이 이미 높은 시장 특성상, 브랜드 이름 하나만으로 수억 원의 추가 프리미엄이 책정될 때, 그 구체적인 가치를 매우 엄격하게 평가한다. 특히 실거주 목적이나 중장기 투자 관점에서 접근하는 고객일수록 단순히 브랜드 로고나 인테리어 장식 수준의 혜택이 아니라, 실제 삶에 실질적으로 어떠한 가치와 변화를 가져다줄 수 있는지를 객관적으로 따진다. 그러나 펜디 까사는 디자인 컨셉과 가구 배치 정도만 제안했을 뿐, 실제 프로젝트 운영에 지속적으로 개입하면서 브랜드 가치를 철저히 유지하는 후속 작업을 하지 않았다.

더욱 중요한 점은 한국 및 아시아 시장의 핵심 소비층은 단순한 부의 과시에 만족하지 않는다는 것이다. 이들은 예술적이고 독립적인 라이프스타일을 중시하는 '선망 계층aspirational class'*으로, 브랜드 로고 자체가 아니라, 자신만의 미적 기준과 정교한 감각적 경험에 따라 소비를 결정한다. 이들의 시선에서 펜디 까사의 브랜드 파워는 에르메스와 같은 최상위 럭셔리 브랜드에 비해 충분히 내재화되지 못했다. 결과적으로 브랜드의 상징적 지위나 '체험 가치'가 명확히 뒷받침되지 않은 상태에서 무리한 최고가 포지셔닝을 밀어붙인 전략은 소비자의 신뢰를 얻지 못하고 외면당할 수밖에 없었다. 진정한 '명품 프리미엄'은 브랜드의 일방적인 기대만으로 형성되는 것이 아니다. 소비자가 실제 생활 속에서 장기적이고 구체적으로 체감할 수 있는 가치와 정교하게 연결되는 경우에만 비로소 정당화될 수 있다.

펜디 까사의 사례는 글로벌 럭셔리 레지던스 전략 전반에 중요한 인사이트를 제공한다. 고급 브랜드의 명성이나 네임 밸류만으로 프리미엄 가격을 책정하거나 높은 분양가를 정당화하던 시대는 지났다. 이제 브랜드가 성공적인 레지던스 비즈니스를 구축하기 위해서는 각 지역의 구체적인 주거 환경과 문화, 라이프스타일, 소비자의 심리 및 의사 결정 구조를 면밀히 분석하고, 해당 시장에 최적화될 수 있도록 디자인과 경험 설계를 정교하게 현지화해야 한다.

향후 LVMH가 레지던스 사업을 성공적으로 확장하기 위해서는 브랜드 철학을 인테리어나 가구 배치 수준에만 투영하는 것이 아니라, 고객의 실제 생활 방식과 일상적 정서를 '브랜드화'하는 체험 중심의 전략으로 접근해야 한다. 이를 위해서는 일시적이고 피상적인 경험 제공이 아닌, 장기 커뮤니티 구축, 고객의 일상적 루틴에 밀착된 콘텐츠 설계, 지속적으로 고객과의 정서적 상호작용을 가능하게 하는 공간 운영 전략이 필요하다. 펜디 까사의 실패 사례는 이러한 전략적 재설계를 위한 출발점이자, 향후 LVMH가 글로벌 시장에서 더욱 정교한 레지던스 사업 모델을 구축하기 위한 중요한 전환점으로 기능할 수 있을 것이다.

상징 자본과 감각 자본의 전략적 결합을 노리는 LVMH

LVMH가 럭셔리 레지던스 시장을 통해 부동산의 전통적 패러다임을 근본적으로 바꿀 수 있는 이유는 브랜드가 축적한 '상징 자본'과 '감각 자본'이라는 두 가지 비물질적 자본 덕분이다.

그동안 부동산 시장은 위치, 규모, 인프라 같은 물리적이고 기능적인 요소 중심으로 가치가 평가되었다. 그러나 LVMH의 전략은 이러한 틀을 근본적으로 뒤흔든다. 공간의 가치를 물리적 조건에 한정 짓지 않고, 그 공간이 전달하는 문화적 상징성과 브랜드 전략 그리고 고객이 느끼는 정서적 경험을 핵심 경쟁력으로 제시한 것이다. 피에르 부르디외가 제시한 '상징 자본'의 관점에서 볼 때, 소비자는 이제 부동산 자체가 아니라 그것이 담고 있는 사회적 지위와 문화적 맥락을 구매하는 시대가 되었다.

LVMH는 럭셔리 레지던스를 물리적 자산을 넘어 '브랜드 경험을 위한 장소'로 제안하며, 단지 고급 주거 환경이 아니라 브랜드의 미학적 세계관을 일상적으로 누릴 수 있는 새로운 유형의 공간을 창출했다. 고객은 단순히 좋은 집에 사는 것이 아니라, 브랜드의 문화적·예술적 유산과 지속적으로 상호작용하는 삶을 살아가는 것이다. 루이비통의 철학이나 디올의 쿠튀르 정신이 레지던스 공간에 정교하게 구현되는 순간, 주거는 기능이 아닌 세계관이 된다.

여기에 요즘 주목받고 있는 '감각 자본'이 더해진다. 감각 자본이란, 브랜드가 설계한 정교한 감각적 경험을 통해 소비자의 오감을 자극하고, 그 정서적 경험을 통해 한층 깊은 몰입을 유도함으로써 고객의 정체성과 내면적 욕망까지 장악하는 구조적 가치다. 예를 들어 슈발 블랑 레지던스는 향기와 조명, 소리, 질감 등이 통합된 세밀한 감각 설계를 통해 단순한 주거 환경이 아닌, 고객의 일상을 '예술적 무대'로 전환했다.

LVMH가 이 두 가지 자본을 전략적으로 결합한 이유는 부동산을 단순한 소유의 대상에서 '브랜드 경험의 매개체'로 재정의하기 위함이다. 향후 럭셔리 부동산 시장의 경쟁력은 입지나 면적이 아닌, 누가 더 깊고 세련된 감정적 몰입 구조를 설계할 수 있는가로 결정될 것이다. 이러한 트렌드는 최근 소비를 주도하고 있는 '선망 계층'의 니즈와 맞물리며 더욱 가속화되고 있다.

도시경제학자 엘리자베스 커리드핼킷이 지적했듯, 현대의 고소득층은 가격이나 브랜드 로고의 노출보다는 자신만의 취향과 정서적 기준에 부합하는 '문화적 감각'과 '지적 자본'을 중심으로 브랜드를 해석한다. 이들의 소비는 과시적 차원이 아니라, 자신이 추구하는 라이프스타일과 미학적 가치를 얼마나 구체적이고 정교하게 경험할 수 있는지에 집중된다. LVMH의 레지던스 전략은 바로 이 지점을 정확히 겨냥한다. 브랜드의 미학과 정서가 고객의 일상에 정교하게 스며들 수 있도록 설계된 레지던스는 일상의 모든 순간과 선택을 브랜드의 세계관으로 자연스럽게 연결시키는 살아 있는 감각의 매개체로 기능한다.

브랜드 전략과 공간 경험 설계를 오랫동안 다뤄오며 확신하게 된 한 가지는 진정한 브랜드 충성도는 제품의 기능성이나 브랜드의 인지도가 아니라, 고객의 '정서적 시간'을 얼마나 깊고 지속적으로 점유할 수 있는지에 달려 있다는 점이다. 브랜드가 소비자의 머릿속에 피상적인 이미지를 남기는 것이 아니라, 그들의 정서적 패턴과 일상의 루틴에 브랜드를 자연스럽게 내재화하는 것. 바로 이 지점에서 LVMH의 레지던스 전략은 기존 브랜드 비즈니스의 한계를 뛰어넘어 고객의 '삶'이라는 가장 긴 호흡의 매체를 브랜드 경험의 영역으로 전환하는 전례 없는 실험이 된다. 이 전략이 구현될 때, 럭셔리 부동산은 단순한 고급 주거 시설을 넘어 소비자의 정서적 경험과 감각적 취향이 끊임없이 축적되는 '삶의 무대'로 재정의된다.

브랜드는 더 이상 제품이나 공간을 판매하는 수준에 머물지 않고 고객의 라이프스타일 전체를 설계하고 관리하는 구조로 진화할 것이며, LVMH는 이러한 새로운 질서의 중심에서 가장 영향력 있는 설계자로 자리 잡게 될 것이다.

| Langosteria |

랑고스테리아, 감각의 제국의 문법을 바꾸는 작은 구심점

'랑고스테리아Langosteria'는 2007년 밀라노에서 시작된 이탈리안 프리미엄 다이닝 브랜드다. 매일 새벽 전 세계에서 공수한 최상급 해산물을 미니멀하고 감각적인 방식으로 선보이며, 이탈리아 전통 미식을 현대적으로 재해석해 독창적이고 감각적인 경험을 제공하는 것으로 유명하다. 밀라노를 출발점으로 파리와 생모리츠 등 유럽의 주요 도시와 글로벌 리조트 지역으로 확장하면서, 세련된 공간 설계와 섬세한 서비스 그리고 정교한 미식 문화를 고객의 일상에 자연스럽게 스며들게 했다. 단순히 음식을 제공하는 것이 아니라, 하나의 완결된 라이프스타일을 제안하는 브랜드 경험으로 진화한 것이다. 이런 맥락에서 본다면 LVMH의 랑고스테리아 인수는 단순한 포트폴리오 확장이 아니라, 리테일과 브랜드 경험의 본질적 변화를 위한 전략의 일환으로 해석해야 한다.

    LVMH가 궁극적으로 판매해온 것은 제품 자체가 아니라, 그 제품을 통해 고객이 경험하는 특별한 감정과 내재된 욕망이었다. 명품 가방과 주얼리부터 호텔, 와인에 이르기까지 이 그룹이 전달해온 핵심 가치는 제품의 물리적 완성도를 넘어 무형적 자산으로 고객을 매료시키는 '정서적 경험'이었다. 그러나 최근 LVMH는 한계에 봉착했다. 오늘날의 럭셔리 소비자들은 제품의 완성도나 브랜드의 명성만으로는 움직이지 않는다. 이들은 매장을 벗어난 일상에서도 브랜드의 가치와 철학을 지속적으로 경험하고 공유하길 원한다. LVMH에게 필요한 것은 뛰어난 제품을 넘어 소비자의 일상에 브랜드의 정서를 깊고 자연스럽게 연결할 수 있는 새로운 채널이었다. 그 해답이 바로 미식 브랜드인 랑고스테리아였다.

랑고스테리아의 독보적인 전략적 차별점은 어느 도시, 어느 매장에서든 동일한 수준의 정서적 몰입을 구현하는, 고도로 섬세한 공간 경험 설계 능력에 있다. 랑고스테리아에서의 한 끼 식사는 치밀하게 연출된 무대 공연과도 같다. 고객이 편안하면서도 특별한 감정을 느낄 수 있도록 세밀하게 조정된 조명의 밝기와 컬러 톤, 타인과의 적절한 거리를 유지하면서도 활기와 에너지를 공유할 수 있게 설정된 테이블 간격, 고객에게 말을 걸고 와인을 따르는 타이밍부터 음식이 놓이는 속도, 음악의 볼륨에 이르기까지 모든 디테일이 철저하게 계산되어 있다. 이렇듯 랑고스테리아는 단순히 고급 레스토랑이 아니라, 소비자의 정서를 통합적으로 관리하는 전략적 공간으로 작동하며, LVMH가 추구하는 럭셔리 경험의 새로운 문법을 정의하는 작은 구심점으로 자리 잡고 있다.

이 경험은 단 한 번의 방문으로 끝나지 않고, 다른 도시와 다른 매장에서도 일관된 만족과 동일한 정서적 경험을 재현한다. 랑고스테리아는 레스토랑의 분위기와 공간 구성, 메뉴의 흐름부터 직원의 접객 방식까지 모든 요소를 하나의 브랜드 언어로 통합하여 이를 밀라노뿐 아니라 파리와 생모리츠 같은 각기 다른 환경에서도 정밀하게 구현해냈다. 이를 통해 각 매장은 글로벌 미식 브랜드들이 흔히 겪는 '경험의 불일치'나 감정적 단절을 피하고, 브랜드의 본질과 정서를 일관되게 전달하고 있다.

▶ 랑고스테리아 밀라노의 외관. 도심 속 역사적 건축물의 파사드를 보존하면서 세련된 간판과 조명을 더해 미식 공간으로 재해석했다. 이곳은 단순한 레스토랑이 아니라, 도시와 브랜드가 교차하는 전략적 무대로 작동한다.

LVMH가 이 모델에 주목한 이유는 분명하다. 패션이나 주얼리, 호텔 같은 전통적 럭셔리 카테고리는 매장이라는 물리적 경계 밖에서는 고객이 브랜드의 정서를 일상적으로 경험하기 어렵다는 근본적인 한계를 갖고 있다. 반면 랑고스테리아는 음식이라는 가장 일상적이고도 친밀한 매개체를 활용해 고객의 생활 속에 브랜드 경험을 자연스럽고 지속적으로 확장할 수 있는 구조를 이미 완성하고 있었다.

즉 LVMH가 랑고스테리아를 인수한 궁극적 의도는 랑고스테리아가 구축한 '일상 속 지속 가능한 몰입 경험'을 LVMH 브랜드 포트폴리오 전반에 전략적 자산으로 이식하고자 한 것이다. LVMH는 랑고스테리아를 통해 고객들이 일상의 영역에서도 자연스럽고 반복적으로 브랜드의 정서를 체험하며 소비할 수 있는 강력한 접점을 얻게 되었다. 랑고스테리아가 제공하는 본질적 가치는 단순한 미식 경험이 아니라, 고객의 감정과 기억 속에 깊숙이 각인되는 '브랜드 경험' 그 자체였다. 바로 이 점이 LVMH가 리테일 비즈니스의 다음 챕터를 열

기 위해 반드시 손에 넣어야 했던 전략적 열쇠였다.

랑고스테리아는 이탈리아의 전통적 미식 문화를 계승하되, 현대적 감각으로 재해석하며 독창적인 브랜드 언어를 완성했다. 랑고스테리아의 전략적 혁신성은 전통의 본질을 지키면서도 현대 소비자의 취향과 라이프스타일의 욕망을 완벽하게 연결하는 세심한 설계에서 나온다.

미식, 전통과 혁신이 결합된 브랜드 경험의 전략적 채널

이탈리아 요리에서 해산물은 오랫동안 엄격한 전통을 따르는 영역이었다. 그러나 랑고스테리아는 이러한 전통을 존중하면서도, 현대적 미감과 생활 방식을 결합해 그 경계를 세련된 방식으로 확장했다. 예를 들어 신선한 생선회나 조개류를 이탈리아식 전통 소스와 조합하되, 플레이팅과 서비스 방식은 현대적인 다이닝 컨셉으로 재구성하는 '절제된 혁신'으로 고객에게 익숙하면서도 새로운 미식을 제안한다. 고객은 랑고스테리아에서 자신이 경험하는 메뉴가 전통 요리인지, 현대적 요리인지 의식하지 않는다. 그저 전통이 주는 깊은 만족감과 현대적 해석이 주는 신선한 감각을 동시에 체험하며, 브랜드가 의도한 정서적 경험에 자연스럽게 몰입할 뿐이다.

랑고스테리아의 메뉴는 전통과 현대 사이의 미묘한 긴장을 세련된 방식으로 조율하며, 이를 밀라노와 파리, 생모리츠 등 서로 다른 도시에서도 '이탈리아의 전통적 깊이와 현대적 혁신이 공존하는 세련된 미식 경험'을 하나의 일관된 감각으로 제공하는 정교한 브랜드 문법을 구축했다. 각 매장에서 고객이 체험하는 조명의 밝기와 컬러 톤, 공간의 밀도, 서비스의 속도 같은 요소들은 놀라울 정도의 균일성을 유지하면서, 고객에게 매번 동일한 감정적 만족을 선사한다. 이러한 전략적 반복성은 글로벌 브랜드가 흔히 직면하는 도시 간 경험의 상이성을 최소화할 뿐만 아니라, 브랜드의 본질과 정서를 소비자의 일상 속에 지속적으로 각인시키는 강력한 심리적 장치로 작동한다.

랑고스테리아의 전략적 가치는 단지 럭셔리 브랜드를 미식이라는 영역으로 확장한 것이 아니라, 미식을 브랜드의 정서를 고객의 일상 깊숙이 자연스럽게 스며들도록 유도하는 효과적이고 지속적인 채널로 전환했다는 데 있다. 레스토랑으로 출발했음에도 카페와 같은 좀 더 캐주얼한 형태의 공간으로 확장하면서 소비자들이 브랜드를 접하는 채널을 다각화한 점 역시 주목할 만하다. 이를 통해 레스토랑 방문이라는 일회성 이벤트에서 끝나지 않고, 소비자의 일상에서도 랑고스테리아라는 브랜드와 정서를 지속적으로 경험하고 소비할 수 있게 된다.

럭셔리 브랜드의 진정한 브랜드 충성도는 제품의 기능적 완성도나 브랜드의 명성으로부터 나오지 않는다. 고객의 일상 속에 깊이 침투해 브랜드와 지속적으로 교감할 수 있는 '정서적 시간'을 얼마나 지속적으로 점유할 수 있는지가 충성

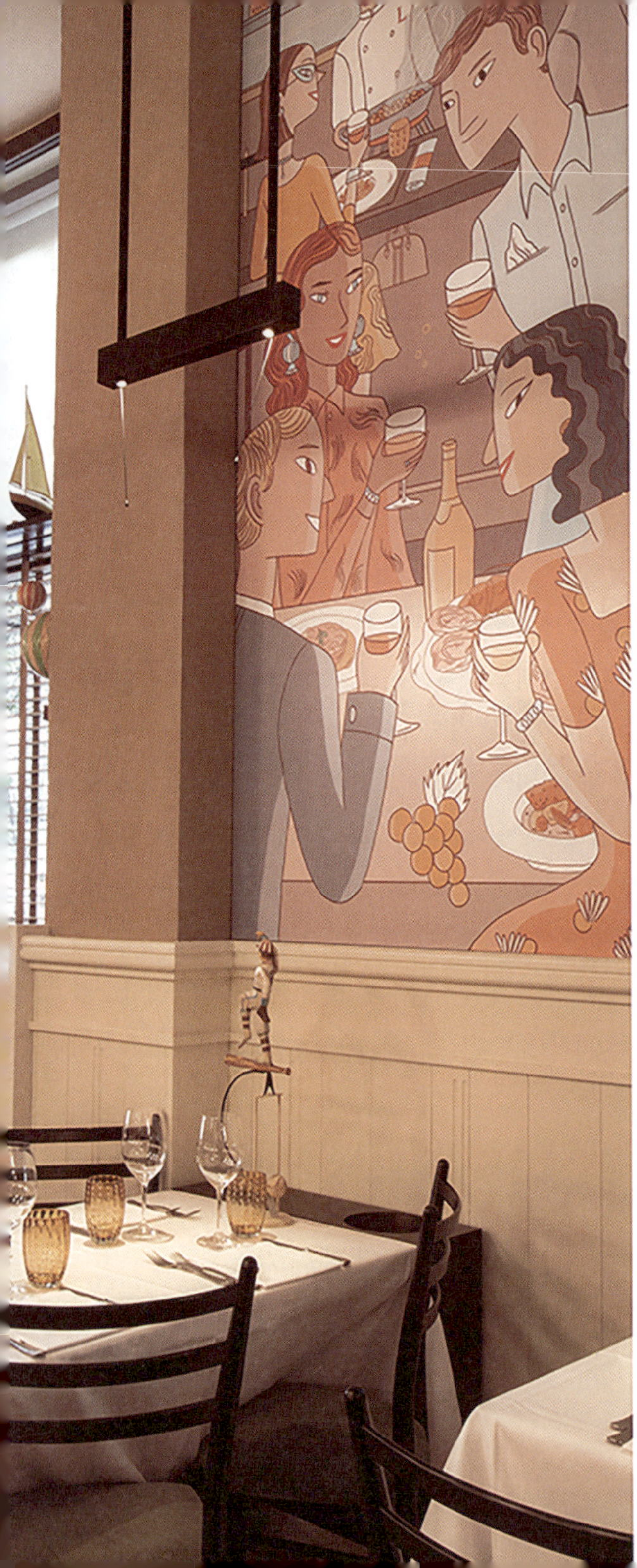

STER BAR
6Pz 12Pz
24 48 GAMBERI ROSSI di Sicilia 4/6
24 48
24 48 SCAMPI di Sicilia 4/6
30 60 CAPPESANTE 4/6
30 60 TARTUFI DI MARE 2,5
30 60 CLAMS 2,5

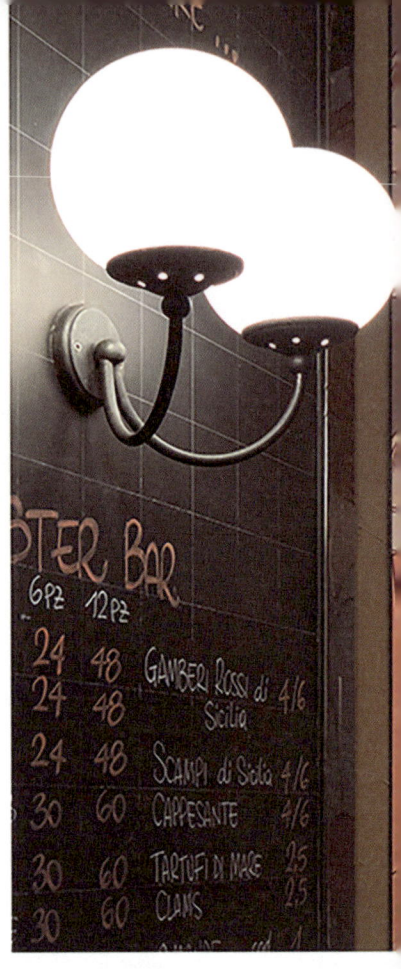

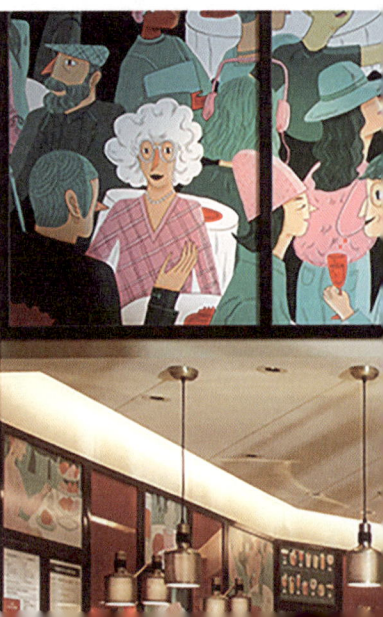

랑고스테리아 내부는 현대적인 일러스트와 전통적인 이탈리안 다이닝의 문법이 어우러져 있다. 이는 단순한 장식 요소가 아니라, '오늘날 젊은 세대가 즐기는 이탈리안 미식의 풍경'을 감각적으로 보여주는 장치다. 권위적인 고급 레스토랑의 이미지를 경쾌하게 풀어내면서도, 세련되고 국제적인 미식 브랜드로 자리 잡게 하는 힘이 된다.

©CBA Design Milano/Langosteria Holding

도의 핵심이다. 랑고스테리아의 전략적 가치는 단순히 '럭셔리 미식'이라는 영역에 머무르지 않고, 리테일의 개념 자체를 제품에서 고객의 일상적 정서와 감각의 지배로 전환하는 새로운 전략적 모델을 제시했다는 데 있다.

랑고스테리아 까사: 럭셔리 브랜드가 고객의 일상을 전략적으로 점유하는 법

'랑고스테리아 까사Langosteria Casa'는 고객이 자신의 집에서 레스토랑과 동일한 수준의 프리미엄 미식 경험을 직접 구현할 수 있도록 고급 식재료와 레시피, 플레이팅 키트, 공간 연출 가이드 등을 패키지 형태로 제공하는 서비스다. 브랜드의 핵심 경험을 가장 사적이고 친밀한 공간인 집으로 확장함으로써, 고객의 일상적 루틴과 정서적 시간을 지속적으로 브랜드의 영향권 안에 놓기 위한 LVMH의 전략적 실험이다. 단순히 고객의 집으로 서비스를 제공하는 차원을 넘어 소비자의 일상 자체를 럭셔리 브랜드 경험의 무대로 전환하겠다는 야심찬 전략이기도 하다.

코로나19 팬데믹 이후 많은 럭셔리 미식 브랜드가 집에서도 편안하게 프리미엄 미식 경험을 할 수 있도록 홈 다이닝home dining이나 배달 같은 서비스를 시도했지만, 랑고스테리아 까사의 접근법은 본질적으로 이와는 차별화된다. 랑고스테리아 까사는 단지 음식이나 와인을 집으로 배달하는 수준에 머물지 않는다. 셰프의 철학과 섬세한 감각이 담긴 식재료와 레시피는 물론이고, 레스토랑 조명의 밝기와 컬러 톤,

플레이팅 방법, 공간의 미적 감각, 분위기까지 완벽하게 재현할 수 있는 철저히 구조화된 가이드와 정교한 세팅을 제공한다. 고객들은 단지 집에서 식사하는 것을 넘어 랑고스테리아 매장의 우아한 분위기와 정서적 만족감을 집 안에 완벽히 구현하며, 브랜드가 제공하는 정교한 미식 경험을 주기적으로 반복할 수 있게 된다.

이 지점이 바로 랑고스테리아 까사가 지닌 가장 강력한 전략적 가치인 '일상성의 럭셔리화'가 실현되는 순간이다. 소비자들에게 집에서의 다이닝은 일회성의 특별한 이벤트가 아닌, 매일 반복되는 자연스러운 일상의 일부다. 랑고스테리아 까사는 바로 이 일상의 영역에서 소비자와 브랜드 사이에 강력하고 지속적인 정서적 유대를 형성할 수 있는 전략적 접점을 구축했다. 집이라는 공간에서 소비자와 브랜드가 사적으로 교감하는 이 구조는 기존 럭셔리 브랜드가 매장이라는 한정된 공간과 시간적 경계에서 벗어나 소비자의 일상적 패턴과 정서적 시간을 지속적으로 점유해야 한다는 전략적 목표를 완벽히 구현한 사례다.

이는 단순히 고객의 집에 브랜드를 배달하여 경험하게 하는 홈 다이닝 서비스가 아니라, 일상적 행위를 통해 소비자의 가장 친밀한 공간과 정서적 시간을 장기적으로 점유하는 전략적 구조를 제시했다는 점에서 더욱 차별화된다. 랑고스테리아 까사의 전략적 가치는 향후 럭셔리 브랜드가 고객의 삶이라는 일상적이고도 장기적인 접점을 어떻게 점유해

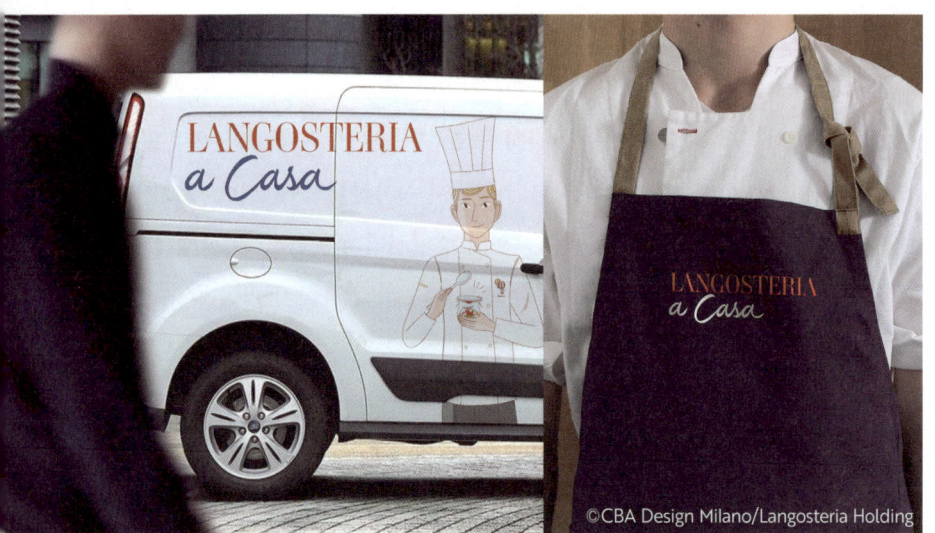

LANGOSTERIA
a Casa
LANGOSTERIA
a Casa
©CBA Design Milano/Langosteria Holding

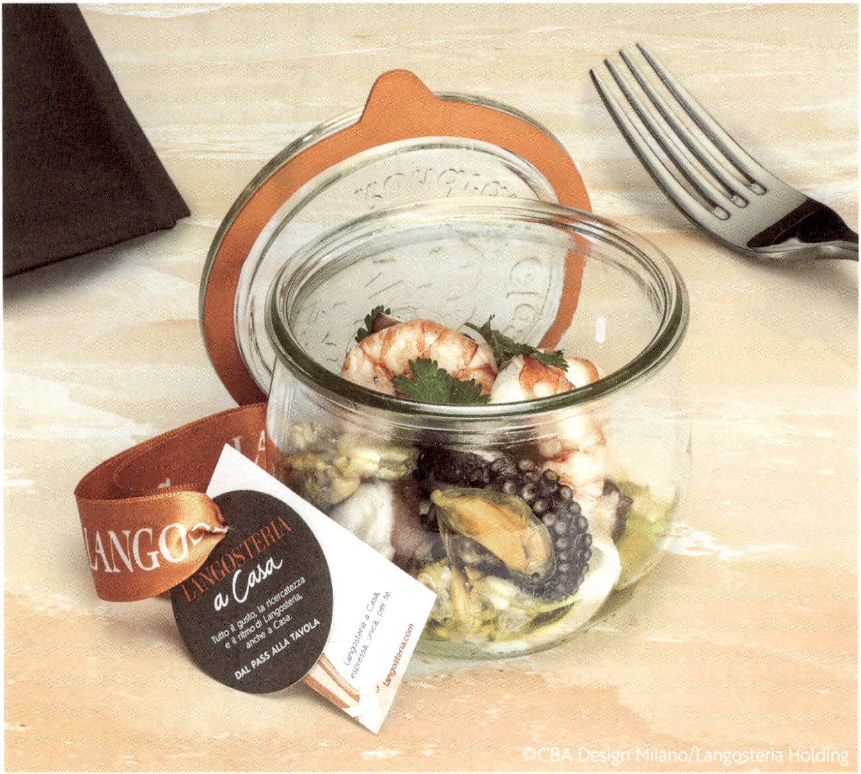
LANGOSTERIA
a Casa
Tutto il gusto, la ricercatezza
e il ritmo di Langosteria,
anche a Casa.
DAL PASS ALLA TAVOLA
Langosteria a Casa,
espressa, unica, per te
langosteria.com
©CBA Design Milano/Langosteria Holding

랑고스테리아 까사는 단순한 배달이나 홈 다이닝 서비스가 아니라, 브랜드의 미식 경험을 집으로 확장하는 전략적 실험이다. 레스토랑의 테이블을 넘어 일상의 식탁에 스며드는 이 모델은 랑고스테리아를 고급 다이닝을 넘어 '이탈리안 라이프스타일 브랜드'로 끌어올리는 동력이 된다.

야 하는지에 대한 가장 명료하고 실현 가능한 방향성을 제시했다는 데 있다.

LVMH 포트폴리오 내에서 랑고스테리아가 차지하는 전략적 포지션

랑고스테리아는 LVMH가 보유한 개별 메종 브랜드들이 직접적으로 접근하기 어려웠던 '일상적 소비의 빈틈'을 정교하게 채워준다. 기존 LVMH의 주요 브랜드들은 플래그십 매장이나 특별한 구매 이벤트를 통해 강렬한 브랜드 경험을 제공하지만, 매장을 벗어나 일상으로 돌아가는 순간 고객과의 정서적 연결이 급속히 희미해진다. 하지만 랑고스테리아는 포트폴리오 전체의 브랜드 경험을 고객의 일상에 끊김 없이 이어주는 구조로 기능한다.

첫째, 랑고스테리아는 루이비통의 플래그십 매장이나 디올의 하이주얼리 부티크 등 전통적 럭셔리 리테일 공간에서 제공하는 강렬하지만 순간적인 경험이 끝난 직후, 그 '정서적 여운'을 고객의 일상 속에서 자연스럽게 연장하고 내면화시키는 전략적 장치다. 전통적 럭셔리 리테일은 주로 시각적이고 촉각적인 자극을 통해 고객을 사로잡지만, 매장을 벗어나면 고객과의 정서적 연결이 급속히 퇴색되는 한계를 갖고 있다. 랑고스테리아는 소비자가 매장을 떠난 이후에도 자연스럽게 반복되는 미식 경험을 통해 브랜드의 정서적 여운을 구체적이고 일상적인 형태로 전환한다. 고객은 LVMH 메종 매장에서의 구매 행위 직후 이어지는 랑고스테리아의 식사를 통해 브랜드의 철학과 감각적 세계관을 장기적인 정서적 기억으로 전환하고 일상 속에 지속적으로 축적하게 된다.

둘째, 랑고스테리아는 LVMH 포트폴리오의 개별 브랜드 사이에 존재했던 경험의 단절과 분산을 효과적으로 통합하고, 브랜드 간 경험 흐름을 강화하는 구심점 역할을 한다. 과거 럭셔리 브랜드들은 강력한 개별 브랜드 정체성을 구축했지만, 그룹 차원의 통합된 경험 설계가 부족해 고객이 포트폴리오 전체를 하나의 완결된 LVMH 경험으로 인식할 수 있도록 유기적으로 연결하는 데는 어려움이 있었다. 랑고스테리아는 이 문제를 해결하는 '경험의 브릿지'로 작동하며, 서로 독립적이었던 브랜드 경험을 하나의 자연스러운 흐름으로 연결시킨다. 예컨대 슈발 블랑에 투숙한 고객이 랑고스테리아에서 식사를 하거나, 티파니 매장에서 제품을 구매한 후 랑고스테리아 까사의 홈 다이닝 키트로 럭셔리 브랜드 경험을 유지할 수 있다. 이는 랑고스테리아가 단순히 F&B 브랜드가 아니라, LVMH라는 '하나의 통합된 럭셔리 생태계' 안에서 고객 경험을 정교하게 연결하고 강화하는 필수적 전략 인프라로 기능하고 있음을 보여준다.

마지막으로, 랑고스테리아는 고객이 반복적이고 장기적으로 브랜드를 경험하는 데 가장 적합한 전략적 채널을 제공한다. LVMH는 랑고스테리아를 통해 제품 구매 이후에도 고객이 지속적이고 빈번하게 브랜드의 정서를 경험하게 함으로써, 고객과 브랜드의 관계를 한층 깊고 밀도 있게 만든다.

랑고스테리아가 제시한 새로운 리테일의 미래: 제품에서 감각으로, 매장에서 일상으로

•
제품 중심의 기존 럭셔리 리테일 모델과 달리, 브랜드가 설계한 섬세한 감각 경험을 통해 소비자의 기억과 감정을 장기적으로 관리하는 전략적 접근법이다. 단순히 뛰어난 품질과 미적 완성도를 넘어 고객의 일상적 루틴과 개인적 공간에 브랜드의 미학과 철학을 정교하게 침투시키고 내면화시키는 것을 목적으로 한다. 이는 LVMH가 랑고스테리아, 슈발 블랑 등 F&B 및 호스피탈리티 브랜드를 통해 추구하는 핵심 전략으로, 브랜드 충성도의 개념을 제품이나 서비스 중심에서 고객의 '정서적 시간 점유' 중심으로 전환한 것을 의미한다. 최근 럭셔리 산업이 마주한 소비자 경험의 한계를 극복하고, 지속 가능한 브랜드 충성도를 구축하기 위한 가장 진화된 형태의 리테일 모델로 평가된다.

랑고스테리아가 제시한 리테일 모델의 가장 중요한 혁신은 리테일의 정의를 '제품을 판매하는 물리적 공간'에서 '브랜드가 소비자의 기억과 정서를 장기적으로 점유하는 감각적 매개'로 전환한 것이다. 기존 럭셔리 리테일은 주로 물리적 제품의 품질과 디자인에 기반하여 고객에게 다가갔지만, 랑고스테리아는 이를 '브랜드 경험의 정교한 설계와 반복적 각인'으로 재정의했다.

랑고스테리아가 판매하는 것은 제품이나 서비스 자체가 아니라, 세밀하게 연출된 순간과 정서적으로 설계된 기억이다. 고객은 음식의 맛이나 플레이팅뿐 아니라 공간의 분위기, 조명의 미묘한 강도, 서비스 속도, 직원들의 미세한 움직임까지 브랜드가 연출한 전체적인 장면을 하나의 일관된 감각 경험으로 기억한다. 이는 언어나 시각적 설명 없이도 고객이 그 경험을 일상 속에서 반복적으로 회상하며 브랜드와 더 깊은 관계를 맺을 수 있도록 유도하는 효과적인 방법이다.

랑고스테리아는 이러한 구조적 혁신을 통해 F&B를 넘어 '감각적 리테일sensory retail'*이라는 새로운 문법을 명확히 제시했다. 이제는 리테일이 제품이 아니라 고객의 기억과 일상적 습관을 장기적으로 장악하고, 고객의 감정을 정교하게 관리하는 데 초점을 맞춰야 한다는 점을 가장 선명하게 보여준 사례다. 이는 업계의 트렌드를 넘어 향후 글로벌 럭셔리 브랜드가 반드시 추구해야 할 전략적 기준이 되고 있다.

나는 개인적으로 이 변화가 향후 럭셔리 비즈니스의 경

쟁력을 결정짓는 전환점이라고 본다. 랑고스테리아는 고객과 브랜드 사이의 관계를 제품 중심에서 감정 중심으로, 매장이라는 물리적 공간에서 고객의 일상이라는 지속 가능한 영역으로 명확히 전환하는 전략적 로드맵을 제시했다. 이 구조적 전환은 앞으로 글로벌 럭셔리 비즈니스가 반드시 따라야 할 새로운 경쟁의 기준이며, LVMH가 향후 더욱 독보적인 지위를 구축하는 데 가장 중요한 무기가 될 것이다.

| Luna Luna New York |

| 에필로그 |

감각이 비즈니스로 이어지는 순간
— 왜 뉴욕인가

어린 시절을 떠올려보자. 회전목마에 오르면 세상이 비스듬히 기울어지는 듯했고, 관람차의 꼭대기에서는 하늘을 손에 잡을 수 있을 것만 같았다. 그때 우리는 이유를 따지기보다 온몸에 느껴지는 낯선 떨림을 그대로 받아들였다. 하지만 언제부턴가 그 감각은 성과와 효율에 치여 뒷전으로 밀려났다.

2024년 11월 20일, 뉴욕 더 셰드The Shed에서 개막한 루나루나 뉴욕Luna Luna New York은 그 잊혀진 감각을 다시 불러냈다. 이는 단순히 향수를 자극하는 장치가 아니라, 감각적 체험이 어떻게 시장의 언어로 번역되는지, 어떤 도시에서 가장 강력하게 작동하는지를 증명하는 거대한 실험장이다.

1987년, 오스트리아에서 안드레 헬러André Heller가 기획한 루나루나는 장 미셸 바스키아Jean Michel Basquiat, 살바도르 달리Salvador Dali, 키스 해링Keith Haring 같은 거장들이 직접 놀이기구를 디자인한 전례 없는 프로젝트였다. 그러나 화려한 개막 이후 36년 동안 창고 속에 잠들어 있었다. 그러다 2019년에 크리에이티브 디렉터 마이클 골드버그Michael Goldberg와 팝스타 드레이크Drake의 드림크루DreamCrew가 프로젝

▲
장 미셸 바스키아가 디자인한 관람차.
거칠고 즉흥적인 드로잉과 텍스트로 뒤덮인
이 구조물은 단순한 놀이기구가 아니라,
그의 사회적 메시지와 거리의 언어를 집약한 장치다.
대중의 몸짓 속에서 살아 움직이는 이 경험은
루나루나를 예술 전시를 넘어 뉴욕을 무대로 한 새로운
문화·엔터테인먼트 플랫폼으로 자리매김하게 한다.

▲
키스 해링이 디자인한 회전목마. 루나루나 뉴욕의
핵심 상징물이다. 원색의 그래픽과 상징적 아이콘으로
뒤덮인 이 구조물은 단순한 놀이기구가 아니라, 해링이
탐구했던 거리의 에너지와 대중의 몸짓을 담아낸
것이다. 그의 언어가 빛과 속도, 음악과 결합하며
예술은 화이트 큐브를 넘어 공동의 축제와 즐거움으로
확장된다.

트를 다시 꺼내 들었고, 2024년 '루나루나: 잊혀진 환상'이라는 이름으로 뉴욕에서 새롭게 문을 열었다. 이는 단순한 회고가 아니라, 뉴욕의 속도와 자본, 글로벌 미디어의 확산력을 흡수해 예술과 놀이를 시장과 직접 연결하는 전례 없는 운영 모델로 재탄생한 실험이었다.

왜 뉴욕인가

앞서 우리는 유럽 곳곳에서 감각을 기획·설계하는 방식을 살펴봤다. 뉴욕은 그 방식이 가장 직접적으로 시장과 연결되고, 즉시 검증되는 도시다. 예술과 자본, 엔터테인먼트와 테크, 관광과 로컬이 고밀도로 교차하는 환경 속에서 아이디어는 곧 경험이 되고, 경험은 곧 사업 모델로 전환된다. 루나루나는 바로 이 교차점 한가운데에서 작동하며, 이것이 에필로그에 뉴욕의 루나루나를 둔 이유다. 유럽에서 발견한 감각 설계의 원리가 뉴욕에서는 훨씬 더 분명하게 드러난다. 공간은 브랜드 전략의 무대가 되고, 관객은 참여와 확산을 이끄는 동력이 되며, 경험은 시장에서 재생산되는 자산으로 전환된다. 루나루나는 이 과정을 가장 압축적으로 보여주는 사례다.

'잊혀진 환상'이라는 부제를 단 이 전시는 어린 시절의 감각과 상상력을 현대적 비즈니스의 언어로 다시 쓴 실험이다. 디지털 시대의 소비자들은 더 강렬한 오감의 자극과 몰입적 경험을 원한다. 루나루나는 그 욕구를 예술과 놀이, 상업의 결합으로 현실화하며, 감각이 단순한 추억이 아닌, 새로운 시장을 창출하는 자원이 될 수 있음을 증명한다.

이 책을 닫으며

루나루나는 예술을 놀이로, 놀이를 경험으로, 경험을 시장 가치로 전환하는 과정을 보여주며, 감각이 새로운 비즈니스 모델이 될 수 있음을 드러냈다. 다음 세대의 소비는 더 정교하게 설계된 감각에서 시작될 것이며, 그 감각은 기억을 흔들고, 일상을 바꾸며, 도시와 산업의 미래를 재편하는 힘이 될 것이다. 이 책이 그 설계의 원리를 해부했다면, 루나루나 뉴욕은 그것이 실제 시장에서 어떻게 작동하는지를 보여주는 증거다.

결론은 명확하다. 비즈니스의 미래는 더 이상 제품에 있지 않다. 감각을 설계하는 자가 시장을 움직이고, 도시의 경제를 새로 짜며, 다음 세대의 산업을 주도할 것이다. 제품은 사라져도 감각은 남는다. 앞으로의 시장은 더 많은 제품을 만드는 사람이 아니라, 더 깊은 감각을 설계하는 사람이 지배할 가능성이 크다.

'감각의 설계자들'이 지향하는 미래의 비전은 바로 여기에서 출발한다. 이제 감각은 더 이상 사소하거나 일회적인 경험이 아니다. 그것은 브랜드와 소비자의 관계를 새롭게 짜고, 도시와 산업의 미래를 다시 설계하며, 결국 다음 세대의 시장을 움직이는 결정적 힘이다.

감각의 설계자들

2025년 9월 25일 초판 1쇄 발행
2025년 12월 10일 초판 3쇄 발행

지은이 김양아

펴낸이 김은경
편집 권정희, 한혜인
교정교열 김동화
마케팅 김사룡, 김예은
디자인 황주미
경영지원 이연정
펴낸곳 ㈜북스톤
주소 서울시 성동구 왕십리로6길 4-5 2층
대표전화 02-6463-7000
팩스 02-6499-1706
이메일 info@book-stone.co.kr
출판등록 2015년 1월 2일 제 2018-000078호

ⓒ 김양아
(저작권자와 맺은 특약에 따라 검인을 생략합니다.)

ISBN 979-11-7523-009-5 (03320)

- 이 책은 저작권법에 따라 보호받는 저작물이므로 무단전재와 무단복제를 금지하며, 이 책 내용의 전부 또는 일부를 이용하려면 반드시 저작권자와 북스톤의 서면동의를 받아야 합니다.
- 책값은 뒤표지에 있습니다.
- 잘못된 책은 구입처에서 바꿔드립니다.

북스톤은 세상에 오래 남는 책을 만들고자 합니다. 이에 동참을 원하는 독자 여러분의 아이디어와 원고를 기다리고 있습니다. 책으로 엮기를 원하는 기획이나 원고가 있으신 분은 연락처와 함께 이메일 info@book-stone.co.kr로 보내주세요. 돌에 새기듯, 오래 남는 지혜를 전하는 데 힘쓰겠습니다.